教育戲劇跨領域統整教學：
課程設計與實務

Drama in education for transdisciplinary domain:
The curriculum design and praxis

張曉華　總校閱

郭香妹　策　劃

張曉華、郭香妹、郭碧蘭、陳惠芬、蔡淑菁、陳春利

陳鳳桂、蔡佳琪、陳彥貝、許怡婷、王念湘　著

目次

總校閱簡介

　　張曉華，國立臺灣藝術大學戲劇學系教授。政戰學校影劇系學士，1988 年公費在美獲紐約大學 SENARP 學院戲劇教育學碩士學位。曾擔任教育部中央輔導團藝術與人文領域常務委員、國民教育九年一貫課程綱要藝術與人文領域表演藝術組及普通高級中學藝術生活科與技術型高中（高職）藝術群科課綱召集人。

　　曾出版學術專書《創作性戲劇教學原理與實作》、《表演藝術 120 節戲劇活動課》、《教育戲劇理論與發展》等十餘本，發表學術論文〈台灣中小學表演藝術戲劇教學之解析〉、〈戲劇治療與治療性戲劇內涵之療癒解析〉、〈能力指標轉化為教學評量實作——以表演藝術教學為例〉等數十篇。並負責國內、外機構委託研究「國民教育藝術與人文學習領域學生學習成效評量之研究」、「十二年國民基本教育藝術領域課程綱領」、"How We See God and Why It Matters"、"the Handbook for International Dramatherapy"等多項專案。

　　從事戲劇教育工作迄今四十年，除擔任舞台設計、燈光、排演、兒童戲劇、創作性戲劇、戲劇治療等理論與實務課程教學，也做過演員、舞台劇導演與劇場設計等工作，更不遺餘力地致力於推展戲劇與劇場在學校教育、社會活動與療育工作等領域中的應用，曾為幼兒園、各級中小學、社會團體、親子團體等擔任各種研習會與工作坊的教學。累積了歷年經驗，深信「教學相長」獲益的意義應是在「有快樂的老師，才會有快樂的學生」。

策劃簡介

創意人，擁有改變社會的能量；

勇於向前，是不變的堅持；

堅持不悔，是無畏無懼的力量。

郭香妹，臺南市表演藝術教師團隊主持人。小學退休教師。國立中山大學教育學碩士。曾擔任教育部中央課程與教學輔導組藝術與人文領域輔導員、十二年國民基本教育藝術領域表演藝術組課綱研修委員、教育部國小組藝術與人文教科書審查委員、臺南市國民教育輔導團藝術與人文輔導員。

曾出版《表演藝術 120 節戲劇活動課》、《教育戲劇跨領域統整教學：課程設計與實務》，發表〈表演藝術課程與教學正常化暨配課因應措施研究方案〉、〈Creative Drama 課程&創造力研究方案〉、〈讓教學 New 起來：Creative Teaching 教師社群經營實務研究〉等專案。目前著手於《應用戲劇：我們這一班》、《未來人才計畫：戲劇課堂×關鍵能力》、《就是愛玩戲劇遊戲》等課程編纂，希望提供給現場教師實施表演教學的補充教材參考。

這是一個關於教育熱情和創意的故事。故事，是這樣開始……一條原本荒草蔓生的無人小徑，一群人，用心走了十七年，終究換得——舒坦平順，兩旁燦爛花景。笑看來時路，竟是有風有雨有晴有陰，唯一不曾改變的是，那一抹從未出走的堅持與熱忱。

2001～2018，17 年了，最初心中那個美麗的想法，不僅化為具體行動，而且還在繼續……

作者簡介

張曉華

（見總校閱簡介）

郭香妹

（見策劃簡介）

郭碧蘭

臺南市龍潭國民小學教師

臺南市表演藝術教師工作坊成員

專長：小團體輔導、表演藝術

銘言：正面思考與豐富想像力能帶給人們無窮的希望

陳惠芬

臺南市虎山實驗小學教師

臺南市表演藝術教師工作坊成員

獲獎：2006 年教育部教學卓越金質獎

專長：表演藝術、創意語文

銘言：和學生在戲劇與教學間輕舞飛揚，人生一大樂事也

蔡淑菁

臺南市賢北國民小學教師

臺南市表演藝術教師工作坊成員

專長：表演藝術、閱讀、語文教學

銘言：相信創造力是生活當中最回甘的醍醐味

陳春利

臺南市復興國民小學教師

臺南市表演藝術教師工作坊成員

獲獎：教育部 97 年度樂活運動創意競賽獲最佳教學創意獎第一名

專長：戲劇融入教學

銘言：相信孩子的無限可能，預約無限美好的未來

陳鳳桂

臺南市裕文國民小學藝術教師

臺南市表演藝術教師工作坊成員

獲獎：2006 年教育部教學卓越金質獎

專長：藏書票、表演藝術

銘言：想像力是人類神奇的能力，透過表演藝術開啟孩子想像力的奇幻世界

蔡佳琪

臺南市大內國民小學教師

臺南市表演藝術教師工作坊成員

專長：表演藝術、語文教學

銘言：生活因創意而精采，生命因付出而豐富；相信創意和行動，是一股真
善美的力量

陳彥貝

臺南市志開實驗小學教導主任

臺南市國教輔導團本土語言領域輔導員

臺南市表演藝術教師工作坊成員

專長：表演藝術、語文教學

銘言：體驗、想像、創意、行動……表演沙龍就此展開！一起來玩吧！

許怡婷

　　臺南市下營國民小學總務主任

　　臺南市表演藝術教師工作坊成員

　　專長：音樂教育、表演藝術

　　銘言：熱情不減，就不會害怕前進；夥伴協同，創意就能不斷激盪湧現

王念湘

　　臺南市志開實驗小學校長

　　獲獎：2004 年教育部「標竿一百：九年一貫課程推手」全國國中小教師績優
　　　　　團隊

　　　　　2004 年環境保護署「推動環境保護有功學校」全國中小學校優等

　　　　　2005 年第二屆國家永續發展獎「永續教育績優獎」

　　　　　2005 年教育部教學卓越獎國小組銀質獎「南瀛生態明珠：西阿里關傳
　　　　　奇三部曲」

　　銘言：美是無法速成的，取決於心中的渴望

總校閱序

　　教育戲劇是透過戲劇來學習（learning through drama）的戲劇教學，它不僅是戲劇藝術的學習，也是以戲劇為媒介，讓學生達到知識認知的一種戲劇教學法。所以，學生不僅止於學習戲劇所能具備的創作、表達、溝通的能力，更對主題的內容與意義有知性與感性的融入，以獲得更深更廣的認知，進而在潛移默化中建立正確、正向的人生價值觀。所以，教育戲劇可融入許多學科領域做統整教學，讓學生對學科的內容有更深、更完整的學習。本書出版的目的就是在提供教育戲劇做為跨科跨領域的課程設計與實務，讓各學科教師們都能運用這種教學法，使學生不但學得更有趣，還學得更有效果。

　　有鑑於相關教育戲劇的實施，近年來已在許多國家的學校體制中建立起來，且備受肯定。臺灣很快地順應這個新世紀的時代教育潮流，從九年一貫藝術與人文領域自 2000 年，高中藝術生活科自 2005 年，以及幼兒園教保活動自 2012 年起，乃至 2014 年起所推展的十二年國民基本教育，在「課程綱要」中，均納入了表演藝術戲劇教學，並積極地推動起來。表演藝術戲劇教學是中等以下學校的藝術課程學習的項目之一，同時也可以達到跨科與跨領域多元統整應用的學習目標。

　　近年來，表演藝術的相關理論與實務教學的研究與出版，一直是第一線老師最需要的參考與輔助資料，相關的戲劇教學方法，已愈來愈受到老師們的歡迎而運用於表演藝術的教學中。從目前相當多的出版書籍看來，惟有教育戲劇的跨領域系統化教學仍尚未為大多數教師在各領域做更廣的應用。因此，在多元精進教學的考量下，教育戲劇在課程中做跨領域的應用，確實有其推廣與加強的必要性。

　　教育戲劇的教學法是透過戲劇的學習方式，以實作模組的歷程結構來完成的課程教學，已在許多相關教育戲劇的研究與教學中不斷地被應用與實證。因此，本書作者團隊認為，應有一套完整的跨領域教學案例，可以提供教師們做為教學參考。在經過了審慎的課程規劃，匯集了各學科的教學議題，就十二年國民基本教育綱領所規範的課程綱要的八大學習領域的屬性分別做了課程設計，並透過作者們的教學歷程，將教學程序、教學實務與省思，完整的讓教學的整體原貌記錄

並呈現，期盼藉由本書的出版，能讓更多的教師們順暢的應用於教學中。

　　本書作者團隊包含了不同學科的專長教師，其中有些教師雖不具有戲劇專長，但運用了教育戲劇的教學方法後，卻發現學生的進步超乎預期，可說是「令人驚豔」！因此，本團隊很希望將此經驗分享給更多的老師，所以本書在內容的撰述上，都盡量清楚明確，希望讓參閱的教師們一看便能了解，並可即時上手。此外，本書每單元的教學中，均附有教學的代表性活動照片與圖說，有助於讀者了解教學中所描述學生的學習表現，在圖中學生穿上了有號碼的運動背心，是有便於觀課者做精確的實務課程記錄。相信教師們也會有在現場的感受。

　　本書出版特別要感謝教育部國教輔導團藝術與人文組副總召郭香妹老師的召集，以及她所領導跨校聯盟團隊的參與，是本書能夠完成的重要關鍵。另在本書教學計畫與執行的各項工作中，也要感謝國立屏東大學陳仁富教授提供相關教育戲劇習式的註解，讓教學的精確度得以提高，以及王念湘校長長期的奔走支持與整合各項行政的協助。當然，最重要的要屬於所有實際推動計畫、參與教學的師長們（請見本書的作者簡介），因為實際教學執行的付出與成效，是透過他們的行動研究，才讓我們能夠看到並體認到。

　　同時，本書的付梓也要特別感謝心理出版社林敬堯先生的支持並提供卓見，因作者本意僅是要將部分實作課程納入於《教育戲劇理論與發展》（心理出版社，2004）一書之內，惟林敬堯先生建議若以另外一本完整的「教育戲劇實務」出版，對運用於教學的老師更為便利，所以才另外出版本書。在此，期望讀者能提供教學的建議，讓我們的教學精益求精。謝謝大家！

國立臺灣藝術大學戲劇學系教授

張曉華

2014 年 9 月 20 日

策劃序

教育戲劇——開啟孩子未來想像新視界

一群孩子　上下交錯舞動雙臂　忽高忽低
身體快速旋轉　前進
巨大壯觀的動作　形成強烈的身體節奏
儼然是一場海嘯再現的「真人版」

一群孩子　圍坐成圈
此刻　他們披上專家的外衣
針對海嘯後伴隨而來的核電問題　危機處理　災後重建
分別化身為核電專家、政府官員、救難人員、核電廠員工、倖存居民
以不同身分在會議中表達各自的立場
時而激辯　時而同理　時而爭執　時而沉默
思考的火花如煙火般燦爛發生

生活中的大小事
並非只是當下的點
極可能是一條條的線　交互相纏
串成未來世界網的面
事件　絕不只是事件
只是　這些　該怎麼告訴孩子？

教育戲劇（DIE）結合戲劇與劇場技巧

以學生為主體

經過教師有計畫　有架構的引導

運用各種戲劇方法

學生透過做中學

實際體驗　發展思考　形成觀點

開啟　未來世界的想像

未來環境的思維

未來生活的期待

以及　更多無限的可能性

一封信

一幅畫

一段廣告

一生活事件

一串動作組合

孩子以多元的方式　展現各自的理解

想像　思考　溝通　合作　創造

未來教育　不在急於找出新方法

而是　在既有的方法上　看到新視野

　　時代變遷，未來將不斷出現新的議題，而十二年國民基本教育所強調的跨領域間的融合運用，促動了我們展開新的教育行動！本書《教育戲劇跨領域統整教學：課程設計與實務》的作者群——臺南市表演藝術教師團隊，成員來自不同學校，多年來懷著對戲劇教學的熱忱，讓彼此有了交集，大家有志一同，共同研習精進與研發實作，逐步引領孩子快樂的學習帶著走的能力與知識。

　　本書的各單元課程，是以日常生活中的訊息、生活事件、廣告、電影等取材，靈活轉化於教學，透過教育戲劇（drama in education，簡稱 DIE）的課程結構設

計，結合戲劇與劇場技巧的習式，以學生為主體，經過教師有計畫、有架構的引導，能讓學生做中學，實際體驗，發展思考，逐漸形成觀點，建構出對於未來環境的思維，以及對未來生活的期待，發展無限的可能性等，為本課程的關注焦點。

整體教材研發的行動過程，從無到有，從幻想到夢想再到具體的實踐，著實不能一蹴可幾，同時面臨許多困境，這需要大量時間、堅定的信念與熱情！然而，老師們持續不斷的討論、調整與修正，逐漸懂得挑選適合的戲劇策略，創造出可行的步驟與實踐的願景，讓孩子們從接觸、了解到熟練，也因孩子熱切的目光、創意的表現、尊重的態度，促動我們永無止境的研發動力！

本書的出版特別要感恩國立臺灣藝術大學張曉華教授多年來在教育戲劇學門的引領，加持了團隊強而有力的工作能量；同時，感謝教育部歷年的創造力、未來想像等計畫的協助，支持我們不做誰來做的使命，歷經近二十年的發展，逐步完成《表演藝術 120 節戲劇活動課》、《教育戲劇跨領域統整教學：課程設計與實務》、《應用戲劇：我們這一班》、《未來人才計畫：戲劇課堂×關鍵能力》、《就是愛玩戲劇遊戲》等課程編纂，希望提供給現場教師實施表演教學的補充教材參考，讓教師們有信心嘗試表演藝術教學，得以與孩子一起領略戲劇教學的魅力。本團隊也因此獲得教育部教學卓越金質獎、標竿團隊、創意教學獎等創意獎項。然而，所有的一切只證明了一點：孩子歷經快樂的學習，帶走了能力與知識，是真的！

臺南市表演藝術教師團隊主持人

郭香妹

2018 年 6 月 26 日

Chapter 1

教育戲劇的教學模組與習式

何謂教育戲劇

　　教育戲劇（Drama in Education，簡稱 DIE）是運用戲劇與劇場之技巧，從事於學校課堂的一種教學方法。它是以人性自然法則，自發性的與群體及外在接觸，在指導者有計畫與架構的引導下，以創作性戲劇、即興演出、角色扮演、模仿、遊戲等方式進行，讓參與者在互動關係中能充分發揮想像、表達思想，由實作而學習，以期使學習者獲得美感經驗，增進智能與生活技能（張曉華，2004，頁 19-20）。

　　教育戲劇是一種研習實作（workshop）的性質（Frigerald, 1990, p. 4），一般常以戲劇發展的架構與過程為主軸，此稱之為教學模組（approaches）。教師透過教學模組的程序，將學習的內容置於其中，再運用教學習式（convention）循序漸進地就某一課程內容的議題，進行互動發展性的學習，直到事件或情節的結束，完成教學為止。教育戲劇的課堂不但是學習戲劇與其相關的藝術之途徑，更可用作教學的媒介，成為一種教學工具，用以學習其他的學科或重大議題的內涵與知識。

教育戲劇課程教學原則

課程的戲劇結構

　　教育戲劇的課程教學是以戲劇的結構來進行，所謂「戲劇的結構」

（drama structure）是指：依「動作中的人」（man in action）所安排的過程。
是將「人」的行動表現，從開始、中間到結束，做適合於因果關係或邏輯安
排的形式。一齣戲劇的結構乃是依照劇中人物之行為表現過程的排列順序所
組合而成，亦即，此動作中的「人」必須在一個排好序列的結構體內進行他
的動作，以表現出其特質。亞里斯多德認為：悲劇為對一個動作的模仿，而
此動作應屬完整並具有某種長度，而完整是指開始、中間與結束（Butucher
Trans., 1951, p. 31）。由於，戲劇是在表現動作中的人，而此動作不僅指身體
動作，還包括了思想與外在行為的心理動機（Brockett, 1969, p. 27）。所以，
戲劇所模仿的結構必有其基本的規範。

　　一般戲劇是採用演繹辯證的過程進行，不論是屬時間集中型或時間延展
型的結構，一般多按四大建構發展的歷程來進行。不論任何模組，教師都要
有開始、中間與結束的架構，將課程的開端轉化為戲劇的「序幕」，使教學
的「前置內容」（pre-text），引發出學生對議題的關切與參與的興趣。在教
學過程中，則要把戲劇各「幕」中的「場」或「情節段」中重要的「內容」
（context）選取出來，成為可供學生樂於參與探索深化的「階段」（ses-
sion），來做為學生演練的活動。最後在結束階段時，也要能將「收場」
（denouement）轉為深入理解與滿足認知的回饋、分享與複習。

　　教師是教育戲劇指導結構進行中的核心人物，在指導鼓勵學生學習參與
的過程中，是從情節的上升發展開始來引導學生的注意，將他們的情緒、認
知等融入在情境之中，逐步地向戲劇衝突挑戰，到最高點後，做轉折發展，
逐步尋求解決之道至完全消除問題為止。如此，才算是完成了一個完整的教
育戲劇教學了。

課程設計的要素

　　課程教學中，教師不但要維持學生關切學習內容的焦點，更要能維持
「議題」（topic）的趣味性，融入相當的情緒與思考，努力投入情境，並給

予同學發揮與釋放其經驗的適切管道，教學過程中所需掌握的要素介紹如下。

目標（Purposes）

教育戲劇活動中，戲劇主要的教學功能是在它媒介的性質，透過戲劇的結構歷程進行，來達到教育的目的，以致教學目標至少包括了戲劇藝術學習的目標與學科知識的學習目標。學生在扮演的過程中，以遊戲性質的活動，透過戲劇的世界來達到表演與知識學習認知的目的。所以，教育戲劇的主要目標是要使學習者能夠透過虛構的戲劇內容結合事實，達到藝術本體的學習目標，活動同時也包括學科內涵的認知目標。

學習主題領域（Theme of learning area）

學習的主題是指，教師能夠透過戲劇來做一番演練、討論或澄清的論點或事件。主題必須是整個戲劇活動集中的焦點，範圍包括：不同學習領域的課程、跨學科的議題或值得深入理解的議題。

內容（Context）

內容是指一種結合事實與虛構的戲劇情節所創造出來的情況、事件或故事。教師將主題中某些事實或現象的真實內容（real context）與創造虛構的內容（fiction context），從所設計的前置內容開始，透過學生的生活經驗與想像力將之合理的發展，在情節發展的各個情節段（episodes）中演練，並從中理解其意義之所在。

角色（Roles）

角色是指在各情節段中參與者所扮演的各種人物。教學的戲劇活動中，學生與教師常需扮演多種不同的角色，並與其他同學所扮演之角色互動，以經歷並演練情節段中的人物遭遇。

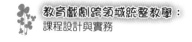
焦點（Focus）

焦點是透過教師所描述的情況、事件或故事範圍之內，要求學生在情節段中，表現出的角色面對各種問題時，所應採取的對應方式，包括：人自身的困難、人際之間的關係、意念的衝突、社會性的關連、審美的觀點等。因此，教師引導之活動要在一定的範圍之內，經分析、判斷、擇取、歸納等互動之討論與扮演，凝聚焦點，以提供各種有利的時刻與解決問題的方式。

訊息（Sign）

訊息是指所呈現的物品、聲音、語言、知識與事物等，是某項具有的實質意義與值得注意的現象。訊息的出現與提示，可以使參與者建立起戲劇中所產生的意義與經驗，並揭示出所象徵的意義，是戲劇情節的過程中值得讓參與者做進一步發揮、探討與演練的重要素材。

張力（Tension）

張力是推動戲劇發展與活動持續進行的一種力量。是指某一個場景中，參與者對人、事、地、物所欲達到的認知與對人物角色要達成目的之可能性的關切程度，與所引起自覺與不自覺的迫切性情緒反應。戲劇張力多來自於：人物面對衝突的態度、危機與懸疑的憂慮、兩難情況的抉擇、與個人感覺傾向接近的事物、令人驚訝的人與事、感覺神秘的事件或祕密。在教育戲劇中，實做的內容，是經協商後所虛構的內容，學生分組、分段予以呈現就是一種有實質意義的戲劇張力展現（O'Toole, 1992, p. 30）。亦即學習者的表現會展現出情況事件或故事中的差異、對比，形成張力，令人欲探尋、理解之內在因素。

觀眾（Audience）

觀眾是指教育戲劇活動中的參與者或互動者。在近代劇場活動中，演員常藉著與觀眾互動的反應，來顯現舞臺上表演的意涵是否能引起共鳴、被了

解或激勵觀眾。因此，在教育性戲劇活動中，觀眾參與（audience participation）就成為必要且具有實質意義的活動。表演者與觀賞者皆可就表現的事件，及時做心理上與社會上的溝通、檢驗、認清與澄清，使得觀眾的參與在教育戲劇中成為必要的部分。

演出（Performance）

演出大多是指在課堂內教室的戲劇呈現，是教育戲劇活動不可或缺的主要部分。在學習上，演出的意義在於提供學生臨場表現的學習機會，同時，學生也很樂於在演出後能了解他人對表演情況的意見、感受並表達與分享自己的觀感。演出，有助於學生對戲劇藝術的參與、表現、分析與理解。

策略（Strategies）

策略是指我們所要使用的方法與步驟應用於表演的過程中，來產生教育戲劇上的實質意義。策略的發展要能讓學生從活動中引發參與的興趣，拓展出他們所創作的時間、地點、事件與故事等各個層面。自然在執行的過程中，也同時要能夠因應教學中的狀況做適時適度的調整。

教育戲劇的課程模組型式

教學「模組」（approaches）是指教學進行的程序結構策略與計畫。教學模組能讓課程進行完整，也能使學生有一個有趣的學習歷程。綜觀歷年來多位學者專家的教學研究與發展，有六種教學模組能被有效的運用在課程教學之中，分別是：(1) Gavin Bolton 以解決問題來進行認知的「戲劇理解模組」（Learning through drama approaches）；(2) Carole Tarlington 與 Patrick Verriour 以設置想像情況進行學習的「角色戲劇模組」（Role drama approaches）；(3) Cecily O'Neill 以扮演活動來發展歷程的「程序戲劇模組」（Process drama approaches）；(4) John Somers 以推論探究事實的「百寶箱模組」（Compound stimulus approaches）；(5) Dorothy Heathcote 以信以為真的人物

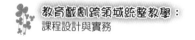

來參與教學的「專家的外衣模組」（Mantle of the expert approaches）；以及
(6) David Booth 以故事內容探索意義的「故事戲劇模組」（Story drama appro-
aches）的教學。這些模組逐步的發展與應用，有許多不同的運用面向，使得
教育戲劇的教學課程在議題的探討與活動的進行更具有特色。

　　教師在課堂教學的過程中將戲劇與劇場的技巧放置在不同階段中予以靈
活運用。茲將重要教學程序結構中之教師所可採用之模組說明如下。

以戲劇理解模組

　　以戲劇來理解的教學模組是以「解決問題」的序列來進行。教師提出問
題以引起學生的興趣或好奇心，讓學生建立起探究問題的動機，而問題與其
可能解決方法足以引導學生進入信以為真的情境，產生足夠的學習動力。茲
將 Gavin Bolton 的課程結構設計（Bolton, 1979, pp. 92-105）概述如下。

第一階段：決定行動

　　教師設定一個兩難或似是而非的情況或議題，以介紹或遊戲的方式詢問
並引導學生對主旨的興趣，提示可能的變化與發展以建立張力。然後，就主
旨範圍之內提供其中幾個議題讓學生選擇或融合。

　　教師以角色入戲與同學商討議題中的問題或線索，並對這些現象做一些
界定，同時也暗示學生這並不是為真實而演的。學生分組做內部討論，選擇
並找出事件。

　　教師再集合全班詢問各組認定的事件與其發生的地點，商討處理事件的
共同原則，尋求真相。兩人一組討論事件的發生情況，然後再回到全班來說
明這些事件，讓大家選出幾項問題事件。

第二階段：展開行動

　　讓學生將事件情況寫或畫在紙上，再以角色身分的口氣，述說圖中的某
一情況。教師入戲試圖找出一些訊息，在黑板上寫下圖中或學生口述中的五

個不同問題或意外事件，並指定五個小組領導人，請各小組就黑板上所寫的五個事件，做分組扮演排練。

第三階段：結束行動

教師說明本階段是要將事情做一個結束。請學生以事件外的人物，扮演欲了解問題的情況，使這一段情節與上階段相連結。

教師入戲，請各小組領導人帶領小組練習扮演聽取不同立場不同人物的意見。教師選擇採取肯定、否定或自由表達的立場，讓學生表達意見。再請各小組飾演。

以戲劇來理解的教學模組，其扮演、說明情況與所需完成的使命均很明確，學生可清楚的掌握所須扮演情境中的角色。學生均十分清楚每項活動參與的要旨與程序，可持續的演練，也可讓學生即時產生學習的成就感。

角色戲劇模組

「角色戲劇」的進行是將設置想像的情況，由有學生與教師分別以不同角色的身分，參與拓展事件、議題與關係（Tarlington & Verriour, 1991, p. 9）。角色戲劇主要特點是在於教師與同學均在過程中擔任某一個角色，目的是使學生在學習課程的內文中，能夠掌握思想與語言的意義，其主要的策略是以發現問題、界定問題、發展問題與解決問題的四階段序列發展，讓學習者有獨立的思考、合作學習並掌握語言的表達為主。茲將其課程模組介紹如下（Tarlington & Verriour, 1991, pp. 56-87）。

第一階段：一般說明

教師將故事或過程的學習內容予以解說。教師會提出可能產生的變化或不同發展的問題，要求學生在扮演中所應遵守遊戲規則。請學生思考教師的提問，兩或三人一組討論教師的提議內容。

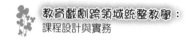
第二階段：界定問題

　　教師帶領學生做暖身活動後，說明演出事件的空間、時間、地點的情況。讓學生以圖繪、歌曲、描寫做為個人對問題情況的記錄或寫作。經小組討論，就個人寫作或記錄故事內容來決定時間、地點、人物以做扮演。

第三階段：發展問題

　　教師提供資料使事件繼續發展，將可能遭遇到更大的問題或困難，兩人或數人一組討論解決的方法與步驟。學生可以尋求各種可能的資源與協助。學生編成若干小組共同協議做文字或圖繪記錄，予以扮演共同協議之內容。教師入戲以會議、訪問、扮演等方式進入討論或扮演，以確立解決之道的適切性。

第四階段：解決問題

　　教師引導學生完成故事的結尾部分，發展出問題解決的情況，請學生各小組討論其中人物及其環境在事件結束後的情況。讓學生記錄了解的主要事物或感想，再將全部故事或最有意義的部分做討論，並予以扮演。

第五階段：複習

　　指定或輪流讓學生對戲劇教學內容做分享，由教師來回答、建議或提供意見。最後讓學生以圖畫、影像、寫作方式給故事、事件的人寫一封信或報告。

　　角色戲劇的五階段課程架構，是依照故事情節的戲劇結構所設計。教師在執行上，須按事件邏輯發展的順序來進行，一段一段地逐步予以完成。

程序戲劇模組

　　程序戲劇是在所選定的某一個空間與時間之中，來激發創造出學生參與的戲劇世界。它是依參與者所共同感知、發展與呈現的一種表演學習的實作

活動。程序戲劇的進行基本上學生並不依賴劇本，也不分辨何者為演員或觀眾，所以活動所發展的戲劇，往往也不一定有如預期的結局，因此，這種的教學內容是無法複製的學習經驗（O'Neill, 1995, p. xiii）。

程序戲劇主要在運用事件發生與進行的情節序列做設計，將教學的內容轉化成可以讓學生活動的戲劇型式。為達教學效果，在選擇吸引學生注意的前文做為開端時，不限時間發展的順序。教師從戲劇故事的「中段」開始，先介紹一個已經發生的情況，以吸引參與者進入戲劇的世界，然後教師與學生共同構建「前段」的原因，並發展「後段」的結果。茲將其課程序列介紹如下（O'Neill, 1995, pp. 1-3）。

第一階段：中段情節

教師引導暖身活動後，向全體宣布一項新消息：社區裡，一個離家出走的人將要回家了！他（她）離開家十年了，為什麼這個時候會回來呢？教師敘述他出現時可能的情況或地方，請兩人一組討論他出現的時間與地點，再請學生提出想法。

教師以若干人一組，將所討論發現和遭遇到這位歸鄉人的情況，嘗試演出在不同地點的場景。請學生以觀眾角度提出他們所看到的情況與想法，再扮演社區不同家庭或眾人聚集時，對這件事情的看法。

第二階段：前段情節

請各小組討論歸鄉人過去在家的生活情況，並以靜止畫面（tableaux）來呈現，以建立過去與現在的關係。然後再請各小組追溯當初和樂家庭的情況與離開家庭的原因。教師敘述發展的情況，並讓學生協助教師回憶過去的細節。

第三階段：後段情節

兩人一組，討論並扮演歸鄉人與一位家人第一次見面的情況。以論壇劇

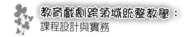
場（forum theatre）的方式，選兩位自願學生來扮演，並與觀眾對話。再以若干人一組討論並扮演一家人的期望，演出歸鄉人與家人團聚的場景。最後，徵詢自願者以內在的心聲（inner voice），顯示每個人的心聲來結束這齣戲。

在程序進行中，教師需掌握各個事件產生變化的重要關鍵時刻或場景，以戲劇與劇場的技巧設計習式的活動來進行完整的多元化教學，使學生宛如經歷了一個自己參與探索及表現的歷程。

百寶箱模組

百寶箱的教學模組，主要是針對學生所關切的議題創作出一齣戲劇，提供學校做一場教育劇場的演出，以達到教育學生之目的。

百寶箱的教學模組是經由找尋問題發生的原因，包含問題發生的人、事、地、物等因素。因此，教師於課堂開始之初就要能提供問題發生的一些相關線索或證物，因為從這些相關的資料與器物中，都能間接地顯示出何人、何時、何地、因何、為何、如何等相關的因素。當這些因素被發現與找尋之後，透過學生的對話與即興創作發展，將可能的戲劇情況、事件或故事重新地塑造出來，並以戲劇的扮演方式予以呈現。茲將此模組介紹如下（張曉華，2006）。

第一階段：教師入戲引導情境

教師敘述戲劇創作的開端，以某一個人的身分與其使用過的某一組的物件，如：書包、手提包、公事包、皮夾等，來發展主人的一段經歷、生活片段、想法，進而將之創作成不同的戲劇作品。

第二階段：引導探索

教師徵求同意打開該物件，請大家檢視能不能從中發現什麼訊息。詢問並請任一學生取其中一樣東西，描述給大家聽。然後將學生分成若干組，自取其中的幾項物品做小組討論，依物件來建構百寶箱的角色與事件。在角色

方面包括：家住址、親人、平常閒暇的娛樂、工作學習的情況等相關的資料。事件方面包括：事件的原因、重要的遭遇、困難、解決的作法等。每小組決定四個重要的靜止畫面，以情節的說明（exposition）、動作上升（rising action）、高潮（climax）、結束（denouement）做四格漫畫呈現。

第三階段：即興創作

各小組依四格漫畫的內容，建立更多的故事片段，將角色所處的情境做合理的連結。經過反覆練習並做分組呈現。

第四階段：分享與建議

將所觀察各組的情況與內容，說出觀後感，包括：印象深刻的情境、人物的表現、角色的特質等。建議包括：人物可能的行事作為、情節可能的發展、動作更佳的表演等。

百寶箱的創作模組是利用人們的好奇心與尋找真相的心理，以一些相關卻又不完整的資料找出問題所在，深入情況的內容，以了解人物行為的動機、發展出各種可能的情況、發現可能的事實或真相，來解除心中的疑惑，獲得應有的知識而應用於生活之中。

專家的外衣模組

「專家的外衣」是英國戲劇教育家 Dorothy Heathcote 所創的教學模組。所謂「專家」是指學生，而當教師賦予學生為某個專家的角色時，就是為他們披上了專家的外衣來扮演起專家的角色。

專家的外衣教學模組基本上是虛構的。教師須以「假設」的條件與學生做清楚的約定，並建構一個事件的開端，如：我收到了兩封信說……、我看到一部警車停在……等。將戲劇虛構的過程做為學習的媒介，以學習不同的學科等教學概念與內容。

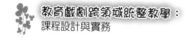
專家的外衣教學模組特色在於從整體角度來檢視主題中的某個部分時所採用的核心方法（Heathcote & Bolton, 1995, p. 31）。依據對 Heathcote 與 Bolton 對專家外衣的歷程實施（參謝慧齡，2006），茲將其階段過程說明如下。

第一階段：引發興趣

教師入戲敘述先告知學生今日課程的內容，請學生扮演某方面的小「專家」，如：環保、法律、衛生、健康等，大家一起演出一段故事。然後，以教師選擇某一角色入戲，敘述所遭遇的一件困擾的事情，請各位小專家想想看，到底發生了什麼困難？需要小專家如何幫助這位主角。

第二階段：模擬情境

讓學生尋找相關的證物，教師提供部分設計好的實物，如：剪報、石塊、衣物、文具用品。若能帶領學生去實地勘查，會比提供資料有更真實的效果。請學生做記錄或帶回部分證物。

第三階段：角色扮演

教師讓學生討論相關資料與證物，困難或困擾的因素是什麼？詢問同學的意見，並讓他們表達自己的意見。聽取大家的意見後，教師歸納大家的意見，使學生專注在某些問題的焦點。兩人一組，讓學生扮演遇到困難與解決問題的經過，教師入戲指出可能的發展方向。

第四階段：表演

教師將班上成員分成若干組，請學生將討論與扮演的要點整合成一齣戲，並將重點放在處理困境後的結局，讓大家看了在邏輯上可以接受，對結果也感覺滿意。最後再由教師說明實際行動的意義，讓學生留下深刻的印象。

專家的外衣教學模組，是以由教師所引導的情境建立在「信以為真」的教學環境中，不斷激發學生的想像力以產生的興趣。經由學習者追求解決問

題的方法，產生動力，讓學生進入學習歷程，做探索性的小組演練。教師入戲的角色必須順應學生學習的情況而調整，確立師生彼此的角色。Heathcote 認為：「戲劇的學習媒介功能是在即興表演中產生，即興表演的本質是在假設的共識中表現出生活的某一層面」（Heathcote, 1971, p. 69）。因此，如何建立起一個令人信以為真的情況，讓參與者自然地透過戲劇性的活動進行演練便顯得十分重要。

故事戲劇模組

故事戲劇教學模組是指一種將所聽、所讀的故事、詩、教材內容，讓學生做互動式的戲劇性回應（Courtney & Jossart, 1998, p. 6）。教師們常應用名人軼事、神仙故事、小說、繪本、報告、詩歌或歌曲、影片、短篇故事或文章的摘錄選取作品，提供故事，讓學生進一步的拓展延伸他們對學習內容的理解。透過教師引導想像、解決問題、提問、寫作以及藝術的過程與延伸教學，學生以劇中人物角色的創作歷程，能夠更深演練文學作品中的情況、聲調、情緒與情節，是一種趣味性、益智性的教學模組。茲將故事戲劇之教學模組（Booth, 1992, pp. 62-64）介紹如下。

第一階段：學生了解故事

學生要先知道故事的某一部分或全部，教師可採用朗讀或講述給學生聽、由學生自己朗讀、引導學生創作出故事、讓學生看影片、邀請其他老師來說故事、從學生的經驗中引述一段歷程。

第二階段：從故事中創作戲劇

教師讓學生了解故事後，教師暗示故事中的某一個部分，可以創作出戲劇。在故事中遇到解決問題時，停頓下來讓學生做出決定，以創造出故事中未顯示或出現的場景。也可以增加或延伸一些次要的人物，改變故事戲劇的發展方向，從另一個新的層面或角度檢視故事中的一些事件，將故事有意義

的事件敘述或展示出來。

第三階段：分組扮演

教師將學生分組，探討一些相關的事件，將虛構的情況與個人的經驗做連結，並以合作的方式拓展觀點與感覺，再以角色扮演將故事做戲劇的表演。教師可視實際情況適時的應用暖身活動、遊戲說、肢體動作、寫作、說故事或焦點人物等技巧。

故事戲劇在課堂上的進行，可以視情況持續進行短到五分鐘，長到一個月的課程，讓學生透過角色，身體力行經歷故事的主題、情緒、內文多項層面，是教師能深入與拓展學生認知可應用的教學模組。

教育戲劇的教學習式

「習式」是指運用於教學過程中慣用的戲劇方法。課程教學的戲劇習式是按戲劇情節發展的四大建構部分來進行的，即：說明、動作上升、高潮與結束。Jonothan Neelands 與 Tony Goode 綜合各個戲劇教育家們所常用的戲劇教學方法，以建立情境活動（context-building action）、敘事性活動（narrative action）、詩化活動（poetic action）與反思活動（reflective action），讓學習者在這四個結構性階段（Needlands & Goode, 2000）以戲劇習式來融入角色人物、發展事件始末、理解人物心理以及對學習內容深入的認知。茲將本書所運用的相關教學習式說明如下。

建立情境活動的教學習式

這一類活動最主要是協助創造戲劇活動所需的情境，如設計房間，安排家具的擺設等，透過學生對戲劇情境的創造與參與，能夠對接續的戲劇活動產生時間、空間及人物的特質，為戲劇活動找到主題和象徵的意涵並透過團體中的創造過程，了解各種不同的詮釋。

生活圈子（Circle of life）

一張紙分成五部分，中間圓圈部分寫上戲劇人物的名字和年齡，圈外四部分為住所、親人、工作／學習、標題不含價值判斷，由學員為其架構想像資料。

巡迴戲劇（Circular drama）

全班分成幾組，扮演故事中的幾個不同的重要片段，老師以入戲的方式進到各組去，挑戰學生的想法。

定鏡（Tableau or still image）

運用肢體停止的姿勢，以展現整體想表達的某一時刻或概念。

集體圖像（Collective drawing）

小組創造出一個共同的影像來代表戲劇中的地點或人物，而這個影像將會變成小組共同討論或是發展情節構想的具體參考。

集體角色（Collective character）

集體角色是指由一組學生進行即興表演，或從兩人之中選出一人扮演這個角色，其他組員則可以在一旁給建議或提示接下來要說的臺詞。這樣的方式可以讓許多人都參與到表演對話的創作。

遊戲（Games）

傳統遊戲用以建立信心、信任以及規則。遊戲應置於戲劇情境之中，非單獨為玩耍而玩耍。

觀光導遊（Guided tour）

參與者因應一幅詳細的環境圖片，創作一段描述性的介紹。

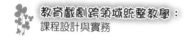
畫圖（Making maps/diagrams）

學生透過個人或團體畫圖來進行創作、推論、反思或如何解決困難，亦可以圖畫做為引發思考的手段。

日記書信或便條（Diaries, letters, journals, messages）

一種利用角色的觀點藉寫作來陳述事件經過或個人經驗的方法；或是一種回顧和建立一連串長期記錄的方法。

配樂（Soundtracking）

寫實或類型化的聲音來伴隨動作或用以描述環境，聲音通常是互相重疊交替的，也可用樂器或人聲表現畫面中的情緒。

建構空間（Defining space）

利用道具、家具、物品或區位塑造空間關係，藉以表現某一處不同的房間、設施或環境。

見物知人（Objects of character）

挑選一些具關鍵性的個人隨身物品、衣物、飾物、文具、信件、筆記、照片、車票等證物，藉此推論或理解某一個角色的性格、特徵與可能的行為。

未完成的資料（Unfinished materials）

有目的地展示設定的物品或一個故事的某部分做為戲劇的開端，當成線索一般延伸出情況、事件或故事。

模擬實況（Simulations）

利用道具、實物或製作出的物品，將日常生活中的實際使用的情況，模仿表演出來。

牆上的角色（Role-on-the-wall）

將角色畫在黑板或紙上，學生再根據此畫描述自己所認為該人物的性格。

敘事性活動的教學習式

敘事性活動是使用在重要的事件之中，可以為故事的中心，也可用於介紹或創造情節。這些活動可以讓小組透過戲劇的投入，讓學生在情境中有適當的語言及行為發展故事，並測試出他們對假設性敘述內容的理解。

關鍵事件（critical events）

讓小組成員先對劇中角色有了基本了解之後，找出這個角色在生命中所發生的關鍵事件，而這些關鍵事件往往是某個讓角色大吃一驚的時刻、獲得許多新發現的驚喜時刻或是人生的轉捩點。

訪問／審問（Interviews/Interrogation）

去訪問或審問某個人，是具有相當的挑戰性、對反應或應對的能力要求很高，其目的主要是為了要能顯示出角色的訊息、態度、動機、資質和能力。團體有任務，經由適當的提問來引發回應與探索。

焦點人物（Hot-seating）

故事中的角色，坐在椅子上接受大家詢問與其角色相關的一些問題，以探索這角色的內心世界，並藉所探詢問題的回答，拓展更多層面的理解。

會議（Meeting）

小組成員集合在一起聽著最近的消息，計畫行動並共同決定，提出策略來解決眼前的問題。這個會議可以由教師／組長或是其他人來主持，並且在會議中做出決議且提出解決的策略。

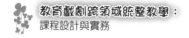

電話交談（Telephone Conversations）

可以是兩人在電話中的對談，也可以利用聽到一方的談話內容，去推論另一方的情況，並據此編導整個戲劇的情節或後續事件的發展。

報導文學（Reportage）

經由新聞報導、新聞體裁、封面故事、電視新聞和紀錄片的方式來闡釋或是呈現某些事件的原貌。

教師入戲（Teacher-in-Role）

教師扮演戲劇中某一個適當角色，以開啟、引導或認同某些事情，並在戲劇中掌握戲劇發展、探索的可能性和學習機會。

時間線（Time Line）

由自願者創作出某故事或先前表演的某一些片段或畫面，接著小組成員們必須從這些自願者所表演的場景中，選出一個最能夠代表他們之前所表演過的場景。教師請小組成員兩人站在這個場景的兩端，建立一條時間線，以顯示在戲劇事件在因果關係中的前後時間，並藉此發展或扮演其中的可能情節。

詩化活動的教學習式

詩化活動的技巧不但是檢視故事的方法，也可以是一種轉換敘述慣例的方式。從現實的角度出發，用不同的角度來檢視一事件，從韻文的內涵來看，是有助於從一個較多元的角度進行活動，而不只是無新意的情節發展。

動作敘述（Action Narration）

由參與戲劇演出的人，以敘述的方式來形容或描述當他們處身於戲劇場景的情況，其他人則從敘述或對話中，以動作表現出所敘述的情況。

心底話（Alter-ego）

　　說心底話的人（第二自我），站立在表演者身旁，將角色所說的話以其真正的心意或情感用潛臺詞（subtext）說出來，藉此突顯角色的內在思想和感覺。當演員做各種行為和談話時，說心底話的人有如影子一樣，好像根本就不存於現場一樣。這種表演方式的功能在於提供一個關於角色「內心話」的記錄和解釋。

幕後新聞（Behind the scene）

　　兩組成員們以兩個圓圈來進行表演，同時進行兩種不同場景的演出。外圈為公開的演出，同時環繞著內圈不為人知的場景。兩個場景同時進行表演，但在第一次表演的時候，只能聽見內圈的配音，第二次表演時，只能聽見外圈表演的場景配音。

設立標題（Caption-making）

　　將某一件作品以一段話來做具體的說明；或者是想出一個標題；或是從一大段劇情中摘選出一段場景以文字來表示；或是將某小組的作品冠上標題。

對剪片斷（Cross-cutting）

　　學生設計並排演兩個以上的戲劇場景，而些場景都是發生在不同的地方和不同的時刻。接著學生必須在這兩個場景之間前前後後地進行裁剪工作，然後再仔細地編輯來增加存在於這兩個場景之間的連結關係、比較、相似性、同質性或是相互矛盾的程度等。

倒敘法（Flashback）

　　先建立一些能將戲劇中某個重要時刻的某一場景，以便讓這個影像能夠解釋或增強這齣戲劇過去的歷史和此刻情境之間的關係，然後再將此場景以

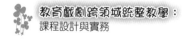
倒敘的方式來呈現，或將過去的場景放入目前正在進行演出的場景中。此外，這些場景也可當成過去的記憶用來對照主角的特性或是後來的改變。

論壇劇場（Forum-Theatre）

選擇能夠引起話題或與戲劇相關經驗的情境來進行表演。不論是演員或是觀眾，如果當任何一方覺得目前正在進行的演出已經偏離了主題，或者需要協助，或是認為這齣戲劇已經失去真實性的話，他們就有權力要求停止正在進行的演出，提出意見、進行討論或要求重演。觀眾有時候可以成為戲劇演出中的一部分或是取代其中的角色來進行演出。

默劇活動（Mimed Activity）

此活動主要在強調參與者的動作、表現和身體的反應，比較不強調參與者之間的對話或是想法。這個活動也可以包含一些旁白的臺詞來幫助表演，或是藉此刺激行為上的表現，並不著重於演員的言與表現。

蒙太奇表現法（Montage）

蒙太奇表現的方式，是以將形式與情境並列的手法，來扭曲或是挑戰典型的或傳統的觀點。這樣的表現手法可以使原本可能是非常平庸的材料、工具呈現出另一種新意，並在與戲劇中原本不會聚集在一起的基本元素之間，創造出有趣的對比關係。

儀式（Ritual）

儀式戲劇表演中，你會發現這是在一種傳統規則或習俗所規範的形式內做表演，通常這些表演方式都會一再地重複。個人在參與活動的過程中，必須聽從不同小組所設下的文化或是道德標準來進行呈演。

小組演繹（Small-Group Play-Making）

由小組成員自行設計規劃即興演出某一假設的情況、事件或故事，或展

示另外的某一種看法、行事的方式。以利後續對人物、事件與可能結果的探討。

電視時間（TV Times）

運用播放錄影、光碟或某段電視節目，顯示某一事件或議題。還可以利用遙控器倒轉、前進、快轉、慢轉或換臺、換節目，選擇性的將所要注意的焦點導引到需要深入討論或了解的部分。

外來角色（Prepared Role）

請外來的教師、同學、家長或代表人物進入戲劇情境中變演其中某一個角色，並讓學生與他對談交流或接受他的詢問、挑戰。

反思活動的教學習式

反思活動的教學習式需要以抽離的方式演出，進而檢視其中的意義或做為複習與評論其中演出的內容。這種習式可提供給學生機會，說出劇中重要的內容、關鍵的要點、人物角色的心聲或做出評論等。從此活動中，學生深入了解議題的精神與內涵，並對於劇中的角色行為的真義有所省思。

團體詩歌朗誦（Choral Speak）

各小組必須準備一段具有衝突、危機、困境的文章來進行團體朗讀的表演。在表演進行時，小組成員可以用聲音、歌曲、複誦、加強語氣和聲音適當的變化等方式來朗誦。這樣的表演方式可以用來強調並突出小組正在進行表演的體裁的內容。表演的內容可以是文章、戲劇腳本或所蒐集的資料。團體詩歌朗誦表演的建構過程必須盡可能地仔細，以利後續不同意見的提供與表演內容的發展。

如果我是你……（If I were you……）

如果我是你……的習式主要是用於某個角色所面臨生命中的某個關鍵時

刻。例如：做出重大決定的時刻、進退兩難的困境、必須解決的問題與一定要做出的選擇等。進行活動時，角色必須走過站在排成兩列的同學之間，在經過兩旁的每位同學時，同學會以一個旁觀者的角度來看待角色所面臨的情境，並就他的問題提出想法或建議或忠告，而所提的意見可以和戲劇之內的衝突產生共鳴，也可以重複之前說過的內容與用詞。

重要時刻（Marking the Moment）

重要時刻通常是用來做為一種標示戲劇情境中的某個地點或是某個時刻，而這個時刻或地點通常代表著戲劇中整個情緒的最高點，或是對於某個爭議性問題的了解。個人（在小組裡或是個人演出）可以使用其他的表演方法來表達出其中的情緒、理解，或試著更進一步地去探究那個情況或時刻。

人際空間（Space Between）

由學生從小組中選出自願者來扮演戲劇中的角色，而在他們每個人之間的距離正好顯示了目前彼此之間關係的親密程度。誰和誰比較親近呢？誰認為和誰比較疏遠呢？也可以讓學生想想在調整時間的設定（如過了幾年）之後，這些人（角色）之間的關係會產生什麼變化？他們會變得更親近還是更疏離呢？而且，學生也可以替這些存在於角色之間的距離命名：愛、尊重、內疚、背叛、憤怒等等（可以和「立場的選擇」表演法做比較）。

分歧的光譜（Spectrum of Difference）觀點與角度

觀點與角度的表演方式是請小組成員將自己站定在某一條兩極的想像選擇線上。這條選擇線兩極是依他們所站的定點位置來顯示出他們喜好的差異與程度。站在中間的人，通常是屬於比較沒有偏見或中立的人，而選擇靠愈趨近於兩極位置的人，則愈顯示出此人對某方面觀點的反對厭惡或喜好支持就愈顯強烈。這項表演方式可以讓學生在團體中顯示出每個人的不同意見、傾向或差異性程度。如果在進行活動的過程中，（教師或學生）要詢問參與

者做出選擇的理由,則必須公平一致地在每一組進行活動時都給予發問的機會,而被詢問的人只需要說出他們選擇的理由,並不需要為自己的選擇做辯護。

立場選擇(Taking Sides)／誰是誰非

這項習式與分歧光譜差不多,都需要組員站在一條想像的線上移動身體位置,唯一的不同點在於這次要做出的選擇是站在兩個不同的角色之間,並經由選擇的位置來決定對某個角色喜好的程度。沒有偏見的人通常會站在兩個角色的中央位置,而愈接近所選的角色位置,則顯示出對於此角色喜好或支持的程度就愈強烈。

自圓其說(This Way/That Way)

自圓其說是用來指出兩個不同角色對相同一件事在詮釋上的差異,也因此如果能呈現出兩者所抱持的各自觀點,便可以看出他們如何能為自身利益而自圓其說。小組成員可就相同的事件,依自己的詮釋方式為兩個角色做演出,並且將注意力放在兩者的差異上,然後再據此差異,找出對這個兩個角色的理解。

思考軌跡(Thought-Tracking)

這項習式可以公開地顯露出演出者在表演過程中的某個時刻,其個人的情感、想法與反應,並藉此讓表演者發展出一個對於自我表演方式的反應態度,以及藉此出突顯外在的表演、談話與內在思考之間的對比。在進行這項表演活動時,可以將表演的動作做定鏡(靜止畫面),然後,將想法表現出來。或者也可以讓其他同學輕拍角色的肩膀,讓他說出一句心底的話。

腦海裡的聲音(Voices in the Head)／內心的掙扎

小組成員可以利用這項表演法來反應並釐清戲劇中的某種複雜情境。通常是當戲劇中的角色面對難以做出決定的困境時,內心所產生的矛盾、猶豫

與衝突。當進行這場演出時，其他同學大聲說出在戲劇裡的某個時刻隱藏在角色內心中矛盾想法。這些所提出的意見，也可以在角色聆聽時進行辯論。

牆上有耳（Walls Have Ears）

小組成員以身體排出一間房間裡的四面牆，然後由表演組在中間擺出一個鏡像劇面。接著由在四面牆的同學將曾經演過的劇情內容與發生在主角身上的重大事件，以對話、聲音、效果等曾發生過的點點滴滴做複誦或模仿的表現。

結語

教育戲劇是以戲劇的教學模組，配合戲劇情節發展的四大建構部分來進行的學科教學方法，教師必須掌握課程設計的要素，以系統化完整的戲劇歷程將課程做完整的施教。不論教師採用任何一種教學模組，都要掌握以戲劇為核心的教學，儘管他們所用的教學習式各有不同，卻會在戲劇主軸上發展出不同深度的學習特色。

戲劇的社會本質在應用，「應用戲劇」（Applied Drama）的重點就是在老師「應『該』用戲劇」（舒志義，2012）。因此，該如何掌握課程的設計模組與習式，並能進行教學，就成了教師必備的能力了。本書教育戲劇的教學模組提供了教師教學的架構主軸，其中學生學習過程所使用的教學習式就需依照不同的人物與情境做最好的規劃與設計了。總言之，應用教育戲劇的教學模組與習式做為學習的方法，還是有待教師做實際的課程設計與在班級上的實施應用，期望在教師能精心規劃與靈活的運用下，讓學生都能享有快樂的戲劇學習歷程，又同時能有趣有效地深入探索，獲得可貴的經驗與知識。

參考文獻

舒志義（2012）。**應該用戲劇：戲劇理論與教育實踐**。香港：香港公開大學。

張曉華（2004）。**教育戲劇理論與發展**。臺北市：心理。

謝慧齡（2006）。**教育戲劇之專家的外衣教學活動應用於國民小學生活課程**。國立臺灣藝術大學應用媒體藝術研究所碩士論文，未出版，新北市。

Bolton, G. (1979). *Towards a theory of drama in education.* London, UK: Longman.

Brockett, O. G. (1969). *The theatre and introduction* (2nd ed.). New York, NY: Holt, Rinehart and Winston.

Courtney, G., & Jossart, S (1998). *Story dramas for grades 4-6.* NJ: Good Year Books.

Frigerald, M. (1990). In L. Swortzell (Ed.), *International guide to children's theatre and educational theatre.* Santa Barbara, CA: Greenwoods.

Heathcote, D. (1971). Drama and education: Subject or system? In L. Johnson & C. O'Neill (Eds.), *Collected writing on education and drama.* Evanston, IL: Northwestern University.

Heathcote, D., & Bolton, G. (1995). *Drama for learning: Dorothy Heathcote's mantle of the expert approach to education.* Portsmouth, NH: Heinemann.

Needlands, J., & Goode, T. (2000). *Structuring drama work: A handbook of available forms in theatre and drama.* London, UK: Cambridge University Press.

O'Neill, C. (1995). *Drama worlds: A framework for process drama.* Portsmouth, NH: Heinemann.

O'Toole, J. (1992). *The process of drama, negotiation art and meaning.* London, UK: Routledge.

Tarlington, C., & Verriour, P. (1991). *Role drama.* Portsmouth, NH: Heinemann.

Chapter 2

語文學習領域的課程設計與教學實務

第一單元　地球的春燕

　　河流是大地之母，與人類的生存息息相關，但水污染卻日益嚴重，本單元以影片「河女兒多多」的故事開始，揭開河川污染所帶來的環境問題。透過角色扮演，讓學生體會生活在臭氣沖天、必須買水喝的環境中，健康和生活都會受到極大的影響，體悟到保護乾淨的河水是一件迫不及待的事。

主題說明

　　在臺灣地區五十條重要河川全長二千九百餘公里的流長裡，中度污染及嚴重污染的比率，十二年來一直維持在四分之一的程度，從未見減（胡思聰，2007），可見河流被污染之嚴重程度。

　　臺灣四周環海，又沒有長江大河，大部分的水源都是靠雨水匯集成溪流，溪流的上游常建有水庫，以儲備民生及灌溉用水，因此學生認知到保護乾淨的水源是件很重要的事，否則要付出相當大的代價去整治後，仍可能無法復原。

　　目前，臺灣已經有太多河川受到不同程度的污染，相關單位也積極投入河川整治，有鑑於此，我們希望保護水源的觀念能從小扎根，於是請學生擔任專家的角色，為河川污染尋求解決之道，進而培養學生愛護河川的觀念與習慣。更重要的是要落實於生活中，讓臺灣的河川能重現

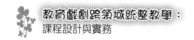
乾淨美麗的樣貌，人們得以享受清潔、優質的生活環境。

課程設計架構

1. 採用模組：故事戲劇模組。

2. 各階段運用習式：

第一階段：學生了解故事——講故事、場外之音。

第二階段：從故事中創作戲劇——集體角色、教師入戲。

第三階段：分組扮演——對剪片段、邊說邊演、定鏡、專家的外衣、自圓
其說。

3. 教學時數：四節。

4. 教學要點：

(1) 關鍵問題：河川污染的影響。

(2) 戲劇素材：影片「河女兒多多」。

(3) 焦點問題：如何解決河川污染所帶來的環境及用水問題。

(4) 主題事件的戲劇建構背景：

・何人：居民、遊客、環保署官員、河川整治專家。

・何時：炎炎夏日的下午。

・何地：在堆滿垃圾，臭氣沖天的河道旁、水面上。

・因何：民眾為了方便，將家庭污水、工業用水、垃圾等通通往河裡
丟，於是河流開始變髒、發臭。

・為何：河川受到嚴重污染。

・如何：人們開始思考該如何讓河流再度乾淨可利用。

(5) 教學準備：

・影片「河女兒多多」。

・半開壁報紙八張、彩色筆八盒、角色牌四張（工廠老闆、家庭主婦、
養豬養鴨的主人、到河邊玩的遊客）、農夫斗笠、白色長布、黑色長

布（至少五公尺長）。

教學設計

第一階段：學生了解故事（一節課）

流程與習式	內容與重點
播放影片 討論故事	1. 觀看動畫影片「河女兒多多」。教師注意是否每個學生都專心觀看影片的內容。 ＊教學小祕方：影片最好擷取只播放乾淨的河水，及污染後的畫面即可，以免學生思考受到影片內容限制。
講故事	2. 教師講述故事重點，與學生一同回想、討論剛才看到的影片內容。提醒學生畫面要清楚具體說出，並說明污染河川的種種原因。
場外之音	3. 教師請學生在教室空間自由遊走，聽到教師敲打兩下鈴鼓時，與最近的同伴分享自己對於該影片的想法，至少輪過三次回合。記得以「河川被污染是因為……」的句子開頭。 ＊教學小祕方：教師可進入其中，安靜聆聽學生之間的分享，或是老師入戲也跟著散布訊息，以提供更多元的想法。 4. 教師請幾位學生分享剛才所聽到的訊息。

第二階段：從故事中創作戲劇（一節課）

流程與習式	內容與重點
學生分組 集體角色	1. 全班分四組，請各組找一位組長抽角色牌，角色牌分別是工廠老闆、家庭主婦、養豬養鴨的主人、到河邊玩的遊客。
教師入戲	2. 教師說明：先與學生約定，老師待會在原地轉個圈後，同學會看到老師披一條長絲巾，那就是「河女兒多多」，學生要用剛才抽到的角色發問或說話，例如：抽到工廠老闆的那一組，一開頭要說：「我是工廠老闆，我想請問多多……」。 ＊教學小祕方：引導學生思考不同角色會給河川如何的污染。 ＊講述重點：老師出戲前也要先跟學生說明清楚，只要拿掉絲巾就變回原來老師的角色。

第三階段：分組扮演（兩節課）

流程與習式	內容與重點
引導說明 對剪片斷	1. 教師之說明以一個畫面為主，先邀請幾位學生分享他們的想法後，請其中兩組學生想像河川被污染前的畫面，另兩組想像污染後的畫面。
定鏡	2. 給予每組約三分鐘的時間，運用肢體呈現一個靜止畫面：第一、二組靜像——乾淨的河川樣貌，第三、四組靜像——被污染後的河川樣貌。確定每一組都完成之後，請同時呈現，教師經過之後仍要維持其畫面的靜止，教師適時在各畫面中用手碰觸學生肩膀，讓該角色的學生說出角色當時心中的想法。 ＊教學小祕方：一、二組可和三、四組互換表演情境，再複演一次，請學生表現不同的想像與創意。 3. 請兩位學生各持長白布的兩端，引導學生在乾淨河流旁做各式的活動，例如：玩水、烤肉、游泳……，聽到老師敲打兩下鈴鼓「咚咚」時，靜止不動做靜像。老師再引導：「還可以做哪些活動？」學生變換動作再做幾次。請學生一次兩位依序走過乾淨河流旁，邊說邊做動作，例如：我喜歡在河裡釣魚，當我釣起肥美的魚時……。學生也可以充當魚兒或螃蟹在水中遊玩。
邊說邊演	4. 教師做出丟垃圾污染河川的動作並同時口述：好景不常，隨著環境的改變及遊客愈來愈多，清澈美麗的河川被工廠老闆偷排放廢水污染、被遊客丟垃圾、被家庭主婦倒廚餘、被養豬人家偷倒大便……。 5. 教師口述引導：才不到幾個月的時間，這些髒物及廢水逐漸污染整條河流，使得河流變得好黑，於是河面上飄浮著瓶瓶罐罐、塑膠袋、烤肉架，河流再也流不動了，並發出陣陣惡臭。老師一邊說一邊拿出一條黑布，重疊放在白布下面，並逐漸把黑布慢慢的拉出來（象徵河流是逐漸被污染的），直到完全變黑，再問大家：「看到這麼髒的河流，你會有什麼反應？」請學生一次兩位依序走過骯髒河流旁，邊說邊做反應。 ＊角色及從事的活動可以和剛才乾淨的河流一樣，例如：剛才在游泳，現在不敢游了，並做出噁心的表情。 6. 老師請學生分享乾淨河流和髒河流的差別。

流程與習式	內容與重點

專家的外衣	7. 教師說明：待會會有一個戴著斗笠的農夫進來我們教室，最近他用被污染的曾文溪來灌溉芒果、龍眼，想不到都死光了，血本無歸，賺不到錢，日子怎麼過呢？聽說你們是整治河流的高手，現在請你們幫忙想想辦法來讓河流變乾淨好不好？
	8. 老師戴上斗笠搖身一變為農夫，唉聲嘆氣的說：「怎麼辦呢？河水變得好髒，不能用來灌溉我種的果園，怎麼讓河水變乾淨呢？聽說你們是解決河川污染的專家，請你們給我一些辦法好嗎？我有四個問題想請教你們」。
	  (1) 工廠老闆為了省錢，不做污水處理設備，常利用晚上偷偷把工業用的毒廢水排到河流中。
	  (2) 家庭主婦用有毒、無法分解的洗碗精洗碗、用漂白水洗衣；還隨便把吃不完的廚餘倒在水溝，水溝的水就流到河川中。
	  (3) 養豬養鴨的主人把糞便直接沖入河水中。
	  (4) 到河邊玩的遊客隨意丟垃圾。
	9. 請專家一一給具體的建議（教師可以依學生回答，適時加以引導）。
	10.教師分給各組一張半開壁報紙，請學生將解決的方法寫在海報上。
	11.教師出戲，變為教師身分。請學生分組上臺報告海報上所提供的方法。

自圓其說	12.學生圍成一個圈，當教師走過時，先設想自己的角色及內心想表達反省、建議或期望的話，學生身分可以是居民、家庭主婦、附近的業者、河川污染防治專家、工廠老闆……等。 13.請學生用「我是……，我想要……」 ＊講述重點：教師叮嚀學生「一句話」定義在正向的反省、建議或期望。如：我是工廠老闆，我以後會做好污水處理再排放。

課程教學實況

第一階段：學生了解故事

講故事	觀看影片「河女兒多多」時，全班專注欣賞。觀看完後，老師再次複述內容大意，同時請學生回答相關問題，學生都能了解故事重點。
場外之音	請學生在教室走動，碰到同學跟他說「河川被污染是因為……」，學生能按指示做活動，他們說「河川被污染是因為有人亂倒垃圾」、「河川被污染是因為有人偷排廢水」、「河川被污染是因為有人亂倒廚餘」……。

第二階段：從故事中創作戲劇

集體角色	請小組各自變成不同角色，有工廠老闆、家庭主婦、養豬養鴨的主人、到河邊玩的遊客。學生逐一的提問：「我是遊客，為什麼我會讓河流生病呢？」「我是家庭主婦，為什麼河水會被污染？」「我是老闆，為什麼廢水會污染環境？」「為什麼有垃圾之後河流會生病？」有學生回答可以倒廢水處理廠就不會污染，得到教師讚美。
教師入戲訪問	教師先說明，等一下會有新聞臺記者手持麥克風，胸前戴名牌，以記者身分實況報導有關最近大內橋下曾文溪的污染事件。接著，記者會實地來到這裡訪問，你們就是住在這附近的當地人，希望每個人都能將所知道關於河川被污染的原因或現象提供給記者，以便讓更多人能經由報導一起來關心河川污染的問題。 新聞報導：「我是新聞記者，最近曾文溪河川污染造成多處傳出異常現象：大量魚群暴斃、黑面琵鷺也大量死亡、河川發出惡臭……河川污染的現象十分嚴重，造成大內區居民生活的不便和困擾，我現已抵達大內要訪問當地居民，了解受污染的情況，為社會大眾做一系列報導，請大家能將你們看到、聽到的訊息提供給我。」 記者拿著麥克風一一訪問學生，為何魚會無緣無故死亡？為何河流有惡臭呢？為何河流的污染會愈來愈嚴重？

教師入戲	學生分組寫下河川被污染的原因並上臺報告：
	第一組：亂吐檳榔渣、把煙蒂隨手丟進河裡、把廢水排進河裡、把垃圾和吃完的果皮丟進河裡。
	第二組：遊客把菸蒂或電池丟進河裡、把吃完的餅乾盒和雞骨頭丟入河川。
	第三組：洗衣水和工廠廢水；把塑膠袋、雞大便、豬大便、菜渣等丟進河裡。
	第四組：有人烤肉時把木炭丟入河中、地上的垃圾被風吹進河川。

第三階段： 分組扮演

對剪片斷	乾淨與骯髒河流畫面要對比呈現，分四組做對剪片段，兩組做乾淨河流，另兩組做髒的河流。請大家先看第一、二組乾淨河流的靜止畫面，教師請拍到肩膀的學生發言。有學生說：我是海龜，我覺得水很涼爽；有學生說：我是河水，我喜歡乾淨的身體；有學生說：我是海星，我在游泳；有學生說：我是正在長大的樹，我在這裡很快樂；有的說是乾淨河水……。第三、四組呈現髒河流，教師請學生猜一猜畫面中的動作，結果有學生表演被污染的死魚、流不動的河水……。
邊說邊演定鏡	請兩位學生拿著白色的布當成乾淨河流，水不斷的流動，彷彿唱著輕鬆愉快的兒歌。請學生想一想會在乾淨的河邊上做什麼活動？大家聽著鈴鼓聲依序呈現，有的上前做出釣魚的動作，有的做出丟垃圾的動作，有的在撈魚，有的在撿垃圾，有的在洗手，有的用河水洗臉，有的在跳水，浮在水面上玩水……。接著，有人在游泳，教師問學生有什麼感覺，學生說很開心，但是也有學生隨意亂丟垃圾，教師調查有誰曾在河邊丟垃圾，結果好幾人誠實舉手。
	好景不常，隨著環境的改變及遊客愈來愈多，清澈美麗的河川被工廠老闆偷排放廢水污染、被遊客丟垃圾、被家庭主婦倒廚餘、被養豬人家偷倒糞便給污染了。河流變得好黑，在河面上飄浮著瓶瓶罐罐、塑膠袋、烤肉架……，河流再也流不動了，並發出陣陣惡臭……。老師邊敘述邊拿出一條黑布，重疊放在白布下面，並逐漸把黑布慢慢的拉出來（象徵河流是逐漸被污染的），直到完全變黑，再問大家：「看到這麼髒的河流，你會有什麼反應？」有學生拉著衣角遮住口鼻，有學生說快臭死了，有學生快吐了，甚至有好幾個學生昏倒在地……。學生嫌惡動作及表情令人感受到彷彿空氣飄散著酸臭的氣味。

專家的外衣	教師入戲變成一個戴著斗笠的農夫，唉聲嘆氣走進來，他的荔枝、芒果今年被髒河水污染都無法收成，他懇請河流整治專家的幫忙與協助。問題一是工廠老闆不願花錢做污水處理，直接排放出來，專家說叫老闆不要排放，可以去檢舉他，打 110，定期檢查河流，或叫河川巡守隊去抓倒廢水的人，也可以在河邊裝監視器再請警察逮捕，再不行就打官司。學生果然富有解決問題能力，令人佩服。問題二是廚餘廢水都流進河中，專家說拜託他們排到廢水處理廠，或是申請興建廢水處理廠；用完的水可以洗拖把。教師反問：「還有髒水，怎麼辦？」學生說：「可以拿來澆花。」教師說：「現在的洗碗精都很毒。」學生馬上說：「可以改用環保的洗潔劑或是綠豆粉。」問題三是養豬養鴨的人排糞便到河中，專家說糞便可以先埋在土裡面發酵當有機肥；拜託主人不要這樣做；或是警告他們不要破壞環境。問題四是遊客丟垃圾，專家說請環保局來檢舉，有的說撿起垃圾、做標語、可以跟遊客勸之以情，請巡守隊來巡察……。學生都能熱心的提供農夫正確有建設性的意見參考。其中最有趣的建議是請家庭主婦把廚餘倒給小狗吃。
自圓其說	學生圍成大圈，請學生自己設定角色給其他人建議，學生說：我是家庭主婦，以後要改用環保洗碗精。我是遊客，我要反省，不亂丟垃圾，我是遊客，不能把零食丟到河中，我是遊客，可以撿垃圾。我是老闆，不會排廢水到處理廠，我是主婦，要改用環保標章的東西，我之前把垃圾丟入河中，我要反省。我是老闆，我要把糞便做成有機肥。我是環保小志工，我會撿垃圾。有好幾個學生還是說自己是遊客，不會亂丟垃圾。

教學反思與建議

經教師引導激發學生無窮想像力

　　學生表演污染的河流時，說自己是一隻游不動的蝦子、快死掉的魚兒、快死掉的螃蟹、喝到髒水的老樹……。學生呈現乾淨的河流時，有人演海龜覺得水很涼爽、有人說是在游泳的海星，也有人說自己是正在長大的樹，住在這裡很快樂……。可見學生很有想像力。

在師生一問一答中學生建構環保知識

　　教師問有什麼辦法可以減少污染？學生回答廢水可以再利用，也有學生說可以用綠豆粉和蘇打粉。教師問廚餘廢水都流進河中怎麼辦？學生回答拜託他們排到廢水處理廠，或是申請興建廢水處理廠，用完的水可以洗拖把；教師問還有髒水怎麼辦？學生說可以拿來澆花，教師說現在的洗碗精都很毒怎麼辦，學生馬上說可以改用環保的洗潔劑或是綠豆粉，教師問怎麼分辨呢？學生回答可以看環保標章……。在師生一問一答中，學生增長了許多環保的知識。

教學多元化促進學習動機

　　請學生選組長時，有的用猜拳方式，有的用協調方式或是推選來決定。小組討論時秩序及角色任務分配良好，有人負責書寫，有人負責報告，各組的報告內容都很精采，可見班上的人際合作情況很好。

學生學習評量

第一階段：學生了解故事

　　　1. 能了解影片中故事內容。（講故事）

　　　2. 能和他人交換訊息。（場外之音）

第二階段：從故事中創作戲劇

　　　1. 能融入戲劇情境擔任指定的角色。（集體角色）

　　　2. 能以指定的角色人物發問與回答。（教師入戲）

第三階段：分組扮演

　　　1. 能和小組合作呈現靜像畫面並表達想法。（對剪片段）

　　　2. 能想像說出與做出在乾淨河流旁的各式活動。（邊說邊演、定鏡）

　　　3. 能提出解決河川污染的方法。（專家的外衣）

　　　4. 能發表參與活動的感想。（自圓其說）

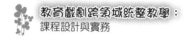
教學感言

　　透過乾淨河流與骯髒河流對比的對剪片斷扮演，讓孩子體悟與了解污染後的可怕，以警惕自己勿再破壞美好的河川。到了課程尾聲，從學生真誠的回饋中，教師相信這一群孩子未來將會成為愛護河川的小小推手，使河川能重現乾淨美麗的樣貌。

教學參考資料

1. 河川污染問題應積極改善

　　http://www.npf.org.tw/post/1/1689

2. 影片：「河女兒多多」，取自教育部生命教育學習網（http://life.edu.tw）

參考文獻

胡思聰（2007）。河川污染問題應積極改善。2014 年 10 月 14 日，取自 http://www.npf.org.tw/post/1/1689

名稱：地球的春燕

場外之音

與最近的同伴分享觀賞影片的想法，學生們交頭接耳說河川被污染是因為有人亂丟，有人……，彼此交換不同想法。

邊說邊演

請學生一次兩位依序走過乾淨河流旁，邊說邊做動作，學生正在一條乾淨的河流旁釣魚好快樂！

邊說邊演

白布換成黑布，代表河川被污染了，學生對於發臭的河流，每個人露出噁心受不了的表情。

專家的外衣

請整治河流的高手幫忙戴斗笠的農夫想想辦法，讓河流變回乾淨的面貌，這時專家紛紛舉手告訴農夫寶貴意見。

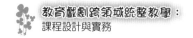

第二單元　新聞，用「心」去聞

　　新聞往往與我們關切的事物有關，本單元從一則在社會上引起轟動的新聞事件切入，藉由各種習式讓學生以主角身分進入到時空背景與周遭人事物的關係，並透過多位焦點人物的訪問，來了解多面向的事件全貌。在許多網路言論與回應中，要能做出理性的判斷和選擇，整個方案不一定要做是非論斷，而是要讓學生在看待事情的時候，宜從不同的角度來了解，以免淪入毫無意義的口舌之爭，或做出不適當的判斷。

主題說明

　　隨著網路科技發達，新聞傳播常因網友轉載與回應，往往引發比事件本身更渲染、誇張的風波，例如：電影「BBS鄉民的正義」中，有客觀的事實陳述，也有主觀性的情緒回應。身為一個現代國民，媒體識讀是現今社會裡不可或缺的一種重要能力。目前，傳播媒體常藉網友串連所引發的爆料效應，讓原本單純的事件愈演愈烈，使觀眾霧裡看花，街頭巷尾聊的火熱，儼然親眼目睹整個過程一樣，實在不是一個好現象。

　　資訊知識傳播快速勢必是未來之趨勢，學生如何在雜訊充斥的媒體中，靜「心」來思考新聞事件，能以清澈明辨的眼光、從客觀的角度看待事情，培養自己的判斷力，而不致迷失在新聞「網」中，確實重要。

課程設計架構

1. 採用模組：程序戲劇模組。
2. 各階段運用習式：
　(1) 第一階段：中段情節——定鏡。
　(2) 第二階段：前段情節——生活圈子、定鏡、時間線。

(3) 第三階段：後段情節——訪問、設立標題、誰是誰非、立場選擇、自圓
其說。

3. 教學時數：五節。

4. 教學要點：

(1) 關鍵問題：從不同層面看待新聞事件中的各種資訊。

(2) 戲劇素材：YA 少之新聞事件。

(3) 焦點問題：培養獨立的媒體識讀能力。

(4) 主題事件的戲劇建構背景：

・何人：以超跑代步，經常炫富的富二代——YA 少。

・何時：發生酒駕事件後。

・何地：混亂的網路回應區。

・因何：富二少成為過街老鼠，受人撻伐。

・為何：外表光鮮亮麗，內心卻孤獨寂寞。

・如何：從各方面了解 YA 少的心理狀態，了解他背後的無奈。

(5) 教學準備：

・記者對於 YA 少的新聞報導（http://www.nownews.com/n/2012/05/13/
66823 或類似新聞）。

・角色卡（請參見附件）、椅子一把、海報紙（每組一張）、彩色筆
（每組一盒）、手鼓。

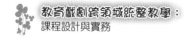
教學設計

第一階段：中段情節（0.5 節課）

流程與習式	內容與重點
閱讀新聞資料 暖身活動 定鏡	＊上課前，先讓學生閱讀關於 YA 少的新聞事件。 1. 教師請學生在教室自由走動，當聽到教師敲擊手鼓時，做出關於 YA 少事件的定格動作（例如：喝酒、酒駕……），每次都要不同，教師則挑選較有創意的動作讓學生說明。教師可視情況做三到四回合。

第二階段：前段情節（1.5 節課）

流程與習式	內容與重點
學生分組討論 生活圈子	1. 將學生分成四組，每組給一個討論主題，包含 YA 少的家庭狀況、人際關係、興趣嗜好、學習狀況、人物特質，請各組學生根據之前提供的片段，想像有關的資料並寫在海報紙上。 2. 小組進行分享。 3. 請其中一個小組出列呈現車禍當時的靜像畫面，並定格。
定鏡 時間線	4. 其他組決定要呈現該定格的發生時間往前（如與朋友狂歡情形，或是在家中備受寵愛的狀況……）或是往後的靜像畫面（如受害者家中狀況以及主角事發後的狀況……），決定後進行排練。 5. 教師請小組按照時間順序將畫面從頭到尾輪流呈現一次，銜接部分則由教師口述，營造出時間軸的畫面感。 ＊教學小祕方：教師可一邊口述，一邊引導小組呈現該畫面，最後均為定格畫面。

第三階段：後段情節（三節課）

流程與習式	內容與重點
教師引導 複習重點	教師帶領學生複習主角 YA 少的人格特質，以及事件的發生過程。
發出角色卡 以熟悉內容	1. 教師準備角色卡，分別為：YA 少、YA 師、YA 母、YA 友。 ＊教學小祕方：教師事先提供扮演各角色的人物所需的角色資訊， 　如：YA 少父母親離異、母親護子心切……等。請該角色的學生 　事先準備。
訪問	2. 教師請扮演四個角色的學生一一進入教室，先各自針對自己的角 色卡內容說明，接著在原位接受訪問，其他學生自由發問，教師 在一旁適時介入。如學生無法針對角色適切地提出問題，教師可 引導學生發問方向，如： 　YA 少：(1)酒駕的理由？不知酒駕會害人嗎？ 　　　　　(2)飆跑車的目的、理由為何？ 　YA 師：(1)對於這孩子的認識？ 　　　　　(2)這孩子求學時的狀況？ 　YA 母：(1)如果被撞死的是您的孩子，您會袒護對方嗎？ 　　　　　(2)孩子小的時候，您對他長大後的期望？ 　YA 友：(1)與 YA 少的朋友關係為何（酒肉朋友、知心朋友 　　　　　　……）？ 　　　　　(2)出事了，用什麼態度看待此事？ 3. 訪問完畢，請角色卡的學生離開教室，各組開始討論，並針對剛 才的訪問定出一個二十字內的新聞標題。
設立標題 小組發表	4. 各組發表標題內容。
請學生分享 網友回應	5. 教師說明網路上有許多網友對此事均有回應，請幾個學生出列拿 著教師發的回應內容一一唸出分享。
誰是誰非	6. 教師請聆聽的學生思考哪些回應是有價值的，或是中立的，而非 情緒性的發洩，甚至是惡意攻擊，請學生選擇覺得比較適切的回 應，並說明理由。 7. 教師向學生提問，認為 YA 少事件需加重刑罰的站左邊，認為應 給 YA 少自新機會的站右邊。

流程與習式	內容與重點
立場選擇	8. 教師分別請兩邊的學生說明選擇的理由。
自圓其說	9. 請學生圍成圓圈站起來，教師一一走過學生面前，學生須先自述自己的角色，再提出對這事件的看法（如：我是警察局長，我覺得必須強力取締酒駕的情形，以免更多憾事發生）。

課程教學實況

第一階段：中段情節

暖身活動 定鏡	事先發下相關報導先讓學生閱讀，報導的字句經過教師斟酌，去掉富情緒的字眼和較主觀的看法，以及有強烈譴責意味字句，做為學生的先備閱讀資料。一開始先詢問學生是否閱讀資料，有兩名學生說沒有，教師馬上請他們到外頭先行閱讀完畢再入內參與。 定鏡的時候，事先告訴學生要做三次定格畫面，而且每次安排的情況要不一樣，有人做喝酒狀、有人跪下道歉、有人當看熱鬧的路人、有人當狗仔拍照，有人當被撞倒的受害者。學生能從不同角色思考，動作相當多元化，也能從此來窺見他們閱讀資料時的細心程度。

第二階段：前段情節

生活圈子	教師避免學生天馬行空胡亂想像，所以先針對書寫的四個主題做討論，向學生說明沒有標準答案，但要「能說服自己的合理想像」，其中有一組學生在書寫人際關係的區塊時，寫了個「爛」字，教師請學生說明，學生說因為他常喝酒、飆車，所以常常闖禍，沒什麼朋友，人緣很差，教師認為學生的說法很好，有合理根據，請學生把這些話寫下來。但是「爛」字比較像是抽象形容詞，請學生書寫具體一點讓大家了解，不要先做評論，雖然過程中和各組溝通花了點時間，但是學生都能了解，也能更精確掌握生活圈子的精神。各組分享的時候，教師不做評論，但在各組的異同部分會稍做強調，只要看法合理都可以接受，也讓學生知道每個人都有不同的觀點。

生活圈子	在人際關係部分，有學生覺得他朋友很少，有學生卻覺得很多，教師反問學生這些朋友都是真心的朋友嗎？學生說不是，是一起花天酒地的朋友，因為愛炫耀，所以朋友要很多才行。有學生補充發生車禍事件後，之前的朋友都不敢靠近他。家庭狀況部分，幾乎都覺得他家很有錢，父母很寵愛，是富二代。學習狀況部分，覺得他愛翹課、逃學，成績差。在興趣嗜好部分，幾乎都是泡夜店、玩名車、名牌，愛喝酒等等。
定鏡 時間線	教師請一組呈現車禍當下狀況，其他三組則指定呈現畫面，分別是在夜店狂歡、受害者家中愁雲慘霧，小女孩失去雙親哭泣，和 YA 少躺在病床發呆，爸媽在旁照顧並設法解決的畫面。教師認為夜店狂歡組是最簡單的，沒想到學生卻愣在一旁，教師忽略這批孩子不常接觸這些資訊，因此另外介入協助。 接下來將四組畫面依照時間順序做連貫呈現，先讓各組個別呈現，排好各組位置後，教師一邊在呈現的小組前面口述畫面內容，一邊走向下一組的位置，讓他們預備。配上教師情境式的口白和語氣，效果不錯，學生專注觀賞與聆聽，也更了解整個事件的來龍去脈與細節。

第三階段：後段情節

訪問	教師讓四個角色（YA 少、朋友、母親、老師）同時擔任焦點人物，先輪流陳述各自說法，再接受觀眾提問。事前學生怕自己無法應付提問，教師告訴學生能回答就自己答，不行就拒絕回答，或是由教師來解圍，他們才放心不少。 輪到觀眾發問，臺下一片靜默，不知道是教師將角色人物說的太詳細還是學生不知道問什麼，教師等了一會兒再提示學生：「發生這種事情誰會最難過？」學生反應不太熱烈，後來有位學生說要問高中老師：「你教出 YA 少這種學生，有什麼想法？」扮演老師的學生一本正經的回答：「這跟家庭教育有關，是父母親沒有時間好好管教，跟我沒關係。」老師忍不住用眼神大大讚賞，因為連老師自己也不見得能即時反應。其他學生也開始接續熱度提問，包含問 YA 母打算如何處理這件事，還運用之前學生演出是否要用錢處理的說法將她一軍，以及有沒有考慮被害者是否接受？扮演 YA 母的學生面露難色，教師趕緊反問學生，若自己是被害者家屬，願意接受用錢處理的方式嗎？幾乎所有的學生都說不會，因為人命關天，豈能

訪問	用錢輕易處理掉。還有學生問 YA 少怎麼處理那個失親的小女孩，扮演 YA 少的學生說可以收養她，沒想到反被其他的學生問：「你自己都要靠爸媽養了，怎麼養小女孩？」教師也說明目前國內酒駕事件的相關法規，對學生機會教育。課堂中，大家從原先的沉默，到後來的針鋒相對，讓教師很有成就感，覺得不能低估學生或是輕易放棄他們，他們只是缺少刺激，缺少信心，更缺少第一顆發言的火種。
設立標題	寫標題對學生來說已有經驗，所以沒花太多時間，教師提醒各組可用不同角色的觀點來思考標題內容，減少重複度。學生分別想出像是「錢不是萬能的，人死了用錢賠萬萬不能」、「親子關係差害子一生、親子教育很重要、有錢無罪，害人有罪」、「有錢無罪，有錢好辦事？有錢可賠一條無辜的性命嗎？」、「有錢了不起？！一撞三條命！」可以發現這幾個標題，觀照的面向都不太相同，真是佩服學生的創意，果真是集思廣益。
誰是誰非	讓幾個學生唸出網友的各種回應，並站成一條直線，其他學生則選擇覺得較為認同的回應，在唸出該回應的學生面前坐下，幾乎所有的學生都選擇「有錢人更應該思考如何好好落實家庭教育，讓有錢的富二代不是只會花爸媽的錢吃喝玩樂，而是多做社會公益」這項回應，但有兩個學生選其他較為客觀的說法，可見學生心中自有一把尺。
立場選擇	這是活動中最熱烈的部分，一端是想給 YA 少加重刑責，一端要給他機會改過自新選項，有五人選擇要加重刑責，有十五人要給他改過自新的機會，加重刑責組說狗改不了吃屎，給他機會仍不會改；給機會的人說他還年輕不會想，關了他也沒用，還說那麼媽寶的人去坐牢會被凌虐，到時候反而白白斷送一條人命。大家各有堅持，你來我往，非常熱烈，教師只負責示意換誰發言，學生都能理性的提出想法。
自圓其說	教師希望學生最後再次從不同角度來看待這件事情，因此讓他們圍成一圈，以不同角色做出多元回應。一位學生說「我以後不要一大早出門，否則被 YA 少撞到真倒楣」的思維角度真特別，令人啼笑皆非。也有希望警察局強力取締酒駕的意見；而出現比較頻繁的角色是 YA 少父母，希望能多花時間陪兒子，或是好好管教他。比較有創意的角色還有「名嘴」和「在 YA 少車上罹難的朋友」，即便是同一角色，也幾乎沒有重複的說法。如同學生在後來回饋說的：以後看待新聞事件時候，要以多種角度來大膽假設，小心求證，去了解事件真正的過程和細節，不能任意隨便批評，否則很容易傷害別人。

教學反思與建議

以中立客觀字眼書寫角色特質

在生活圈子的書寫活動中，注意讓學生書寫客觀的想像狀況，並以較中立的字眼敘述，而非主觀以「很醜」、「很壞」等字眼呈現評論。

耐心等待學生提問，教師再適時主動拋問

當學生無法主動對扮演焦點人物的角色提出問題時，教師可以先耐心等待或是主動先拋出問題給角色或是觀眾。

以不同身分觀點擬定標題，更多元呈現

擬定新聞標題時，可以讓小組針對不同角度或身分來擬定標題，如此可以有更多元的呈現。

學生學習評量

第一階段：中段情節

　　1. 學生能以肢體呈現出事件前後的畫面細節。（定鏡）

第二階段：前段情節

　　1. 學生能根據資料，共同討論建構角色的背景資料。（生活圈子）

　　2. 學生能向扮演角色的學生提出相關問題，蒐集相關訊息。（生活圈子）

　　3. 學生能綜合訊息，進行判斷與選擇。（時間線）

第三階段：後段情節

　　1. 學生能站在不同的角度提出對事件的看法。（自圓其說）

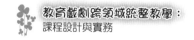
教學感言

　　轟動一時的新聞事件，成為學生討論的素材，真實性相當高，但教師也需要注意學生會有先入為主的成見。因此，在提供討論的素材時，教師需要特別小心，不給予評價或主觀意見，且讓學生了解事實不一定是全貌，用心去多方面了解，再做價值判斷，才是媒體識讀的重要精神，也期待學生用這樣的收穫來對待往後的人生點滴。

教學參考資料

1. 談新聞報導角度的選擇

　　http://www.rthk.org.hk/mediadigest/md9704/p6.html

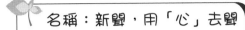

名稱：新聞，用「心」去聞

定鏡

小組針對主角的生活情形用定格畫面呈現，圖中為主角常與朋友相邀晚上去狂歡的畫面。

生活圈子

小組成員討論主角的生活相關資料，並分項書寫，建立該人物的立體形象。

訪問

四位不同身分的焦點人物在臺前接受學生的提問。

設立標題

教師協助小組，整合新聞事件的相關資訊，訂出新聞標題。

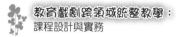

附件 角色卡

YA 少

　　我是 YA 少，我……很害怕，我真的不知道怎麼會發生這種事情，我只是和朋友一起去跳舞，喝了點酒而已，我以前都是這樣的啊！都沒有怎麼樣，我撞到垃圾車已經夠衰了，哪裡知道竟然還撞死人，我嚇死了，根本沒辦法思考，我自己也受傷了，左大腿還骨折，住院住了好多天，連我的朋友也死了，我……一下子這麼多事情，我不知道怎麼處理，那個太太的先生死掉也不是我願意的，全部矛頭都指向我，好像我不應該活在這世界上一樣，我連反省的機會都沒有嗎？

YA 母

　　我是他的媽媽，我們家的確有一點錢，生活過的也不錯，不過網友說我們家錢多到數不完，車子十幾臺，實在太誇張了，他們怎麼說話都不用證據的，不然到我們家來看看，我和我先生平常都忙，有各自的事業要管理，對兒子的教育的確比較疏忽，可是他不是壞人，這種事情發生在四十歲的人身上都不知道怎麼處理了，他才22歲，大家對他太嚴苛了，他現在嚇的連門都不敢出去，怕有人偷偷來暗殺他，覺得自己罪該萬死，又不知道怎麼好好過日子，我們要去上香陪罪，他們也不願意給我們機會，如果可以，我真寧願死的是我，不要讓我兒子受這種罪。

YA 友

　　我是他的朋友，我跟你說，他真是衰爆了，以前大家一起出去吃喝玩樂，都沒什麼事，怎麼知道這次鬧這麼大，新聞天天播，一直挖內幕，害身為他的朋友的我也不敢出門，怕被記者圍起來，小張搭他的車竟然也死了，一下子這麼多事情，我也不知道怎麼幫他，其實他真的不壞，只是比

較愛玩,家裡有錢讓他過好日子,這樣也不行嗎?他又不偷不搶,難道有錢人就該死嗎?我也覺得他很對不起那家人,他有誠意想贖罪,但是大家現在根本把他逼到絕路,不給他機會說出他的想法,唉……只能默默祝福了。不過以後我真的嚇到了,不敢酒後開車了。

YA 師

我是他的高中老師,其實這孩子本性不壞,家裡環境還不錯,媽媽好像很少跟他互動,他常常會在週記寫說,爸媽離婚後各自忙著做生意,都不陪他玩,所以他只好帶著一堆朋友去吃喝玩樂。有一次他在學校跟人打架,媽媽來幫他處理,我看的出來他表面很快樂,但是內心很渴望家庭的溫暖,其實很孤獨,這次發生這麼大的事情,他一定嚇壞了,可是這是人命,處理一定很麻煩,那個雙親都被撞死的小女孩真可憐,YA 做錯事情還是要勇於負責,也許這是他人生的考驗吧!搞不好還要坐牢,不管結果如何,希望他能夠有所成長。

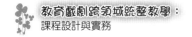

第三單元　路自己走

　　本單元主要在透過教學活動讓學生探討，一個功成名就的人背後的成長歷程、曾遇過的挫折及如何走出困境，接著再聚焦在自己的夢想實現過程可能會有的阻礙及如何克服。近年來坊間出版很多雜誌，編輯採訪各領域出眾的佼佼者，希望以他們的奮鬥過程激勵學子有為者亦若是的胸襟；行行出狀元，不管將來想從事什麼樣的工作，只要踏實做、認真學、有信心，必能走出自己的一片天。

主題說明

　　近年來經濟不景氣，年輕人失業率持續攀升，許多年輕人宅在家中不上班，成了啃老族；幸運找到工作者，多數也僅是 22K 窮忙族。如何了解自己的特長，找到興趣，是就業前重要的探索階段。

　　本課程先以影片「人因夢想而偉大！吳季剛自信發光」，引起動機，讓學生了解如何從自己的興趣出發，一步一步實現夢想。當然，成功之前一定會有一段艱辛的歷程，我們要學習勇於嘗試、冒險；面對別人異樣眼光，我們仍能無畏懼的向前走。

　　藉由戲劇活動讓學生探索自己未來努力的方向，並試著敘說自己可能發展的生命故事。相信學生們未來的出路，一定是柳暗花明又一村。

課程設計架構

1. 採用模組：戲劇理解模組。
2. 各階段運用習式：

　(1) 第一階段：決定行動——訪問。

　(2) 第二階段：展開行動——牆上的角色、立場選擇、定鏡、訪問。

(3) 第三階段：結束行動——重要時刻、請你聽我說。

3. 教學時數：三節。

4. 教學要點：

(1) 關鍵問題：如何突破社會價值觀，找到未來自己想走的路。

(2) 戲劇素材：影片「人因夢想而偉大！吳季剛自信發光」。

(3) 焦點問題：當追求夢想的過程中，別人不看好或和社會價值觀違背時，
    學生能學習正向思考面對自己要走的路。

(4) 主題事件的戲劇建構背景：

· 何人：吳季剛、媽媽、同學、親友、不認識的人。

· 何時：成名前的日子。

· 何地：家裡、學校。

· 因何：男生玩芭比娃娃，做娃娃衣服，遭人取笑。

· 為何：吳季剛從小愛玩芭比娃娃，立志當服裝設計師，受到別人異樣
    眼光。

· 如何：能學習正向思考，接受支持者的鼓勵，向前築夢；用勇氣與毅
    力衝過負面批評，不因負面評價影響自己的決心。

(5) 教學準備：

· 影片「人因夢想而偉大！吳季剛自信發光」
    http://www.youtube.com/watch? v=i43WhvO17jk

· 角色卡、白板、訪問單、鈴鼓。

教學設計

第一階段：決定行動（一節課）

流程與習式	內容與重點
新聞事件敘述	1. 觀看新聞專訪「人因夢想而偉大！吳季剛自信發光」。 2. 教師詢問學生是否知道當今美國赫赫有名來自臺灣的年輕華裔服裝設計師是誰？為何他會一夕成名？ *講述重點：吳季剛為美國第一夫人蜜雪兒在 2009 年和 2013 年總統就職晚宴，穿上他所設計的禮服。2012 年推出個人品牌服飾造成空前搶購。 *教學小祕方：讓學生自由發表，教師將焦點引導至吳季剛小時候被人嘲笑、遇到困難挫折仍咬牙堅持下去的精神。 3. 發給學生學習單，請學生寫出自己的優勢、興趣、夢想、實現夢想的過程中可能面臨的困難及如何面對。 *教學小祕方：老師鼓勵學生盡量大膽填寫。
訪問	4. 兩人一組，一人充當小記者，另一人接受訪問對於未來「我的夢想是……我想做……，我可能遇到的困難是……我會如何解決與面對……」；三分鐘後，角色互換。 *教學小祕方：把訪問單給各組，並請小記者將訪問內容簡略摘要記錄下來。 5. 老師請幾組互訪的小記者（自願者或抽籤）上臺演練一次訪問與回答的情境給全班看，每組訪問完，可開放臺下提問三個問題。

第二階段：展開行動（1.5 節課）

流程與習式	內容與重點
活動說明	1. 深入探討吳季剛在成名前自己內心可能的想法與感受，例如別人如何批評他，然後再來想想自己十五年後實現夢想時可能會有什麼生命故事。
牆上的角色	2. 各組在海報紙上描繪出人形，人形內寫出吳季剛小時候可能出現的內心掙扎、情緒或想法，人形外寫出他的同學、老師、父母、長輩對他可能會有看法或批評。 *教學小祕方：各組完成後分組上臺發表。

流程與習式	內容與重點
立場選擇 定鏡 心底的聲音	3. 學生分邊站，一邊為贊成男生可以玩芭比娃娃，學生要利用肢體做出玩娃娃的畫面並定格；另一邊為不贊成，學生要做出討厭的神情動作並定格。教師在靜止畫面中，用手輕輕碰觸幾位學生肩膀，讓該生說一句話表達他正在做的事或心裡想的話。 4. 立場選擇活動結束，請學生圍成一圈輪流說出在剛才情況下，吳季剛小時候所感受、體會的心情會是如何？
請學生想像十五年後可能有的生命故事	5. 請學生思考，根據自己的優勢及興趣，在學習單上寫下十五年後可能發生的生命故事。老師說：「十五年後，大家長大了，在這求學謀職的過程中，我們勇於嘗試、冒險、開創，有的擁抱夢想，完成自己最想做的事；但有的人卻走了另一條路，跟原先規劃的不同，不過也是很成功；有的……每個人經歷的生命故事迥然不同，請試著說出自己可能發展的生命故事」。 6. 請學生將要敘說的生命故事寫出大綱。 ＊教學小祕方：教師可與學生討論，引導對未來的創意想像與思考。 ＊教學小祕方：教師引導吳季剛就是因為從小找到自己興趣，他的目標是想做「未來的那件衣服」，然後才功成名就，所以要擁有未來，有目標很重要。
訪問	7. 請學生兩人一組練習互相訪問十五年後的自己，五分鐘後再請幾組學生上臺演練給大家看。

第三階段： 結束行動（0.5 節）

流程與習式	內容與重點
重要時刻	1. 分組演出未來自己想做的事，或想成為怎樣的人？在過程中做了哪些努力？遇到了哪些挫折困難，該如何面對？或是面對別人質疑取笑的異樣眼光時，會如何堅持下去。演出時，臺下觀看者給意見後，可以請臺上同學再複演一次，直到這段戲反映未來現實為止。 ＊教學小祕方：每一組討論後，選一個或兩個小組呈現。
請你聽我說	2. 學生圍成一圈，請學生輪流說出在此教學活動中的想法及心得。

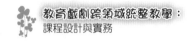

課程教學實況

第一階段：決定行動

訪問	學生很專注觀賞吳季剛的影片，而在寫十五年後自己可能發生的「生命故事」學習單時，學生很有想像力。 分組當小記者互相訪問，再讓幾組上臺互訪給全班看，學生的口條很清晰。

第二階段：展開行動

牆上的角色	在進行畫人形寫吳季剛內心的掙扎與外界可能的批評時，學生討論熱烈，除了書寫之外，他們也想加美編，所以花了近一節課的時間才完成，各組上臺報告都能侃侃而談，臺下也會與臺上的人互動。 統整學生寫的內容如下： ・內心的掙扎： 　世上無難事、只怕有心人。 　有志者，事竟成。 　天才是九十九分的努力，加上一分的天分。 　堅持夢想。 　不在乎別人的看法。 　做自己就好。 　我一定會成功。 　不放棄。 　我覺得這樣很好。 　沒人跟我玩。 　沒關係，長大後我就證明給你們看。 　我會朝著夢想前進。 　做自己沒關係。 　男生玩芭比有啥關係。 　別人會不會笑我。 　我要成為世界 NO.1 的設計師 　（我一定要成為一個厲害的服裝設計師）。

	為什麼每個人都覺得我很娘？ 我有前途嗎？我還要再繼續嗎？ 我跟女生相處很融洽。 · 外界的評語：娘娘腔（娘炮、娘死了、死娘娘腔）。瘋子。有問題的人。怪怪的。與人不同。特別。白目。莫名其妙。欠扁。玩芭比噁心。哪有男生喜歡芭比娃娃？玩芭比能有啥前途（玩芭比沒路用）？爛東西。變態（同學你有病嗎？整天跟芭比玩）。你是男的還是女的呀？你是人妖嗎？廢物。超級外星人。只會跟女生玩。繼續加油喔！一定會成功的。加油。朝夢想前進。支持你。你一定會成為偉大的設計師。你好厲害、你好有藝術天分喔。
立場選擇 定鏡	除了四位學生表達強烈的「不能接受」外，大部分的學生均可接受男生玩洋娃娃這件事。
訪問	學生被訪問十五年後的自己覺得很有趣，並且會學著用未來的身分說話。

第三階段：結束行動

重要時刻	學生腦力激盪去想未來可能面對的問題，臺下的觀眾可以提供一些正向的思考去看待問題，讓大家模擬將來即使遇到挫折也有信心突破困境。
請你聽我說	很多學生表示，經過這樣的活動可以更了解在追求夢想的過程中可能會遇到的困難，在模擬長大後受訪的角色可以激發他們現在有一個明確的努力目標。

教學反思與建議

預演未來的自己

　　這個教學主題讓學生有機會去省思自己是一個怎樣的人（具備何種優勢、興趣），未來有機會成為職場上什麼樣的角色，預先想想看可能面臨什麼困難？如何解決？在戲劇的情境中預演一遍「現在我」與「未來我」的對話，協助學生在真實生活中有努力的目標。

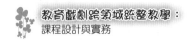

學生的想法和教師期望有落差時的處理方式

在進行畫人形寫吳季剛內心的掙扎與外界可能的評論時，有學生說某位同學在人形外寫了一個不雅的字，當教師走近時，該生馬上用手遮住那個字，他說「沒有啦！等一下會擦掉」，但製作時間快結束前，教師看他們這組還沒有處理這個字，就請他們對這個字打馬賽克，該生欣然接受，他說因為真的有人會這樣說啊！看著他拿立可帶畫過幾條白線條讓那個字看起來不這麼刺眼，教師就放心多了。在處理這件事情時，教師的作法是先接納學生的想法，再者，顧及教育現場的觀感，提醒學生，說明新聞報導中馬賽克的處理方式，讓學生練習表達。過程中有彼此有意見不合或顧及公開場合的呈現，教師協調學生如何呈現。後來下一組報告外界可能的批評時，也有位男生不僅寫了不雅的文字還畫了圖案，教師之前在巡視時沒有發現，此時卻出現在臺上，教師心想要怎麼教孩子分辨為何前一組不雅的字可以被允許亮相，而這一組的圖文似乎是不恰當的卻可以出現，正當教師在思考時，臺下有學生說這個圖文和大家討論的主題根本不相關，的確，既然不相關就不該出現在報告裡，所以教師再次重申，因大家身處於教育場所，有些不雅的話語出現時，教師們必須做適度處理，以保護閱聽人的權益。

學生學習評量

第一階段：決定行動

　　1. 能兩人互相進行小記者訪問的活動。（訪問）

第二階段：展開行動

　　1. 能在海報紙上畫出人形寫出人物的內外掙扎。（牆上的角色）

　　2. 能上臺發表各組的人形海報觀點。（牆上的角色）

　　3. 能表達男生玩洋娃娃這件事是自己可接受或不能接受。（立場選擇＋定鏡）

　　4. 能互相訪問十五年後的自己。（訪問）

第三階段：結束行動

    1. 能演出自己築夢過程遇到的困難及如何解決。（重要時刻）

    2. 能說出自己上完課的感想。（請你聽我說）

教學感言

    由當紅的名人吳季剛引入本主題，對學生來說很有吸引力，在進行第一次訪談時，學生會比較不好意思，常常在臺上就笑起來了，可能要跟別人談起自己的夢想，還要克服別人的眼光吧！等進行完一些習式活動，深入探討吳季剛成名前的內心掙扎後，再度進行第二次的訪談活動，這次要訪問的是十五年後的自己，也就是實現夢想的當下，學生說話就較有自信、能進入未來的那個角色說話。

    在進行「牆上的角色」習式時，學生討論顯得很熱烈，從一開始要在海報上畫人形時，每一組都有不同的想法，有的是具象人物、有的是漫畫式人物。在寫人物的內心掙扎時，學生很能寫出語文課學到的俗諺，或口語溫馨的鼓勵；在寫外界評論時，特別是罵人的話可以這麼正當的說出及寫出，學生很興奮。等上臺報告時，臺下的學生都很期待每一組的報告，老師也驚豔每一組的巧思。

教學參考資料

1. 親子天下雜誌 42 期（2013）──生涯探索的故事 234-236 頁。

2. 中天新聞──吳季剛的相關報導

    http://www.youtube.com/watch? v=i43WhvO17jk

3. 專訪吳季剛的媽媽

    http://www.youtube.com/watch? v=wXp-9S3nvIM

名稱：路自己走

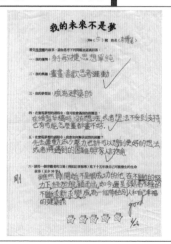

訪問	訪問
學生看完吳季剛的影片後，寫「我的未來不是夢」學習單（附件），做為訪問活動的暖身，並讓學生試想實現夢想可能遇到的阻礙及如何解決。	學生上臺進行記者訪問「十五年後的自己」，學生的回答富有想像力，臺下的同學聽得津津有味。

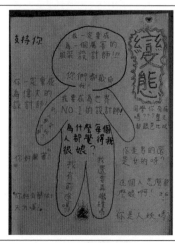

牆上的角色	牆上的角色
各組學生輪流上臺發表吳季剛在實現夢想的過程中可能會出現的內心想法及別人對他的觀感。	各組在海報紙上描繪出人形，人形內寫出吳季剛小時候可能出現的內心掙扎、情緒或想法，人形外寫出別人對他可能會有的看法或批評。

附件 我的未來不是夢

（ ）年（ ）班（ ）號 姓名（ ）

看完吳季剛的故事，請你思考下列問題並認真回答：

一、我的優勢：

二、我的興趣：

三、我的夢想是：

四、在實現夢想的過程中，我可能會遇到的困難是：

五、在實現夢想的過程中，我會如何解決及面對困難？

六、請用一個旁觀者的立場（例如記者報導）寫下十五年後自己可能發生
　　的生命故事（至少 50 字）。

第四單元 　不一樣的生命藍圖

本單元以一封家長的來信引發學生的好奇心，探討「啃老族」的形成原因與突破困境的方法，進而探索各種職業可能遭遇的困難與解決的策略，讓學生對未來世界發揮想像、預作規劃而充滿信心。

主題說明

很多人覺得在小學階段談就業還太早，然而引導孩子從小開始思考規劃自己的人生，了解自我，探索自我，肯定自我，在每一個起跑點都能有全面性的思維與觀點，卻是面對未來刻不容緩的事情。

「啃老族」引發的社會問題，近年來層出不窮。根據 2013 年主計總處調查，臺灣 15 至 29 歲年輕人，未在學、未就業的達 47 萬人，約佔整體一成。另一方面，行政院勞工委員會則經統計指出當年的求職者平均有 1.7 個工作機會；由此可見，職場上不是機會不足，而是有些工作條件無法留住年輕人。至於未在學、未就業的年輕人，往往便成了所謂的「啃老族」，造成家中與社會的雙重負擔。勞委會進一步指出，年輕失業人口中，23% 的原因是經驗不足，21% 不知道該找什麼工作，這表示很多人對未來缺乏主見，所學無法應用。

希望透過戲劇情境的引導與參與，讓學生在想像中進入職場，提早思考各種職業的可能性，對應自己的專長與興趣，設定一個前進的方向。讓夢想開始起飛，打造一份可以在未來無限擴充的生命藍圖。

課程設計架構

1. 採用模組：角色戲劇模組。
2. 各階段運用習式：
   (1) 第一階段：一般說明——定鏡。

(2) 第二階段：界定問題——未完成的資料、生活圈子、定鏡、思考軌跡。

(3) 第三階段：發展問題——教師入戲、焦點人物、訪問、電話交談、畫圖、儀式。

(4) 第四階段：解決問題——定鏡、思考軌跡。

(5) 第五階段：複習——定鏡、畫圖。

3. 教學時數：四節。

4. 教學要點：

(1) 關鍵問題：以圖說方式書寫、分析職業需具備的能力以規劃未來、勇敢面對未來。

(2) 戲劇素材：一封來自家有啃老族兒子的母親的信、「我的生命藍圖」放射圖。

(3) 焦點問題：以口語表達帶領「阿倫」分析職業需求，找到自我定位並勇於面對未來。

(4) 主題事件的戲劇建構背景：

  ‧何人：一位心急的母親、一個對未來茫然的青年「阿倫」。

  ‧何時：老師收到阿倫母親的一封信。

  ‧何地：學校。

  ‧因何：一位母親表示，已有工作能力的孩子閒賦在家，不肯積極謀職，對未來毫無想法。

  ‧為何：阿倫有心想振作求職，卻不知如何規劃未來。

  ‧如何：幫助「阿倫」分析職業需求。

(5) 教學準備：

  ‧一封來自阿倫母親的信（附件一）。

  ‧「我的生命藍圖」學習單（附件二）。

  ‧椅子一把、鈴鼓、海報紙（每組一張）、彩色筆（每組一盒）、鴨舌帽一頂。

教學設計

第一階段：一般說明（0.5 節課）

流程與習式	內容與重點
暖身 定鏡	1. 請學生先坐在教室地板上，教師說明接下來的活動是請學生在教室安靜自由的走路，當聽到兩下鈴鼓聲時，任選一職業做出定格動作，教師會隨機猜測學生扮演的角色。操作二至三次，角色不可重複。 ＊教學小祕方：自由行走時，每次定格後可變換鼓聲節奏，要求學生跟著節奏走，藉此訓練專注力。

第二階段：界定問題（一節課）

流程與習式	內容與重點
未完成的資料	1. 教師說明有一封來自以前一位家長的信，信中家長看起來很苦惱，有個很難解決的問題（家有啃老族兒子阿倫）。詢問學生是否願意一起幫助這位母親，獲得學生同意後，再唸出信件內容。 ＊教學小祕方：請學生唸出信件內容，更有說服力。
生活圈子	2. 學生分組在海報紙上畫出「田」字型的四大格，分別寫出長相、個性、朋友圈、興趣四大項，依照信件內容想像主角阿倫的生活樣貌。 3. 小組進行分享。 ＊教學小祕方：教師不做對錯的評論，認真傾聽即可。
定鏡 思考軌跡	4. 兩人一組，一人扮演母親，一人扮演阿倫，呈現兩人目前關係的靜像畫面，當教師碰觸肩膀時，各說出一句當下心中的話。 ＊教學小祕方：提醒學生依照角色當下的心情發言。

第三階段：發展問題（1.5 節課）

流程與習式	內容與重點
教師入戲 焦點人物	1. 教師告訴學生，阿倫等一下會來到現場，但心情不太好，可能不太想說話，接著教師走到教室外，戴上一頂鴨舌帽走進來，變成阿倫，「聽說你們有話要跟我說（不耐煩）……」，說明其實自己不知道自己到底能做什麼，自己沒什麼長處優點，什麼都不會，最後丟下一句「不然，你們很了解自己嗎？」然後離開。阿倫離開後，教師再度進教室，表示自己看到阿倫走出教室，請他先去校園逛逛。問學生，阿倫說了些什麼。 ＊教學小祕方：教師入戲、出戲前，請學生閉上眼睛。
訪問	2. 請學生坐成內外兩圈，一對一，面對面，以順時鐘方向移動，每次移動一位的距離，每次面對一位新的夥伴時，就輪流向對方說自己的優點或特點，說完後請對方補充。
電話交談	3. 教師扮演手機來電，接起手機，原來是擔任旅行社經理的朋友詢問教師有無畢業的學生可以來應徵導遊（半年後有一位資深導遊退休，欲提前培訓）。 ＊教學小祕方：手機來電可預先設定鬧鐘響鈴，電話對談時要配合一些聲音表情變化，增加可信度與戲劇性。
教師徵詢學 生意願	4. 教師詢問學生是否要推薦阿倫去應徵。 ＊教學小祕方：如果許多學生表示不願意，教師則表示自己還有其他畢業生，也許也適合這份工作。如此，才能順利進行下一個教學活動。
引導學生分 析、發表職 業需求	5. 引導學生發表，當導遊要具備哪些條件或能力，又該如何擁有這些能力（如：要增加語言能力可去補習英文、聽英語廣播等等），以放射圖的概念繪製。 ＊教學小祕方：只需舉一兩個例子，不需要提示太多。
畫圖	6. 讓小組討論，並繪製放射圖書寫在海報紙上，隨後發表。
儀式	7. 聽完發表後，教師以詢問方式引導學生推薦阿倫去應徵。教師站在中間，學生圍一圈，學生一一出列送阿倫一樣禮物（抽象的也可以，如：勇氣），由教師代表接受、轉贈。

第四階段：解決問題（0.5 節課）

流程與習式	內容與重點
定鏡 思考軌跡	小組討論阿倫擔任導遊後可能遭遇的難題，並以靜像畫面呈現。當教師在其中碰觸某學生肩膀時，靜像中的人物須說出符合當下情境的一句話。第二次呈現，則是解決難題的辦法。

第五階段：複習（0.5 節課）

流程與習式	內容與重點
定鏡	1. 分組呈現，選擇一項職業，以兩次小組靜像呈現該職業可能遭遇的困難及解決的策略。 ＊教學小祕方：若時間不足，可以僅選擇二至三組呈現。
畫圖	2. 請學生根據自己的優點與能力，考慮選擇某職業可能遭遇的難題，畫出自己的生命藍圖。

課程教學實況

第一階段：一般說明

定鏡	課程開始，先以「定鏡」做暖身活動。教師隨機走到幾個學生身邊，猜測他們扮演的職業角色，很高興的發現，學生的職業選項尚稱多元，有廚師、軍人、老師、警察……。沒被點到的學生，還會喊著：「還有我！」表示學生們喜歡這個活動，也想要得到教師的注意。

第二階段：界定問題

未完成的資料	首先表明收到一封以前一位家長的來信，想徵求一名自願者來唸信，舉手狀況十分踴躍。儘管這位自願者唸得不是非常通順，但從底下同學們專注的眼神看來，大家都在聆聽這位母親的心聲，想知道她要跟老師說什麼。接著，一聽到教師問：「你們願意幫這位母親想想辦法嗎？」大家都齊聲說：「願意！」

生活圈子	教師説：「為了幫助阿倫，我們得先來了解阿倫這個人，畢竟，他都大學畢業了，我這個他當年的小學老師對他的認識，應該也要做個全盤修正了吧！就從長相、個性、朋友圈、興趣四個面向來描繪出阿倫的生活圈。」接著，向學生們解釋「朋友圈」，有一位學生聽完教師的解釋後，馬上頓悟般、輕鬆地説：「就是人際關係啦！」 分組發表阿倫的生活圈，各組畫出的長相各有特色，有的是平頭，有的是青少年流行的染髮爆炸頭，有的戴副黑框眼鏡；個性有隨便、懶惰、害羞、淡定、容易生氣、害怕挫折……；人際關係大部分是朋友不多的狀況；至於興趣，四組中有三組共同寫出「打電腦」。
定鏡 思考軌跡	接著，來了解一下阿倫和母親的互動。請學生兩人一組扮演阿倫及母親，先以靜像呈現，教師再隨機去輕觸角色肩膀，請角色説出內心話。學生發展對話很迅速，就像電視八點檔直播：「畢業多久了，還找不到工作！」「不要吵啦！」……「猴死囝仔！」「你沒資格罵我！」

第三階段：發展問題

教師入戲 焦點人物	結束母子間的爭執，接著要請阿倫來到現場。教師跟學生們預告，請大家閉上眼睛，待會兒阿倫會戴著鴨舌帽進來。教師走到教室外，戴上鴨舌帽，深呼吸後進到教室內扮演阿倫，為了表示自己的頹廢與徬徨，一直低著頭跟學生們對話。學生們很配合的跟著入戲，有人回應説：「你不是很愛打電腦嗎？你可以去當電玩師啊！」 「阿倫」離開後，教師重新進入教室。
訪問	請學生們坐成內外兩圈，一對一相對面，以順時鐘方向移動，每次移動一位的距離，每面對一位新的夥伴就輪流向對方説自己的優點或特點，説完後請對方補充。由於是老師交代要説出自己的優點，所以學生們不再害羞，很大方地把自己的優點説出來，也很認真要幫對方補充優點。「我很會做事……」、「我數學很好……」、「我寫字很漂亮……」、「你很會跑步……」、「你很會吹直笛……」。

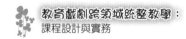

電話交談	老師事先設定手機鈴響，假裝有人來電。學生們安靜聽著教師和朋友——旅行社的林經理對話，知道旅行社需要一名導遊。大家贊成幫阿倫介紹這份工作，可是，導遊需要什麼條件呢？
畫圖	請小組一起畫導遊能力放射圖，一起討論當導遊要具備哪些條件或能力，又該如何擁有這些能力。 小組討論時通常都會忽略時間，教師一邊巡視小組間給建議，一邊掌控時間。發現孩子們想法很多，討論時間不足，可以再延長卻不能影響進度控制。於是，再給孩子三分鐘的時間討論。 學生們對於身為一位導遊需具備的能力及訓練方法，想法有趣又多樣：「要了解地各歷史文化～多看書、上網查資料」、「要能專注（隨時注意團員）～去學開車」、「要帥氣～需整型」。
儀式	既然導遊這份工作需要這麼多能力，請大家一起發揮念力，誠心祝福阿倫可以擁有這些能力，得到這份工作。教師和學生們一起圍個圓圈，大家輪流把禮物捧到老師的手心，老師答應會把滿滿的祝福轉交給阿倫。為了避免學生有開玩笑的行為，先口頭提醒：「等一下態度一定要認真。」過程中還是有學生開玩笑，教師用嚴肅的眼神再次提醒，唯有認真的態度才能真正使禮物發揮幫助阿倫的力量。學生很配合，一時想不出的便先跳過，之後竟有人表示可以幫忙想不出的人送出自己想到的禮物！

第四階段：解決問題

定鏡 思考軌跡	但是，職場上會一帆風順嗎？當然不會。於是，請大家一起想想，阿倫在職場上可能遭遇的問題。先分組討論，再呈現。 有一組學生竟呈現出在旅遊行程中遇到孕婦團員臨時要生產，解決的策略是導遊臨機應變，要司機更改路線，直接送往醫院。很實在且有創意！

第五階段：複習

定鏡	再次分組以兩次小組靜像呈現其他職業可能遭遇的困難及解決的策略。第一組呈現時，發現沒有看到解決困境的對照效果，教師再次說明並提供一分鐘，請各組再檢視要呈現的畫面。第二組之後的呈現，均能達到預期目標。

| 畫圖 | 離開戲劇，回來檢視自己的時間到了。先請學生畫一張自己的生命藍圖。學生們交回的生命藍圖學習單，對於未來，有人想要朝體育發展，成為體能好、能專注的桌球國手、足球選手、棒球選手；有人要成為會讀書、記憶力強、有想像力的「師」字輩老師，例如：廚師、服裝設計師；有人要成為維護治安的警察；有人則要當一名負責、大方、具應變能力的導遊。 |

教學反思與建議

教師指定分組較省時

　　課程中分組時，不論是兩人一組或數人一組，由教師協助分組可以減少嬉戲、吵鬧，亦可讓學生接觸不同的朋友群。不過，需特別注意是否有特定學生受到排擠分組後影響小組成員的合作氣氛。

教師入戲要逼真

　　第三階段教師入戲與焦點人物時，雖然學生們很配合教師入戲，與「阿倫」互動對話，但教師仍覺得自己扮演不夠擬真，語氣不夠失落。上課前應多演練扮演角色的語氣與神情，才能帶領學生也入戲。

學生學習評量

第一階段：一般說明

　　1. 學生能以默劇動作呈現對職業角色的想像。（定鏡）

第二階段：界定問題

　　1. 學生能透過一封信札完成對焦點人物生活樣貌的想像。（生活圈子）

　　2. 學生能呈現主角與母親的互動。（定鏡、思考軌跡）

第三階段：發展問題

　　1. 學生能透過放射圖繪製，寫出擔任導遊需具備能力與達到目標的方法。（畫圖）

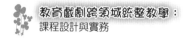

第四階段：解決問題

　　1. 學生能想像擔任導遊後可能遭遇的難題與解決難題的方法。

　　（定鏡、思考軌跡）

第五階段：複習

　　1. 學生能想像各種職業可能遭遇的困難及解決的策略。（定鏡）

　　2. 學生能根據自己的優點與能力，畫出自己的生命藍圖。（畫圖）

教學感言

　　看到學生對自己的期許，教師內心裡真誠的希望這些萌發的芽，經過學生們繼續不斷的灌溉，將來能成樹成林！同時，也期待他們繼續關心世界的脈動，找到自己的節奏，或許能在未來世界中發展出新興行業，創造更幸福的未來世界！

教學參考資料

1. 啃老本　臺灣尼特族達 47 萬人

　　http://www.cna.com.tw/News/FirstNews/201305020041-1.aspx

2. 臺灣啃老族 47 萬人　10 年倍增　引發社會問題

　　http://news.cnyes.com/Content/20130604/KH8F3M1CUVWVI.shtml

名稱：不一樣的生命藍圖

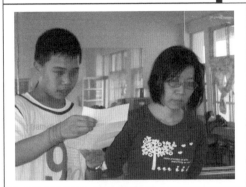	
未完成的資料	**生活圈子**
請學生唸出一封家長來信，讓大家了解啃老族阿倫的媽媽目前遭遇的困擾。	在海報紙上四格內寫出信件主角阿倫的長相、個性、朋友圈、興趣。

畫圖	**定鏡**
小組討論後繪製放射圖，想像擔任導遊要具備哪些條件或能力，又該如何擁有這些能力？	以靜像畫面呈現擔任導遊後可能遭遇的難題，例如：在旅遊行程中遇到孕婦團員臨時要生產。

附件一　來自阿倫母親的信

老師：

　　您好！

　　我是阿倫的母親。以前阿倫讀書時讓您很照顧，謝謝您！不過，我現在又有一個頭痛的問題想要請教您。

　　一年前，我好不容易盼到阿倫大學畢業了，滿心希望他能自食其力過生活，沒想到他才去上了幾天班，就說和他的興趣不合，就不去了。之後，去應徵別的公司都吃閉門羹，所以，他現在對自己沒有信心，對於找工作也不積極，我看他對未來好像一副茫茫然的樣子，毫無想法與規劃。

　　老師，您可不可以教教我要怎麼勸他或幫他？

　　不好意思，打擾老師了！

敬祝　健康快樂

阿倫的媽媽　敬上

附件二　繪製我的生命藍圖

_____ 年 _____ 班 _____

繪製說明：1. ▢ 填寫職業名稱

2. ◯ 填寫需具備的能力或可能遭遇的難題

3. ⬡ 填寫達到目的的方法

4. 線段或填寫圖形不夠，可自行增加

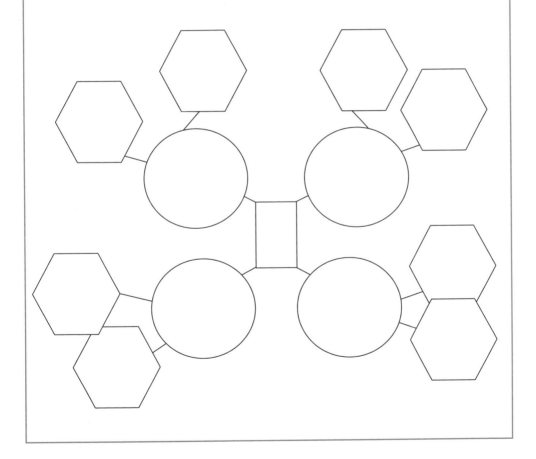

Chapter 3

數學學習領域的課程設計與教學實務

第一單元　財神爺的煩惱

　　本單元以「財神爺」戲劇情境提出問題，引導學生思維卡奴、月光族、3C 產品購物狂為何入不敷出，該如何有所計畫適度花錢；接著讓學生嘗試分配未來所賺的金錢，以體會父母「管錢」的不易，相信對於花錢，會有更深一層的思維與克制；最後透過「幸福人生拍賣會」，澄清自己最重要的價值觀，把錢花在刀口上，創造屬於自己的幸福人生。

主題說明

　　現代孩子生得少，個個倍受寵愛，「只要我喜歡有什麼不可以？」造成不少現代的孩子們在小小年紀卻物慾橫流，花錢不手軟。殊不知錢財揮霍無度，將成為「薪貧族」，做錢的奴隸，陷於痛苦深淵而無法自拔。金管會曾經統計過，卡債族的消費，有 64%用在非必要支出，其中：百貨公司、酒店、KTV 等消費，就占 26%，可見不當的使用金錢將造成長久的負債壓力，因此從小應建立孩子良好的理財觀念。

　　但理財教育不只是教學生如何用錢，更重要的是透過體驗與思考，讓孩子了解需要與想要的分野，懂得控制自己的無窮慾望，對滿足產生認知，進而產生自己的金錢價值觀與意義，這樣的品格，深深影響學生未來的發展，因此理財首重節儉品格教育。

課程設計架構

1. 採用模組：戲劇理解模組。

2. 各階段運用習式：

    (1) 第一階段：決定行動──場外之音、教師入戲。

    (2) 第二階段：展開行動──訪問、焦點人物、日記書信或便條、儀式。

    (3) 第三階段：結束行動──如果我是你。

3. 教學時數：四節。

4. 教學要點：

    (1) 關鍵問題：如何分辨需要與想要，過著更幸福的生活。

    (2) 戲劇素材：財神爺的煩惱。

    (3) 焦點問題：如何幫助解決角色人物遭遇的金錢困境。

    (4) 主題事件的戲劇建構背景：

        ・何人：有煩惱的財神爺、小王、小惠、小剛、小賢。

        ・何時：舉辦拍賣會的日子。

        ・何地：拍賣會場。

        ・因何：不懂運用錢財造成莫大困擾。

        ・為何：想幫助面臨金錢困境的人。

        ・如何：建立良好的金錢價值觀及節儉好習慣。

    (5) 教學準備

        ・角色卡四張──卡債纏身的卡奴、月光族、追逐最新電子產品的少年、只想賺錢毫無生活品質的人。

        ・財神爺帽子。

        ・彩色筆八盒、海報紙四張、塑膠紙幣、槌子。

        ・願望清單。

        ・家庭收支簿（附件一）。

・卡片（每人三張）。

・「幸福人生拍賣會」布條。

教學設計

第一階段：決定行動（一節課）

流程與習式	內容與重點
學生於課前完成本週的收支簿紀錄	1. 事先請學生回家利用教師發下的家庭收支簿格式，記錄一周當中家裡的開銷與支出項目（一組學生五人，每人記錄一天）。 ＊教學小祕方：學生根據教師提供的收支簿格式進行記錄。 2. 課堂上老師先請學生分享收支記錄的想法，然後請小組交換收支簿觀看，用不同色筆在支出項目上標示出「需要」與「想要」。
場外之音	3. 教師發給每人三張紙幣，請學生四處走動，找不同組的人分享剛才活動的心得，以「○○是需要，○○是想要」【○○代表物品】的句型做分享，覺得說得有道理者就給他一張紙幣。 ＊教學小祕方：請學生將紙幣收好，之後另有用途；學生在分享的時間不要太快，提醒學生按照要求做分享。
教師入戲規則說明	4. 教師告知學生等一下財神爺會來到現場，因為現在的經濟問題變化太劇烈，連他也無能為力，有事要麻煩大家協助解決，詢問學生是否願意協助，徵得同意後再請財神爺出來。
教師入戲	5. 教師在外面戴上財神爺帽子，以苦惱的樣子走進來，邊走邊嘆氣，當學生詢問發生何事時，財神爺再道出苦衷：「這時代變化太快，以前大家賺了錢，會乖乖的存起來，有需要的時候再拿出來用，現在的誘惑太多，現代人又愛享受，用錢問題一大堆，哎呀！搞得我頭昏腦脹，最近有四個麻煩的人，要我幫他們想辦法，可是我實在應付不來，只好請你們幫忙，你們願意幫我嗎？」學生同意後，向學生簡介一下這四人的問題： ◎以卡養卡的卡奴小王，欠了銀行一堆錢。 ◎月初一領薪水，就花光光的月光族小惠。 ◎追求 3C 產品成癮的人小剛。 ◎錢只進不出，被家人朋友嫌棄吝嗇的小賢。

第二階段 展開行動（2.5 節課）

流程與習式	內容與重點
訪問	1. 請擔任各角色的學生分別在椅子上坐好，以小組為單位對各角色進行訪談，訪談時間約五分鐘，五分鐘後請四個角色先暫時離開，由小組提出幾個解決並可行的對策，寫在海報紙上。 ＊教學小祕方：角色卡可於教學前就先給予學生熟記，並提醒必須按照角色卡的內容回答。
焦點人物	2. 請四個角色一一進入教室，坐在椅子上聆聽小組提出的對策，由該角色與教師進行檢視，覺得對策可行者由財神爺給小組一張紙幣（一個對策給一張），其他組也可適時補充，若予以採用者也給一張紙幣。活動結束後請學生輪流走到任一角色面前，對他提出建議，最後請此四位角色做總結性的回應。 3. 財神爺感謝大家的幫忙，帶著四個角色離開教室，脫下帽子（教師出戲）後再進入教室。
根據薪水收入規劃支出項目的分配比例	4. 教師告知學生有了上述的慘痛例子，應該要懂得當個聰明的理財達人，而若自己身為一家之主，必須控制家中的預算時，如何妥善運用每月的薪水 22,000（22K）元，以個人為單位，在海報紙上做分配（圓餅圖或長條圖皆可，須先設定家中成員人數與年齡）。 5. 小組進行分享，金錢運用妥善的小組可得到教師給予的紙幣若干張。 ＊教學小祕方：只要學生設想周到，各區塊都能顧慮到，就符合教師目的，建議學生須留部分資金靈活運用與儲蓄。
日記書信或便條	6. 每人發三張卡片，寫下自己認為在人生中最重要的三種東西（教師可適時舉例）。
儀式	7. 教師在牆上貼上「幸福人生拍賣會」的布條，手持槌子進行拍賣會活動，將學生剛才的重要物品清單貼上去（項目不重複）（附件二），以小組為單位出價競標，高價者得標，資金則為每組手中的紙幣數量，請學生討論確定再出價。

第三階段　結束行動（0.5 節）

流程與習式	內容與重點
如果我是你	1. 學生分成兩排站立，當教師一一走過面前時，學生輪流說出在此系列教學活動中的想法。

課程教學實況

第一階段：決定行動

場外之音	請學生四處走動，找不同組的人說出自己的想法，以「○○是需要，○○是想要」來說，覺得別人說得好要給對方硬幣。教師觀察到學生說得正確，也都很樂意給別人紙幣。學生們說：「每天吃的早、中、晚三餐是需要，買樂透是想要」；「每個月的電費、水費是需要，買法拉利是想要」；「家裡的瓦斯費是需要，買奶茶是想要」；「加油是需要，買手機是想要」……。
教師入戲	老師戴上帽子，搖身一變成了財神爺，愁眉苦臉從外面走進教室，邊走邊嘆氣說：「景氣很差，很多人都失業了，我最近有好多煩惱，以前大家賺了錢，會乖乖的存起來，有需要的時候再拿出來用，現在的誘惑太多，現代人又愛享受，用錢問題一大堆，哎呀！搞得我頭昏腦脹，最近有四個麻煩的人，一個是卡債纏身的卡奴小王，一個是月初一領薪水就花光光的月光族小惠，一個是追逐最新電子產品的少年小剛，最後一個是滿腦只想賺錢但錢只進不出被家人朋友嫌棄的小賢，他們要我幫忙想辦法，可是我實在應付不來，只好請小朋友你們幫幫忙好嗎？」孩子們異口同聲說好，並認真的思考辦法用筆記下來。

第二階段：展開行動

訪問 如果我是你	請擔任四個角色的學生分別坐在位置上，其他人都踴躍針對想問的問題提問。「你怎麼老是亂花錢？」「你每個月所欠的卡債利息交不出來，怎麼辦？」「你那麼小氣，別人都不想跟你做朋友，你不會孤單嗎？」……擔任該角色的學生就依自己想法說：「沒有辦法呀！看到衣服想買，看到電玩也想買，所以錢就不夠了」……。

焦點人物	針對卡奴小王，孩子建議他：「停止向銀行借錢的習慣，如果要買東西就要靠自己賺錢；先清楚何者是需要，何者是想要，購買物品時要節制，不要一直買東西；將欠的錢還完後，就不要再用卡了，如果真的要用就只用於真的需要上；應該努力賺錢還卡債。」對於小惠則建議她：「一拿到薪水後，先把一半的錢存在銀行，再把另一半的錢花在生活上的需要，然後剩下的錢再讓她隨意使用；買一本存摺規劃用錢的開銷；盡量買自己需要的物品，才不會買到多餘的東西。」對於追求 3C 產品成癮的人小剛：「可以把舊的 3C 產品賣掉，再把賣的錢用來買新的；不要再亂買新的 3C 產品了，太多的用不到。」對於吝嗇的人小賢建議：「讓他知道做好事會得到好報；錢雖然很重要但是快樂更重要，讓他的生活更充實；多積功德下輩子會更好過；要多多學習錢怎麼花，不可以太小氣，不然交不到朋友，人生就會活著沒有意義。」可見孩子們大都有正確的想法。
儀式	進行幸福人生拍賣會時，老師發給一組一張拍賣清單讓學生參考，要學生寫下自己覺得最重要的東西貼在黑板的海報紙上。學生寫得內容有：健康、生命、正妹、帥哥、友情、手錶、十一克拉、幸福、捐錢給弱勢團體、智慧型手機、黃金、電腦、食物、美好的家庭、全家到國外旅遊、愛情、正義、時尚的衣服、快樂、知心好友、鑽石……。接著開始喊價拍賣，整個會場很熱絡，尤其有三個學生很投入喊價，有人還主動到臺前幫忙複述喊價、敲鐵搥，有一位幫忙收錢。

第三階段：結束行動

如果我是你	學生分成兩排輪流說出對此教學活動的想法。例如：「在購買人生拍賣會的東西時很開心，感覺很高興。我平常很喜歡買很貴的東西，很浪費錢，所以我要節省金錢，才不會對不起父母和自己。」「我學到如何存錢、花錢，不可以向地下錢莊借，要努力賺錢，而且要買需要的東西，不要常常亂買一些不需要的。」也有學生在這堂課中深深體悟到要改變自己不當的花錢習慣，以及學習到管錢重要的觀念。對於未來的理財，很多孩子清楚量入為出的重要，更明白先買「需要」的物品，有餘錢才能買「想要」的。

教學反思與建議

分組採隨機，別讓學生成群亂秩序

上課時學生秩序不佳，分組時可採隨機分組或報號碼編組，不要讓原來很熟的人坐在一起，很容易起鬨；教學時若學生太吵，可使用中止法，老師務必耐著性子等待勿急躁。

出入戲銜接要順暢

教師入戲扮演財神爺宜自然，且需掌握出入戲的步調讓學生能明顯感受到教師身分的轉變。

活動回饋時間不足

學生反應最喜歡最後的拍賣會活動，可以體驗如何標東西，覺得很開心，但因時間不足，沒再進一步引導與思考。幸福人生除了有形的黃金、房子、外表漂亮……，還有健康、幸福、親情、樂善好施……也都很重要，教師應將時間掌控好以利給予學生回饋。補充學習單加深學生認知（見附件三）

學生學習評量

第一階段：決定行動

　　　　1. 能標示出「需要」與「想要」的項目。（場外之音）

　　　　2. 願意幫忙解決問題。（教師入戲）

第二階段：展開行動

　　　　1. 透過角色的訪問了解到不會理財的下場。（訪問）

　　　　2. 能提出各種的解決策略。（焦點人物）

　　　　3. 能寫出人生中最重要的物品，也能參與幸福人生拍賣會活動。

　　　　（儀式）

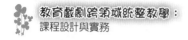
第三階段：結束行動

　　1. 能說出在此系列教學活動中的想法。（如果我是你）

教學感言

　　學生上完本單元後對於未來的理財，有了量入為出的概念，也明白先買
「需要」的物品，有餘錢才能買「想要」的；最令人感動的是有的孩子說除
了定期存錢、記帳外，也要捐錢給慈善機構做善事，從孩子的心得回饋中，
老師相信這堂課他們已學到了不亂花錢的重要，而且深刻了解到唯有謹慎規
劃與理財，才不會變成「薪貧族」一員。

教學參考資料

1. 朴鐵（2008）。理財教育越早越好。臺北市：福地。

2. 中華理財教育發展協會

　　http://www.cfed.org.tw/

名稱：財神爺的煩惱

教師入戲	焦點人物
苦惱的財神爺最近遇到用錢的問題，請同學幫忙解決，學生異口同聲的答應。	請四個角色進入教室前，財神爺到各小組參與討論，學生把解決對策寫在壁報紙上。

儀式	儀式
教師主持「幸福人生拍賣會」，學生們用心寫下人生中最重要的三種東西，並起身走到黑板上張貼。	進行拍賣活動，出價競標高價者得標，「恭喜你如願得標了！」學生笑得合不攏嘴。

附件一　家庭收支簿

		1日 Tue		2日 Wed		3日 Thu		4日 Fri		5日 Sat	
		前月累積	30,000	前日累積	21,607	前日累積	18,617	前日累積	13,927	前日累積	8,628
		收入		收入		收入		收入		收入	
		合計	30,000		21,607		18,617		13,927		8,628
伙食費	基本	早餐	150	早餐	150	早餐	150	早餐	150	早餐	150
		中餐	240	中餐	240	中餐	240	中餐	240	中餐	240
		晚餐	400	晚餐	400	晚餐	400	晚餐	400	晚餐	400
	外食	飲料	100	飲料	100	飲料	100	水果	220	水果	220
	嗜好	鹽酥雞	80	薯條		啤酒	300	汽水	39	炸雞塊	90
伙食費合計			970		890		1,190		1,049		1,100
公共費用		電話費	2,000								
		自來水費	350								
		電費	1,653								
公共費用合計			4,003		0		0		0		0
伙食費以外	住居備品費	修冷氣機	1,200							買洗衣機	9,000
	生活雜貨費	瓦斯費	810					玩具	250		
	交通通信費	搭車	400								
	交際費					紅包	2,000				
	娛樂費			電玩軟體	2,100			逛夜市	500	看電影	500
	醫療費	看病	450								
	教育費	買書	560								
	教養費							補習費	1,500		
	車費					油錢	1,200	修車	2,000		
	美容·美髮費					剪髮	300				
伙食費以外合計			7,483		2,100		3,500		4,250		9,500
支出合計			8,393		2,990		4,690		5,299		10,600
餘額			21,607		18,617		13,927		8,628		-1,972

附件二　幸福人生拍賣會

拍賣項目	預算價格	成交時價格	購買者
1.擁有智慧型手機			
2.買點數或買儲值卡			
3.捐錢給弱勢團體			
4.買鞋子、衣服必需品			
5.買筆、簿子等文具			
6.給家人買想要的東西			
7.買喜歡的書看			
8.去吃大餐，如麥當勞			
9.交學費			
10.買 MP3 或 MP4			
11.買線上遊戲			
12.買全家共用的東西，如電視機			
13.逛街買想要的東西			
14.買手錶			
15.買電腦			
16.買日常用品，如零食、寵物吃的			
17.買腳踏車			
18.買想吃的東西，如蛋糕			
19.全家到外國旅遊			
20.買 ipad 遊戲			

附件三　財神爺學習單

　　　　年　　　班　姓名：　　　　　　　　座號：　　　

1. 上完財神爺課程之後，你覺得你學到什麼？想說什麼？感覺如何？

2. 你覺得現在自己的父母有哪些用錢習慣可以改變？自己的哪些用錢習慣可以改變？

父母：

自己：

3. 你最喜歡這個課程的哪一部分？印象最深刻的部分是？

4. 你認為未來 20 年後，自己會如何理財才不會破產呢？請舉例說明。

5. 你想對老師說什麼話或建議呢？

6. 請為自己今天的表現拍拍手並打分數 1-5 分，自己評完給同學評分。

評分標準：1 分是待加油，2 分還可以，3 分是普通，4 分是還好，5 分是很棒。

	自己評分	同學評分	老師評分
1.我會認真寫學習單並按時繳交			
2.我喜歡上課而且很專心聽			
3.我能了解需要與想要的不同			
4.我了解如何管錢才不會缺錢			

第二單元　未來想像無限大

　　本單元讓學生學習及認識生活中的發明，並透過對生活的觀察與體驗，了解發明的歷程。有些巧思發明為生活帶來一些新奇的樂趣，例如有人將小蛋糕做成盆栽的外觀，用巧克力當作土壤，也有人將雙淇淋底座造型改為馬桶容器，名之為「馬桶冰淇淋」，增添了食用的趣味感。生活當中還有什麼東西可以發明呢？

主題說明

　　生活當中的一些小發明來自想像力的實踐，有些發明為生活帶來了便利，例如早期發明的傘套拉起來就可鎖住雨水不外漏、現代更有傘柄結合拐杖的功能（打開是一把傘，收起來可當拐杖用）、晒衣架遇到下雨天可自動收縮成不被雨淋的晒衣方式；學生運用觀察、分類、歸納、演繹、類比的方式，解決生活中發現的問題，運用數學的基本演算推理能力，設計出特別的發明。

課程設計架構

1. 採用模組：戲劇理解模組。
2. 各階段運用習式：
   (1) 第一階段：決定行動——報導文學、時間線。
   (2) 第二階段：展開行動——模擬實況、報導文學、儀式、設立標題、畫圖。
   (3) 第三階段：結束行動——模擬實況、立場的選擇。
3. 教學時數：三節。
4. 教學要點：
   (1) 關鍵問題：運用觀察、分類、歸納、演繹、類比的方式在現有的生活用

品中發展創意巧思。

(2) 戲劇素材：想像自己是發明家，能創造新發明新物品。

(3) 焦點問題：如何在現有的物品增加使用上的便利性或創新性。

(4) 主題事件戲劇的建構背景：

・何人：創意發明家。

・何時：未來。

・何地：未來的發明展發表會會場。

・因何：未來科學創意產品發表。

・為何：運用觀察、分類、歸納、演繹、類比的方式了解生活上的問題並運用創意嘗試解決。

・如何：學生以小組合作方式設計虛擬的產品，並且發表新產品的特色。

(5) 教學準備：

・彩色筆或蠟筆、創意發明的影片、四開圖畫紙六至七張、裁成長條形的海報紙六至七張。

教學設計

第一階段　決定行動（一節課）

流程與習式	內容與重點
報導文學	1. 請學生觀看影片並思考：生活中有沒有什麼創意的小發明為人類帶來生活上的便利或樂趣？ ＊教學小祕方：討論題目 (1)你喜歡影片中的哪一個發明，為什麼？ (2)這些發明的想法是怎麼產生的？ (3)發明的物品具有什麼共同性？（便利、新奇）

流程與習式	內容與重點
報導文學	2. 教師可引導學生將各類發明的特點寫在海報上討論。以《台灣的創新科技》這本書中，介紹了臺灣的創新發明，其中介紹了「影音盛會」：從古早的收音機、收錄音機、隨身聽，到現代的 MP3、MP4 多媒體時代（包含系統、視訊、音訊、電腦合成資料），可看到人們因生活上的需求，靠著想像力，帶動科技推進人類的發明。
時間線	3. 全班分成 A、B 兩組排成兩直線，請 A 組同學呈現「影音」科技進展的四個靜像，B組同學試著說出角色的心底話。接著，兩組互換。 ＊教學小祕方：教師引導學生動作明確、發出運作的聲音。

第二階段　展開行動（1.5 節課）

流程與習式	內容與重點
模擬實況	1. 讓學生在空間中自由走動，第一次聽到鈴鼓聲時請每人做出「椅子」的靜像，放鬆後繼續自由走動，第二次聽到鈴鼓聲時，兩人一組做出一把椅子的靜像，以此方式繼續挑戰四人一組做出一把椅子的靜像，多人做出一把有「特殊功能」的椅子，並請小組分享創意發明。
報導文學	2. 老師講述白雲麵包的故事：貓哥哥和貓弟弟帶回一朵雲讓媽媽烤麵包，吃了白雲麵包後，他們的身體都輕飄飄的飛起來了，而爸爸來不及吃早餐就去趕公車上班，於是兄弟倆就帶著白雲麵包飛去找爸爸，爸爸吃完白雲麵包後從公車的車窗飛出來，直達公司，驚險的趕上了上班時間。 ＊教學小祕方：教師可以向圖書館借繪本向學生展示。
儀式	3. 想像你吃到白雲麵包，裡面裝了一個智慧晶片；你的生活會產生什麼變化？分組討論後用肢體呈現，要有一位解說者。 (1)用法：例如身體被植入晶片，植入的部位、過程…… (2)功能：例如變輕、變快、變得更有力量…… (3)應用：例如什麼時候用得到？ ＊教學小祕方：教師輕輕碰觸學生的肩膀。

流程與習式	內容與重點
畫圖	4. 生活上的小巧思：將學生四人一組，請學生思考在日常生活中有沒有什麼物品可以結合新的用途？它可以有什麼新的名稱？或有什麼物品使用上不便，想要改造它？改造完成後，它叫什麼？接著發給各組一張四開圖畫紙，請學生把討論的結果畫在圖畫紙上，並將標題寫在圖紙上。

第三階段　結束行動（0.5 節課）

流程與習式	內容與重點
模擬實況	1. 老師告訴學生：「我們要舉行『生活智慧王』新產品發表會」，請各組為自己發明的新產品下一個新聞標題，並討論如何介紹，依序上臺發表。 ＊教學小祕方：請學生專注聽每一個發明，也可以先把標題遮起來，讓學生猜答案。
立場的選擇	2. 讓學生選擇最喜歡的發明，並站在產品說明書前面，最後發表本主題課程活動的感想。 ＊教學小祕方：教師可以拍照進行綜合評量。

課程教學實況

第一階段：決定行動

報導文學	觀看影片的過程中，由於學生未到齊，原本只有播放幾部影片，但為了讓比較慢進教室的學生多看一些，所以將所有影片播完，用掉一節課。
時間線	在操作「時間線」時，邀請對於物品較了解的學生出列，表演時學生太興奮以致於討論較大聲，老師以收心操維持秩序。 提醒小組要將生活物品的演變做分類，如：電話演變成為手機，但有學生將鉛筆盒拿起來當做話筒。

第二階段：展開行動

模擬實況	萬能椅子的設計時，發現平常較少發言或主動表演的孩子，居然願意和全班最活潑有創意的學生合作表演，讓人相當訝異，而且演出的椅子功能是有層次的，對經常被排擠的那位同學而言，應該是這幾次上課以來最開心的上課經驗了。
報導文學	白雲麵包的故事畫面，引導學生進行想像，加入天馬行空的元素，讓學生可以解決生活中一些困境，或是進行有創意的發明。
儀式	學生閉上眼睛的動作，讓老師覺得自己是被學生信任的。接著，老師輕拍肩膀數數字「1、2、3、4」為他們安裝「智慧晶片」，等找到同號碼的晶片才能發揮作用，小組的任務才能順利進行，學生也很主動的找相同號碼的同學。
設立標題	這一節課老師觀察到學生宛如社會的小縮影，因為談到發明，總是有一些人觀察比較細微，想法比較深刻，但是要進行溝通討論，總是因為先入為主的概念，有人拒絕了其他角度的想法。
畫圖	有一組萬用的拖把鞋是延伸了最近的抹布拖鞋，學生就認為這是沒有創意的，拒絕討論內容；有一組設計聲控計算機，一開始也被學生認為這是不可行的；另一組免治衛生紙盒對學生而言更是簡單到不行；會飛的冰淇淋更被認為是天方夜譚。

第三階段：結束行動

模擬實況	學生上臺發表每一項發明，教師歸結這些是因為大家在生活中看見需求才會產生的發想，現在大家認為沒有用處並不代表未來就沒有需求，例如「聲控」對視障人士而言是很重要的機能，而萬用拖把鞋則可以解決一些家庭主婦的困擾，免治衛生紙對於身心障礙人士或許也是一項重要的發明。
立場的選擇	最後，當學生選擇最愛的發明時，會飛的冰淇淋拔得頭籌，因為大家都喜愛冰淇淋，便利的取得自己最喜愛的食物，或許在未來也是一種趨勢。

教學反思與建議

播放影片

如果沒有相關設備，教師可以運用發明家劉興欽的故事引導，如此可以節省時間也讓教學活動更順暢。經過小組討論之後才發表，讓答案可以更聚焦。讓學生學習記錄將所看到或聽到的事物寫下來很重要，有助於學生的撰寫能力的提升。

討論

對發明的事物，如果學生沒有想法，教師可從學生手邊的物品開始，激盪創意的想法。設計標題做圖繪時可多準備一些紙張，以避免有小組不滿意要更換的時候，卻無法再畫一張新圖。

繪製產品

教師要提供意見，如果時間比較充裕建議可以著上顏色，或是提供色紙剪貼，可以讓產品更加有特色。可結合數學課、藝術課，製作紙模型也是不錯的方法。

學生學習評量

第一階段：決定行動

　　1. 能專注欣賞短片並發表想法。（報導文學）

第二階段：展開行動

　　1. 能用肢體表現定鏡的畫面。（模擬實況）

　　2. 能專注聆聽繪本故事。（報導文學）

　　3. 能合作完成創作標題。（設立標題）

　　4. 能為小組即將發表的新產品構思內容繪製圖畫。（畫圖）

第三階段：結束行動

　　1. 能合作上臺發表新產品的想法。（模擬實況）

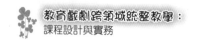
2. 能為自己想法做出選擇。（立場的選擇）

教學感言

　　教師原以為學生在這麼短的時間中應該不會有理想的設計與發明，沒想到在短短的三節課過程中，學生的創意卻令人大開眼界。所以，老師相信學生能做得到真的很重要。另外進行想像無限活動時，教師自己本身也要配合進行無限的想像，例如：智慧晶片，其實是教師本身自己胡亂瞎掰的儀式活動，沒想到學生在下課後問老師真的有智慧晶片嗎？老師笑笑的說：「對啊！妳已經被安裝了，有感覺到嗎？妳不覺得大家今天上完課之後都變聰明了嗎？」兩人都會心地笑了！

教學參考資料

1. 鄭明華、梁曉勤（2007）。台灣的創新科技。臺北市：秋雨文化。
2. 曹玉絢（譯）（2005）。白雲麵包。臺北市：維京國際。
3. 台灣第一代發明王劉興欽
   http://www.youtube.com/watch? v=0MyPmp4ZIsM
4. 國中生創意發明：不倒托盤、螺絲眼鏡架
   http://www.youtube.com/watch? v=3zOaAyil0kE
5. 台灣之光手機殼拿多國專利
   http://www.youtube.com/watch? v=B35Ycc835Cs
6. 台灣人發明：無軌道壽司、解凍機
   http://www.youtube.com/watch? v=5C7Nq9JtkRU
7. 台北發明展開鑼「創意」無奇不有
   http://www.youtube.com/watch? v=xN9gmAj1aUA
8. 開燈就能儲電
   http://www.youtube.com/watch? v=ReSsiHsgVlw

9. 利用電路原理發明會呼吸的燈

   http://www.youtube.com/watch? v=GYZSKbzRhEI

10.創意兩女生齊攤國際發明獎

   http://www.youtube.com/watch? feature=endscreen&v=AnceCgkFAjI&NR=1

名稱：未來想像無限大

報導文學

學生觀看影片了解各種發明，並以文字記錄觀看的結果。

模擬實況

可以一起玩的椅子；學生分組探索並以肢體動作模擬出日常用品的新用途。

模擬實況

學生從生活中的經驗想像發明，將小組設計海報及新聞標題展示出來，學生上臺發表「會飛的冰淇淋」。

立場選擇

我們最喜歡「會飛的冰淇淋」！學生針對不同的發明進行票選活動。

Chapter 4

社會學習領域的課程設計與教學實務

第一單元　大內區的豌豆島經驗

　　本單元透過一些家鄉的老照片，引導學生從家鄉傳統農村社會的照片中，看到過去的景象，進而引導到家鄉面臨的嚴重人口外流問題，讓學生思索自己的未來，是否願意留鄉服務，或是離鄉發展？並在「設法解決問題」的過程中，深入探討人與環境之間，永遠進行著無聲無息卻又密不可分的絮絮對談，進而創造改善環境的無限可能。

主題說明

　　邀請民眾一起規劃城市新區，可能嗎？通常一個城市的興建，都是由政府官員和建築專家共同規劃設計，再向民眾說明。豌豆島（芬蘭文：Hernesaari）是芬蘭首都赫爾辛基城市南方一塊於 2012 年重新建設的半島，在歷史上刷新了令人驚豔的紀錄。芬蘭豌豆島的設計，除了專業的建築團隊之外，還邀請了住在豌豆島鄰近兩個區域的民眾，以及約一百位年齡從三歲到十八歲不等的 Arkki 建築學園的學生一同規劃。雖然讓人很難相信，但是他們堅持邀請各個提案，目的不是在競爭出一個最好的，而是要激發各種不同的創意及討論。

　　改變，從了解開始！引導學生由重新了解自己出生、成長的大內開始，主因是大內是臺南一個傳統的農村地區，跟一般的鄉村聚落一樣面臨著人口外流的問題。學生們就讀的大內國小 101 歲了！但是全校班級

數愈來愈少，以前一個班級五六十人，到現在一個班級才十幾、二十個學生。是大家不喜歡自己的家鄉嗎？還是覺得外面的世界更好？如果可以改變、如果還有選擇？我們要的是什麼樣的大內？大內到底怎麼了？

我們的家鄉，應由誰作主？學生初步僅知道現在很多人都離鄉背井到外地去發展，也憧憬自己有一天能到外面去看花花世界，對於日日所見、所聞、所感的大內，其實並沒有很深刻的認識及了解，希望藉由一連串的教育戲劇過程，逐漸讓學生體悟自己與大內的關連性。截至目前為止，大內的環境是前人建構給我們的，但是對於未來自己是大內的主人翁，是大內未來命運的決定者，對未來自己的家園，每個人都會有一些理想與期望，藉由不斷的兩難情境衝突，本單元讓學生澄清留在大內或離開大內的決定何者較好？接受大內或改變大內？我們可以如同芬蘭一樣，建設出屬於自己的「大內豌豆島」嗎？

課程設計架構

1. 採用模組：百寶箱模組。
2. 各階段運用習式：
   (1) 第一階段：教師入戲引導情境——見物知人、教師入戲。
   (2) 第二階段：引導探索——場外之音、教師入戲、會議。
   (3) 第三階段：即興創作——訪問、焦點人物、牆上的角色。
   (4) 第四階段：分享與建議——專家的外衣、外來角色。
3. 教學時數：四節。
4. 教學要點：
   (1) 關鍵問題：如何讓大內變成我的未來理想家園。
   (2) 戲劇素材：大內老照片。
   (3) 焦點問題：如何幫助大內解決人口外流的問題。

(4) 主題事件的戲劇建構背景：

- 何人：大內區長、居民、大內高手（專家）。
- 何時：區長與居民大會進行當中……
- 何地：人山人海的大內區石子瀨活動中心。
- 因何：居民對大內有著難以割捨的感情，卻又考慮種種因素，覺得大內不是久住之地，到底該怎麼辦，有方法可以改變現狀嗎？
- 為何：為什麼這麼吵？大家都在抱怨，大內怎麼了？大內發生了什麼事？
- 如何：提出種種創造理想家園的無限可能。

(5) 教學準備：

芝麻子、斗笠、酪梨、瓦片、鋤頭……等舊物、大內老照片、說故事耆老、大內百年學校歷屆畢業照、戶政人口分布圖、區長西裝、專家領帶、帽子、大內地圖、空白投影片、壁報紙、彩色筆、模型製作材料、都市設計專家、產業行銷專家、成果地圖（模型）、企劃書、相機、角色卡、壁報紙、彩色筆、訪問單、相關主題書籍或文章。

教學設計

第一階段：教師入戲引導情境（一節課）

流程與習式	內容與重點
見物知人 教師入戲	1. 教師準備一個百寶箱，裡面裝有芝麻子、斗笠、酪梨、瓦片……等東西，讓學生猜測、建構，勾勒出大內之前傳統家鄉農村生活景象的樣子。 ＊教學小祕方：請地方耆老協助提供。
外來角色	2. 勾勒出大內的時代背景後，邀請地方耆老為學生說大內的故事。 ＊教學小祕方：事先與耆老溝通說故事的內容，若邀請耆老有困難，也以教師入戲代替。

流程與習式	內容與重點
分享自己蒐集的家鄉照片	3.「最」角落：拍照記錄最喜歡的角落、最需要改進的角落。 ＊教學小祕方：教師引導大內區背景分析（為因應學生的行動距離考量，以及對環境的熟悉度，此教案之大內區定義為「大內國小學區」，包括：大內里、石城里、石湖里、內江里、內郭里、石林里）。

第二階段：引導探索（一節課）

流程與習式	內容與重點
教師引導分享學生對家鄉的看法與意見	1. 大內區原有美好的應該被保留下來，有些地方需要改進，並增加些什麼不足的東西。學生分享拍照的地點與心中的想法，廣泛、自由接收各種想法，並討論照片中最美的景物、最需要改進的地方在哪裡？為什麼？然後，學生分享家鄉的美與需要改進的地方。 ＊教學小祕方：教師可進入其中，安靜聆聽學生之間的分享，或是也一起加入學生的討論。
教師入戲會議	2. 為什麼這麼吵？發生了什麼事？大家聚在這邊？教師扮演區長，學生扮演居民，召開「區長&居民大會」，區長聽聽居民們對大內區的看法。學生綜合自己所見及場外之音中分享的內容，具體說出大內目前居住環境的優缺點及居民的心願。 ＊教學小祕方：若無學生發言，教師可指定學生發表（例如：老王，你上次不是跟我反應孩子沒地方游泳……）。 3. 區長一一將大家的想法寫在白板上，表示了解大家的心聲，會把大家的問題與相關單位、專家再做討論。 ＊教學小祕方：教師不需馬上做回應，只需蒐集資料。

第三階段：即興創作（一節課）

流程與習式	內容與重點
訪問 焦點人物	1. 安排過年返鄉探親的外移居民焦點人物，讓居民提問離開大內的原因。教師：「現在，為各位邀請到麗都髮型設計公司第一設計師王小美小姐。王小美小姐也是大內國小榮譽校友。請王小姐來與大家談談她與大內的因緣。」教師帶領學生探討「離鄉與留鄉」、「情感與現實」的兩難困境。 ＊教學小祕方：教師事先選好一同學飾演王小美，並熟背角色內容。 2. 先找一位同學飾演王小美。王小美：「我今年29歲。我在15歲時離開大內，因為這裡沒有高中可以讀，爸媽要我到外地求學。我到臺南市就讀高職，學習美容美髮。畢業後因為大內人口少，開店的話生意可能不好，所以我留在臺南市區找工作，心想收入應該會比較多吧！」 3. 居民訪問王小美離開大內的原因。訪問過程中記下重點。例如：為什麼離開大內？什麼時候離開的？你最喜歡大內的什麼？你最不喜歡大內的什麼？如果還有選擇……你在異鄉覺得……如果可以重來……如果當時……。
牆上的角色	4. 各組以牆上的角色分析王小美的想法，留，或不留？以牆上的角色，讓學生寫出王小美留在家鄉、離開家鄉的外在、內心、外顯、內隱因素。

第四階段：分享與建議（一節課）

流程與習式	內容與重點
專家的外衣	1. 教師入戲扮演區長，學生扮演專家──大內高手，例如：建築師、董事長、導遊、環保專家、農業博士……，給區長建議，需要在哪裡建設些什麼？需要改進些什麼？區長感謝各領域專家給的建議，說明回去再進行細部規劃，並與大家道別。離開教室後脫掉西裝外套，再以教師身分回到教室中。 ＊教學小祕方：引導學生依據自己關注的焦點，提出最具體的修正建議或創新想法。

流程與習式	內容與重點
邀請真正專家現身說法	2. 邀請真正專家現身說法，與學生對談家園設計，並指導企劃案的撰寫。 ＊教學小祕方：高年級的學生可以嘗試做成實體模型。 3. 教師帶領學生進行繪畫或實體模型製作，學生可以具體創作出未來理想家園，想像的新大內地圖。 　※畫出心目中理想的大內：用底稿相同的投影片依照各議題畫出不同的新大內地圖（例如：新建築地圖、吃喝玩樂地圖、創意產業地圖……），各組重疊投影片後討論，保留、刪去、位移後，經營出大內理想的全方位地圖。 ＊教學小祕方：高年級可以嘗試做成實體模型。
專家的外衣外來角色	4. 教師請來真正的區長，學生以目前大內區地圖向區長提出問題，學生也呈現出新大內的設計圖（或是加上模型）及改進企劃案，向區長提出建言並請區長做相關說明及回應。現在，學生是真正的專家。

課程教學實況

第一階段：教師入戲引導情境

見物知人	這堂課一開始，由耆老（教師入戲）講述大內的古老故事。帶著孩子透過聲音、照片，從古到今，重新經歷一次大內風貌。 教師請學生分享值得拍照的地方，學生說有：圖書館、大內國小、二溪、便利超商、走馬瀨、西拉雅公園、大內橋等等。在說到大內橋時，有學生說那裡曾有人因為水災而罹難，教師回應那是因為地勢低，所以容易有水患，即時給予學生回饋。 接著，先將準備好的古農具及相關古農產品放置「大內百寶箱」中。教師戴一頂斗笠在頭上，以及將一把鋤頭扛在肩上，以農婦造型吸引孩子目光及學習興趣。逐一從百寶箱中拿出古農具和孩子互動，詢問孩子是否看過鐮刀、秤、鋤頭、釘耙、文旦、芝麻、種子……等農具或農產品。師生一起建構這些物品是誰會使用？為什麼他們會使用這些東西？再延伸到其職業背景、生活環境……。 接著引導學生： ・思考並分享該物品名稱，並說明物品使用方法或功用。 ・分享是否曾在家中看過或使用過該項物品。 ・思考為什麼這些物品對他們來說並不陌生的原因。

第二階段：引導探索

場外之音	接續上階段的分享，學生分享拍照的地點與心中的想法，廣泛、自由接收各方資訊。討論照片中最美的景物、最需要改進的地方在哪裡？為什麼？教師也進入其中，跟同學交換意見。
教師入戲 會議	為什麼這麼吵？發生了什麼事？大家為什麼聚在這邊？教師扮演區長，學生扮演居民，召開「區長&居民大會」，區長聽聽居民們對大內區的看法。學生綜合自己所見及場外之音中分享的內容，具體說出大內目前居住環境的優缺點及居民的心願。居民對大內環境優缺點建議如下： ・沒有游泳池。 ・水溝蓋要封起來，不然常有人掉下去（教師適時分享自己也曾有此經驗）。 ・籃框太高了，都投不進。 ・籃球場要裝設電燈。 ・養雞場很臭又很吵，希望移到空曠的地方。 ・路邊長滿雜草容易有蚊子。 ・家門前的巷子太偏僻，需要警告標示（教師說會有人身安全危險）。 ・希望有室內體育館（很多學生大聲附議）。 ・道路凹凸不平（教師問說不平會怎樣，學生說會摔車跌倒）。 ・路邊要增設可看到對向來車的反射鏡，才不會有車禍。 ・寺廟的樓梯太多，老人很吃力。 ・常有狗大便，要有告示牌提醒主人清理。

第三階段：即興創作

訪問 焦點人物	安排過年返鄉探親的外移居民焦點人物，讓居民提問離開大內的原因。 教師：「現在，為各位邀請到麗都髮型設計公司第一設計師王小美小姐。王小美小姐也是大內國小榮譽校友。請王小姐來與大家談談她心與大內的因緣。」 王小美：「我今年29歲。我在15歲時離開大內，因為這裡沒有高中可以讀，爸媽要我到外地求學。我到臺南市就讀高職，學習美容美髮。畢業後因為大內人口少，開店的話生意可能不好，所以我留在臺南市區找工作，心想收入應該會比較多吧！」

焦點人物	居民訪問王小美離開大內的原因。訪問過程中記下得到的重點。例如：為什麼離開大內？什麼時候離開的？你最喜歡大內的什麼？你最不喜歡大內的什麼？如果還有選擇……你在異鄉覺得……如果可以重來……如果當時……。 歸結到重點：為什麼喜歡大內卻要離開大內？以及如果大內變得如何？就願意留下來。
牆上的角色	· 留的原因： 忘不了美食與市場的感覺以及文化活動 擔心家人與父母 無法適應外面的人事物 怕忘記自己的語言 喜歡這兒的人情味 怕再回家鄉已人事全非 外面空氣差 外面治安不好，太吵，車太多 這兒地比較大可以種水果 出去可能被歧視 · 不留的原因： 有錢賺 想要有不同的體驗 可認識更多的人事物與文化 增廣見聞 有機會釣到金龜婿 不喜歡家人嘮叨 大內經濟不好，沒工作機會 會埋沒自己才華

第四階段：分享與建議

專家的外衣	教師很快的分組，請學生針對大內區幾個重要的場所進行討論，學生看教師的圖片，有大內區農會、西拉雅親子公園、走馬瀨農場、二溪社區入口意象……等，請學生在圖片背面寫下三個缺點。並進形設計圖的規劃。 「旅遊專家」發展出大內旅遊科技地圖，透過大內名產「酪梨公車」結合太陽能觸控式銀幕，每到一個點都可以介紹景點的過去及未來。「農業專家」計畫研發出像椰子一樣大的菱角「椰菱」，以

專家的外衣	及結合芒果甜度與酪梨產量的「酪芒」。「建築專家」設計出百貨公司版的大內農會，將一樓的大內農會變成多層。 請學生扮演專家角色，抽名牌寫下角色，讓學生擔任各類型的專家後，教師說明等一下會邀請「真正的大內區區長」來參與討論，告訴學生，今天的任務就是與區長對談，為大內提供意見。
外來角色	區長來到，小朋友化身各式專家，專家們提出問題徵詢區長意見。各小組提出建設方案，如何讓大內區變得更好！區長請專家協助進行記錄，並在地圖上標示位置。區長適時邀請學生專家提出想法，促進討論進行，討論農會改造可行性氣氛熱烈。 會議結束後學生依據討論建議做出實物模型，向同學、師長介紹設計理念，分享創意內容。

教學反思與建議

在學生發表時用提問方式加以引導會更順暢

在發表寒假作業時，針對大內區自己認為喜歡或不喜歡的景點做相關發表時，孩子們剛開始較不知如何說明，要老師以提問方式加以引導，才能順利完成。

適時調整並提醒「場外之音」的進行方式

「場外之音」的分享宜多一些時間，建議分成兩次，第一次之後先暫停，針對什麼是好的分享方式讓大家觀摩，並提醒一些不適合的情況，這樣有助於之後的訊息交換，若場外之音蒐集的資訊不夠多，那之後的活動會有點困難或遲滯。

「焦點人物」也可由教師擔任，可提供較多資訊

「焦點人物」由學生擔任，若給的角色資訊不夠完整，會導致學生不知如何提問，都問一些不相關的隱私問題，無法聚焦，只有零星一些學生發問，扮演焦點人物的王小美在回答「家鄉人數太少，資源不夠，工作機會少，發展性不高，一些高級器具的採買麻煩……」幾個問題後，詢問的情況似乎難以繼續推展下去。

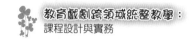
教師可在入戲中利用角色鼓勵同樣入戲的學生發言

盡量不要以扣分來鼓勵學生提意見，可多用情境內的獎勵，如在王小美的部分，可說問到好問題的人就送一年的洗髮券，或是免費做髮型設計一次。後來區長主動提大內區新建麥當勞好嗎？幾乎全部同意，連肯德基、新光三越、湯姆熊、遊樂園、醫院的答案全都紛紛出現。建議教師可適時詢問學生為什麼大家需要這些地方，但人家不願意蓋在大內。引導學生做深入的思考，也更符合教學目標。

進行「專家的外衣」之前的教學

專家的外衣部分，學生反應：「老師我不知道怎樣當一個專家耶？」這部分需要進行「假如我是……專家，我認為……」書寫活動的前置教學或是將前一輪牆上的角色改為專家的角色，讓學生熟悉擔任專家必要的能力以及任務有哪些？進行專家會議時，請學生專家也能以專家的角度提出問題，雖然最後只有農會改造是可行的方案，但是對學生而言是重要的經驗之一，因為接下來，學生要繪製大內農會的地圖／模型，針對農會改造方案提出建議。

無論可行或不可行的想像，都是珍貴的歷程

如果因為知道不可行而不去進行想像是很可惜的，例如：「地勢低窪」所以不能蓋游泳池，但或許也可以運用蓄洪池的概念來進行改造。因此，未來想像教育珍貴之處，或許就在於面對不可能或不可行，能逆勢操作成為另一個可能性，讓未來的大內更有希望成為臺南一個新的亮點。我們能引導學生「在已知的限制上，建構未知的可能」，即是未來想像教育珍貴之處。

學生學習評量

第一階段：教師入戲引導情境

　　1. 學生能利用物品建構出大內的時空背景。（百寶箱）

第二階段：引導探索

    1. 學生能利用自行拍攝的照片分享大內美好的地方與需要改進的地方。（場外之音）

    2. 學生能列舉出大內的優缺點與居民需求。（教師入戲、會議）

第三階段：即興創作

    1. 學生能透過提問釐清角色內心矛盾。（訪問、焦點人物）

    2. 學生能透過討論，建構離鄉、留鄉發展的環境及心理因素。（牆上的角色）

第四階段：分享與建議

    1. 學生能說明自己理想中的改造計畫。（專家的外衣）

    2. 學生能將自己心中建構大內的未來用圖畫或模型表現出來。（專家的外衣）

    3. 學生能用圖畫、模型搭配口語說明，與大內區區長對談。（外來角色）

教學感言

    這一堂課結束之後，留下的是學生的立體作品、創意地圖、思考海報……深度的學習其實是在他們的心中種下一棵種子。現在大內的孩子趕在流行的末端追逐著時尚腳步，他們不曾停下腳步甚至片刻回首。在孩子們的心中，走出大內代表著「我長大了」，在他們心中，大內需要改進的遠遠多於目前他們覺得滿意的。種子或許還未發芽，但是他們有一天一定會想起。時間的河流從未停過，以前，一樣的大內，一樣的心。現在不一樣的心，不一樣的大內，時間的河流從未停過……。

教學參考資料

1. 大內區背景分析

議題	線索	問題
人口	* 百年校慶蒐集之畢業照人數與現在畢業如數之比較 * 以前班級數與現在班級數之比較 * 目前一～六年級每班人數 * 戶政年齡分布，如：老年人口、兒童人口數	人口外移
職業	* 農：酪梨、鳳梨、柳丁（水果之鄉） * 工：宏遠紡織、磁磚工廠、雇工 * 農產加工品：麻油 * 服務業：嘉南、南寶高爾夫球場桿弟 * 商業：7-11、飲料店、上豪五金百貨……	產業不吸引年輕人 飲料店變多了→青壯年人口多
天然因素	市區大雨淹水，如：八八水災 獎狀被淹掉、7-11 滅頂、大內孤島	近曾文溪，堤防邊地勢低
公共設施	圖書館 清潔志工	公共設施不足 例如：游泳池、溜冰場……
文教	大愛媽媽 大內國中 大內沒有高中	為什麼不是所有的人從大內國小畢業後都去讀大內國中？ 有人到善化國中、南科國中、私立中學……
休閒旅遊	有人假日到大內來玩嗎？ 夜市規模小 沒有可以逛街的地方 大內最美的地方	

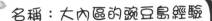
名稱：大內區的豌豆島經驗

外來角色	牆上的角色
學生化身居民，教師邀請到區長，與學生溝通，重新認識大內。	學生熱烈討論澄清故事主角王小美的去留因素，並做成紀錄。

焦點人物	專家的外衣
化身王小美的同學坐在臺前，接受居民的強烈質詢。	學生化身建築專家，設計出實物模型公開展示並解說。

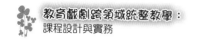

第二單元　不是我的錯

　　本單元先以影片帶出霸凌的主題，再以繪本設計教學活動，讓學生討論霸凌事件中可能出現的情況，再來以不同角色的感受，寫信給繪本中受霸凌的男孩，希望學生遇到霸凌事件時除了能自我保護，並能提供受害者可能的協助。

主題說明

　　兒童福利聯盟文教基金會於 2013 年臺灣校園關係霸凌現象調查報告指出，被霸凌學童中，近九成五是關係霸凌，兒盟以世界衛生組織 2006 年進行的學齡兒童健康行為調查做比較，與其他四十國相比，臺灣校園霸凌問題屬中等嚴重。

　　校園霸凌事件層出不窮，小至口頭叫別人綽號、取笑他人長相；大至拳頭相向、恐嚇取財、結夥鬥毆，令人不寒而慄。學生從小若未學習到關懷與尊重別人，長大後往往是自我中心，為所欲為，面對一連串棘手的霸凌行為，我們試著引導學生如何自我保護，勇於說「不」，以預防未來可能失序的校園學習生活。

課程設計架構

1. 採用模組：戲劇理解模組。
2. 各階段運用習式：
　　(1) 第一階段：決定行動——教師入戲、角色扮演、場外之音。
　　(2) 第二階段：展開行動——定鏡、思考軌跡、焦點人物、如果我是你。
　　(3) 第三階段：結束行動——重要時刻、日記書信或便條。
3. 教學時數：四節。

4. 教學要點：

(1) 關鍵問題：學習能關懷與尊重他人，不會侵犯別人。

(2) 戲劇素材：繪本 ppt 檔——「不是我的錯」。

(3) 焦點問題：如何幫助繪本中哭泣的男孩解決被欺負的困境。

(4) 主題事件的戲劇建構背景：

‧ 何人：一位哭泣的小男孩和一群同學。

‧ 何時：下課時間。

‧ 何地：在校園某個地方。

‧ 因何：有個小男孩被人欺負，但每一個同學都認為跟自己沒有關係，不是自己造成的。

‧ 為何：每個學生都有理由認為不是自己的錯。

‧ 如何：如何幫助繪本中哭泣的男孩解決被欺負的困境。

(5) 教學準備：

‧ 反霸凌——關鍵救援 X 小時

http://stv.moe.edu.tw/? p=146999

‧ 繪本《不是我的錯》、相關文章、鈴鼓。

教學設計

第一階段 決定行動（一節課）

流程與習式	內容與重點
報導霸凌事件並觀賞影片	1. 教師以新聞主播身分緊張的報導校園中多起恐嚇勒索事件，造成學生家長心裡的不安與擔憂。
	＊教學小祕方：事先請學生訪問同學，蒐集一些與霸凌相關的資料，鼓勵學生閱讀與尊重主題相關之書籍或文章。
教師入戲	2. 觀看影片「反霸凌——關鍵救援 X 小時」。
角色扮演	3. 學生輪流唸讀繪本《不是我的錯》文字，再請自願的學生角色扮演劇本內容。

流程與習式	內容與重點
集體角色	4. 故事開始：一位小男孩坐在地上掩面哭泣……，其他學生輪流依書中每頁內容上臺表演。在故事結尾，請哭泣男孩大聲可憐的詢問大家：「難道都是我一個人的錯？」 ＊教學小祕方：可將繪本內容以投影片方式呈現，全班共同欣賞。
學生自由走動分享看法	5. 請同學沉默靜思一分鐘後，再分組討論問題，並寫在海報上。 (1) 你看到小男孩發生了什麼事？ (2) 當小男孩被所有人欺負時你會想到什麼？會感覺如何？ (3) 你贊成哭泣的小男孩被欺負是他自己的錯，別人都沒有關係嗎？ (4) 你認為同學們應該對小男孩怎麼說比較正確呢？應該怎麼做比較好呢？ (5) 你曾經看過或聽過同學被取笑或被欺負嗎？請說說看。 (6) 當我看到同學被欺負時，我會怎麼做呢？如果是我被同學欺負又該如何是好呢？ (7) 在文末所看的戰爭、火災、飢餓等圖片，你覺得作者是想告訴我們什麼呢？ ＊教學小祕方：老師事先將題目分別貼在七張海報上方。將全班分成七組，每組負責書寫一張海報。
場外之音	6. 各組分享海報內容。 7. 學生在教室內自由走動，遇到同學就發表對小男孩的看法，一開始說的話是「聽說他會被欺負是因為……」，每一個學生必須說出自己推測的想法。

第二階段：展開行動（兩節課）

流程與習式	內容與重點
分組以定格呈現畫面並說出想法 思考軌跡	1. 根據繪本內容，全班分四組，教師說明以小男孩被欺負畫面為主，先邀請幾位學生說出自己會呈現哪幾個畫面？給予每組約兩分鐘的時間討論，運用肢體動作呈現。
教師入戲	2. 教師運用思考軌跡技巧，等每一組都完成定格之後，向學生說明教師經過之後仍要維持其畫面的靜止，當教師走過時一一輕拍學生肩膀，請學生說出該角色當時心中的想法。

流程與習式	內容與重點
教師入戲	3. 當每個學生體驗過小男孩的角色後,老師入戲變成一位欺負者,坐在圓圈中間,讓學生與欺負者對話或是提出質問與意見。 ＊教學小祕方:教師入戲前先請學生閉上眼睛,聽到教師輕咳兩聲時,教師即成為另一個角色。
學生扮演旁觀者	4. 請三位自願同學擔任「旁觀者」的角色,成為焦點人物,接受其他學生提問有關面對霸凌者,不敢伸出援手的理由、態度、想法。例如提問:當你的同學被欺負時,在一旁圍觀的你們為什麼視而不見,你們都會說:「不是我的錯」,我知道你有你的苦衷或想法,請說說看?你當時的感覺又是什麼?
焦點人物	5. 學生很熱心想幫被欺負的同學脫離苦海,於是教師引導學生討論成為擔任解決暴力問題專家,知道該如何關心同學並尊重不同個性的同學。 ＊教學小祕方:老師可發下事先蒐集的反霸凌資料,提供學生參考,讓發表更豐富。
如果我是你	6. 學生分成兩排站立,當扮演被欺負的小男孩一一走過大家面前時,學生輪流說出一句道歉、忠告或自己的意見;再請扮演欺負者的同學一一走過大家面前時,學生輪流說出一句、忠告或自己的意見;然後再請旁觀的同學一一走過大家面前時,學生輪流說出一句忠告或自己的意見。

第三階段：結束行動（一節課）

流程與習式	內容與重點
即興演出	1. 在聽過每個同學的想法後,讓學生透過實際扮演以進一步了解遇到校園霸凌時的處理方法為何。
重要時刻	2. 請學生五人一組,一人當欺負者、一人當被欺負者、另三人當旁觀者。從小男孩蹲在角落哭泣,周圍被包圍群眾的「靜像」畫面開始,小男孩、欺負者「即與表演」,這時候小男孩會如何處理呢?旁觀的同學會怎麼協助呢?可有簡短對話,在最後結束的時候靜止畫面。
日記書信或便條	3. 寫一封信給書中的小男孩,給予小男孩一些同理與鼓勵的話,並說出自己在這個單元中的體悟與學習。 4. 請學生完成回饋單(附件)。

課程教學實況

第一階段：決定行動

教師入戲	課程一開始，教師入戲擔任新聞主播看一段新聞內容，教法創新，非常引人入勝，學生的注意力一下就被抓住了。接著觀看影片「反霸凌——關鍵救援 X 小時」，學生都很專注。
角色扮演	「角色扮演」由學生輪流唸繪本《不是我的錯》（書中共有十五個角色），一開始用投影機呈現在螢幕上，依序輪流唸，但學生無法融入角色，於是將事先準備的繪本單頁影印紙發給學生，給學生兩分鐘準備，想一想自己所拿到的角色，會用什麼樣的心情和語氣來說出這些話。唸的效果比第一次好，但缺點是每個人都低頭看自己的稿，無法專注聽別人唸。如果綜合以上兩種做法，先將紙本標上頁碼後依序發給大家，請學生牢記自己所負責的頁碼，準備兩分鐘後將紙本收回，學生按照頁碼順序圍坐成半圓，接著使用電子白板呈現，大家一起看大螢幕，輪到自己所負責的頁碼就大聲讀出來，並要揣摩故事中角色的心情和語氣。
場外之音	第一次以場外之音進行，學生的資訊不夠多，例如：他搶了別人的女朋友、他以前得罪過別人、他看起來好欺負……。於是進行第二次的場外之音，這次學生的反應比較多元，而且敢大膽假設，例如：隨地大小便、他是黑道、他很「機車」、他很驕傲、他看起來很髒……。

第二階段：展開行動

定鏡 思考軌跡	小組呈現小男孩被欺負的定格畫面，從被欺負的靜像開始，演出如何解決，演出的過程可以有對話。學生大多能陳述所扮演角色的想法，例如：打你你又不會還手、盡量打、趕快回去告訴老師、你只有被欺負的份……。
焦點人物	徵求三個同學當旁觀者，輪流當焦點人物接受問話，學生們一來一往的問答，氣氛很熱絡；「為什麼你們要袖手旁觀？」、「如果這個人跟我交情不錯，我就會理他，不然我就不管」、「不要把自己牽扯進去，變成我被打」、「為什麼你不去跟老師說」、「我怕變成下一個被打的人」、「為什麼你不去救他？」、「如果是我的好朋友我就會去救他」、「你有沒有辦法想出一個可以去救他，又不會被牽扯進去的方法？」

如果我是你	學生分成兩排站立,分別對被欺負的小男孩、欺負者、旁觀者說出一句話,學生經過短暫思考,大多能提出自己的想法或給對方一個忠告。例如對小男孩說:「打反霸凌專線、跟老師講或跟家長反應、交作業時夾紙條讓老師知道……」。對欺負者說:「要將心比心、欺負別人你會快樂嗎、不要將自己的快樂建築在人身上……」。對旁觀者說:「想辦法跟老師說、回家後再打反霸凌專線、不要袖手旁觀、要有正義感……」。

第三階段:結束行動

重要時刻	讓學生分組透過實際扮演以進一步了解遇到校園霸凌時的處理方法為何?各小組的呈現有些共同點,被欺負者會尋求協助或勇敢說不,旁觀者有人偷偷打電話報警、有人找老師來處理、用群眾的力量勸阻霸凌行為,欺負者感受到群眾的壓力而停止霸凌行為。
日記書信或便條	請學生寫一封信給書中的小男孩,給予小男孩一些同理與鼓勵的話,並說出自己在這個單元中的體悟與學習。學生寫道:「我想對小男孩說……要勇敢站出來、要跟老師或父母說、可以打反霸凌專線、可以請好朋友幫忙想辦法……」。學生也寫出了自己上過這堂課的收穫:「要對被欺負的同學伸出援手、要有正義感、遇到霸凌問題要跟老師或家長反應……」。

教學反思與建議

共同討論訊息多

　　進行「場外之音」時,學生必須說出對小男孩的看法,例如:「聽說他會被欺負是因為……」,學生說法大多雷同,在進行場外之音之前,可共同討論,讓不擅表達的學生可藉此蒐集更多訊息。

慢慢走並仔細聽

　　進行「請你聽我說」時,由於人數少,僅排成一列,學生行進速度太快,無法一一聽清楚列於旁側同學的意見,可提醒學生要像新郎新娘走紅毯,走一步停一下,聽完同學的意見,再走到下一個同學面前。

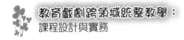
發現問題並解決

　　進行「重要時刻」時，即興表演過程不夠清楚，靜止畫面和開始時的小男孩被欺負靜像雷同，可明確告知要兩個靜像，第一個為「發生了什麼事？」第二個為「如何解決？」從第一個靜像到第二個靜像可有動作和對話。

學生學習評量

第一階段：決定行動
　　　　1. 能與他人討論並回答問題。（時間線）

第二階段：展開行動
　　　　1. 知道該如何關心同學並尊重不同個性的同學。（專家的外衣）

第三階段：結束行動
　　　　1. 能寫出在課程中的體悟與學習。（日記書信或便條）

教學感言

　　這堂課也許無法立竿見影的看到效果，但相信如果有一天學生們自己成了「被霸凌者」或者「旁觀者」，他腦海中說不定會閃過這一堂課裡某一個畫面、同學或老師說過的某一個方法，甚至在「如果我是你」走良心巷時大家對小男孩說過的「勇敢一點」、「去跟老師說」、「不要怕」、「加油！站出來」……戲劇帶領孩子體會不同角色的心情，也讓他們試著設身處地為他人著想，學習關懷與尊重他人，期待透過教育戲劇，孩子們對於身邊的人事物都能更「有感」。

教學參考資料

3 Yes 3 No 守則：

Yes—遇到被欺負或嘲笑時，要勇敢地拒絕對方，並告訴師長或父母。

Yes—發現同學被嘲笑、排擠或欺負，要勇於幫助同學。

Yes—打「0800-003-123」的反霸凌專線。

No—不要因為任何原因嘲笑別人。

No—不要因為別人都（討厭）他，我就跟著（討厭）他。

No—不要因為一次的求助失敗，就放棄求助。

名稱：不是我的錯

集體角色

學生輪流唸出繪本內容。

思考軌跡

學生呈現小男孩被欺負的畫面，並依扮演的角色說出當時的想法。

集體角色

分組即興演出目睹霸凌事件，旁觀者如何提供協助。

場外之音

學生自由走動，遇到同學就發表對小男孩的看法。

附件 「不是我的錯」課後回饋單

1. 如果你是繪本中的小男孩，被欺負時你心裡覺得……

_____

_____

_____

_____

2. 如果你是繪本中的「旁觀者」，你可以怎麼做？

_____

_____

_____

_____

3. 請給小男孩一些同理和鼓勵的話，並說說自己在這個單元中的體會。

我想對小男孩說：_____

_____

_____

_____

_____

我學到了：_____

_____

_____

_____

_____

姓名：_____

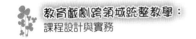

第三單元　你我都一樣

　　本單元之教學設計，希望學生能了解並尊重不同族群的文化與習俗，先以各族群的節慶用品引起學生學習動機，並了解在臺灣這塊土地上有著不同族群的豐富文化，接著分別演出某一個族群的特有文化，再虛擬一則新聞事件，突顯族群融合可能出現的問題，引導學生發現問題、思考解決方式，最後，利用書寫活動讓學生能從生活中發現不同文化的活動，並能喜歡及欣賞不同的文化。

主題說明

　　在臺灣多元文化共存的社會中，我們的學生除了漢人、原住民、客家人，還有新住民，甚至有其他國家來的留學生。透過現代科技的連線，電腦網路讓距離不再是距離。我們生活在一個地球村，都是世界的公民，因此無論膚色、言語、文化、生活習慣、信仰……的多采多姿，都是讓世界更加豐富的元素之一。

　　彩虹之美，在於多色共存，人性之美，在於相互包容。本課程教學目標希望學生能欣賞並尊重這個島上不同的文化，期望他們學習以理性的態度面對問題、解決問題，用開闊的視野和心胸去發現各種文化的豐富與多樣性。

課程設計架構

1. 採用模組：戲劇理解模組。
2. 各階段運用習式：
   (1) 第一階段：決定行動——見物知人、定鏡、思考軌跡。
   (2) 第二階段：展開行動——定鏡、思考軌跡、報導文學、教師入戲、焦點人物。
   (3) 第三階段：結束行動——定鏡。

3. 教學時數：四節。

4. 教學要點：

(1) 關鍵問題：如何讓多元文化相互尊重與相互欣賞。

(2) 戲劇素材：新聞事件——「婚禮前夕，新娘落跑」。

(3) 焦點問題：如何幫助瓦歷斯的小姑姑解決籌備婚禮的困境。

(4) 主題事件的戲劇建構背景：

・何人：落跑新娘——伊瓦。

・何時：課堂中。

・何地：學校。

・因何：新聞事件——「婚禮前夕，新娘落跑」。

・為何：伊瓦面臨不同族群的家人對婚禮習俗的堅持，讓她無所適從……。

・如何：如何讓多元文化相互尊重與相互欣賞。

(5) 教學準備：

・蒐集各族群生活中或節慶祭典會使用的相關物件。

・情境卡數張（將各族群較特殊的習俗或活動詳細書寫於情境卡中）。

・新聞主播的裝扮道具（眼鏡、外套、新聞稿、投影筆……）。

・琉璃珠項鍊（扮演焦點人物——伊瓦）。

教學設計

第一階段：決定行動（一節課）

流程與習式	內容與重點
解說與規範	1. 讓學生看一些特別的物件，並邀請大家來表演。
見物知人	2. 拿出百寶箱物件，請全班學生一起猜測物件的用途。 ＊教學小祕方：準備各族群生活中或節慶祭典會使用的相關物件。 　物件數量大於小組數。

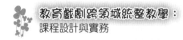

流程與習式	內容與重點
定鏡	3. 討論後邀請自願者示範做出使用物件的定格動作。 ＊教學小祕方：不需示範太多，避免限制其他學生的想像。 4. 運用圖卡說明物件真正的名稱及使用方式。
思考軌跡	5. 分組後分配物件，先討論，再做出物件使用的靜像畫面，教師隨機碰觸幾個學生肩膀，請學生角色身分說一句話。 ＊教學小祕方：提醒學生於課餘蒐集臺灣各族群物件，本課程最後一節課需要使用。教師本身也需多準備，以免學生蒐集不足。蒐集到的物件，可隨時放至教室文化展示角，做為情境布置。

第二階段：展開行動（兩節課）

流程與習式	內容與重點
定鏡	1. 分組給予情境卡，小組以靜像呈現情境卡的內容。 　(1) 情境卡一：山東人——要在過年前滷滷菜、蒸一堆饅頭，除夕夜全家人要包水餃……。 　(2) 情境卡二：泰雅族——紋面代表著不同的意義或身分，女人要學織布……。 　(3) 情境卡三：閩南人——女兒出嫁時要跪拜父母，父親再將女兒頭紗蓋下來……。 　(4) 情境卡四：客家人——女兒出嫁時，要為她準備腰纏錢，讓她掛在腰部……。 ＊教學小祕方：搜尋各族群較特殊的習俗或活動，將習俗或活動詳細說明於情境卡中。
依角色說出感受 思考軌跡	2. 教師隨機碰觸幾個學生肩膀，請學生以角色身分說出當下想說的一句話或心裡的想法。說出來的也許是正面的、愉快的、喜歡的，也可能是負面的、抱怨的、排斥的。 3. 讓其他同學猜測這是屬於哪一個族群的文化。 ＊教學小祕方：學生猜不出時，則由教師公布答案。教師結論：臺灣就是一個多元族群的社會，族群間有不同的文化，彼此相處時會產生困擾也說不定。

流程與習式	內容與重點
出戲入戲的 規則說明 教師入戲	4. 老師表示：自己昨天就看到電視報導一則新聞，標題是「婚禮前夕，新娘落跑」，覺得蠻新奇的，就錄下來存在電腦裡要跟大家分享。請大家閉上眼睛，聽到「五四三二一」，就一起說「開機！」，然後打開眼睛，這時就會看到記者報導新聞。聽到「……為您報導！」就要再度閉上眼睛，一起說「關機！五四三二一！」再打開眼睛。 ＊教學小祕方：說完入戲、出戲規則後，最好能一起演練一次。
報導文學	5. 教師趁學生閉眼時，戴上眼鏡（或穿上外套、拿著一份稿子、拿著投影筆……），化身為主播報導新聞：婚禮前夕，新娘落跑！各位觀眾，晚安！為您插播一則緊急尋人啟事。新竹地區有一戶人家原本喜氣洋洋籌備女兒的婚禮，沒想到，新娘不見了！ ＊教學小祕方：趁學生一起閉眼說「關機！五四三二一！」時，要盡快除去道具，恢復教師身分。若教師不方便入戲，也可事先將報導內容交由班上一位學生練習，上課時由他擔任主播。
教師入戲	6. 詢問學生新聞報導內容，確認學生大致了解，接著告訴學生，新娘叫做伊瓦，正是自己的朋友，而且昨天就是跑到自己家來逃避面臨的難題。昨晚已經勸過她了，現在想請大家和她見面，聽她談談心裡的不愉快，也可以給她一點建議，也許，就可以讓一場婚禮順利舉辦了。說完後，表示要去請她進來，提醒學生看見戴著一串琉璃珠項鍊的，便是這位新娘，要以關心的語氣一起問候：「阿姨好！」說完就走出教室。 ＊教學小祕方：沒有琉璃珠項鍊，可以其他較有代表性的原住民飾品代替。
焦點人物	7. 老師戴上琉璃珠扮演伊瓦，走入教室，有一點憂愁，又有一點怕被人家認出來。問候以後，開始與學生互動。「聽你們老師說，你們有話跟我說，我知道你們一定都是要勸我回去結婚的，對不對？可是你們知道嗎，我結個婚，大人們的禮俗一堆ㄟ！我的 vuvu（奶奶，排灣族語）是排灣族人，說要依照排灣族的傳統，要男方建造一座鞦韆，揹新娘到那裡舉行婚禮；我的阿公（客家人）說要遵循客家人的習俗，男方要準備「阿婆菜」（雞一隻、豬肉一塊、魷魚一條）給女方的內外祖母每人一付；我未來的婆婆是閩南人，要求我們準備「帶路雞」、甘蔗、甘蔗上掛豬肉……；我未來的公公是外省人，又說什麼結了婚要馬上回去中國

流程與習式	內容與重點
	大陸祭祖，可是我想去蜜月旅行啊……就是因為這樣，很煩啊！我就不想結婚了！」敘述完後，等學生提問，再回應學生的問題與建議，最後，謝謝這一群可愛的小朋友，表示自己已經要結婚了，已是成年人，應該回去面對問題，不該逃避。「謝謝大家！再見！」（走出教室）。 ＊教學小祕方：與學生互動，「新娘」的立場是：雖然覺得很煩，還是因為很愛未來的先生，所以不會真的決定不結婚，只是在多元的文化中，覺得無所適從。 8. 老師再次走進教室，「我看到我的朋友伊瓦走出去，好像開朗了一些。你們跟她聊了什麼呢？」讓學生隨意發表落跑新娘的問題，以及大家提供的建議。
定鏡 思考軌跡	9. 分組以小組靜像呈現落跑新娘遭遇的問題，每一組的畫面中一定要有新娘。 10.呈現過程中，隨機碰觸幾個學生肩膀，請學生以角色身分說出當下想說的一句話或心裡的想法，每一組一定要讓新娘說話。 ＊教學小祕方：提醒學生下節課一定將蒐集的臺灣各族群物件帶來。

第三階段：結束行動（一節課）

流程與習式	內容與重點
分組討論，演出解決策略	1. 上一節我們已經討論落跑新娘遭遇的問題，接來要幫她想想解決的辦法。 2. 分組討論可以解決伊瓦遭遇的問題的策略。 ＊教學小祕方：解決的策略包括新娘與家人的溝通過程中，新娘本身與家人可能的讓步和改變。 3. 角色加上簡單的對話，分組呈現。 4. 分組想像及討論在婚禮現場可能會出現的畫面，寫在海報上。
定鏡	5. 請各小組在海報上所記錄在婚禮現場可能會出現的畫面，挑選一個最有感觸的畫面或事件，演出一個婚禮現場的靜像（也許是正面的、愉快的，也可能是負面的、衝突的）。

流程與習式	內容與重點
	＊教學小祕方：提醒學生回想整個事件，以及在婚禮上可能出現各族群不同的文化、習俗。以及想像畫面中相關人物的反應、動作及表情。讓各組以老師為中心成半圓形就定位坐下，依序起立演出。
書寫活動	6. 書寫學習單：你我都一樣（附件）。內容有：(1)家族裡我最喜歡的習俗或活動；(2)我覺得很新奇的其他習俗或活動。希望學生們會彼此尊重不同的文化。
教師結語	7. 老師歸納：在這片土地上有多種族群，有特別的、新奇的……，希望學生們能欣賞並尊重這個島上不同的文化。

課程教學實況

第一階段：決定行動

見物知人	老師從百寶箱中拿出代表不同族群的物件，讓學生猜測物品的名稱或用途，學生大致都能猜出，老師以「想想還有別的用途嗎？」讓學生多做思考。
定鏡	拿出百寶箱的物件後邀請自願者示範做出使用物件的定格動作，有人做出拜拜、喝交杯酒、新娘蓋頭紗等動作，也有小組圍成圈跳豐年祭舞蹈。

第二階段：展開行動

定鏡 思考軌跡	分組給予情境卡，以小組靜像呈現情境卡的內容，教師隨機碰觸幾個學生肩膀，請學生以角色身分說出當下想說的一句話或心裡的想法。 ・ 情境卡一：小組成員圍成一圈，呈現山東人在除夕夜全家人包水餃的情境。學生說出當下的想法：「全家人在一起真好」、「還是家裡包的水餃好吃」……。 ・ 情境卡二：有一人扮演成年的泰雅族男子躺著接受紋面，另一人扮演紋面者，女生則在旁呈現織布動作。「紋面很痛，我會忍耐」、「接受紋面表示你長大了，可以保護族人」、「我要認真學織布，把織布技術傳下去」……。

	・情境卡三：兩位學生扮演新郎新娘，兩位扮演新娘父母，新人跪著拜別父母，扮演父親的人做出將女兒頭紗蓋下來的動作。「女兒，要好好照顧自己和家庭」、「我把女兒交給你了」、「爸媽，我捨不得離開你們」……。 ・情境卡四：客家母親為即將出嫁的女兒綁上親手縫製的腰纏錢……「嫁去別人家要照顧自己」、「我會好好照顧家庭」……。
報導文學	老師說明入戲出戲規則，並帶領大家練習一次，大家都覺很有趣，喊得很大聲──「五四三二一！開機！」「關機！五四三二一！」
教師入戲	教師趁學生閉眼時，化身為主播報導新聞：婚禮前夕，新娘落跑！有人小聲的說：「老師扮的啦！」老師不為所動繼續播報新聞。
焦點人物	落跑新娘與學生問候以後，開始與學生互動。「聽你們老師說，你們有話跟我說，我知道你們一定都是要勸我回去結婚的，對不對？……就是因為這樣，很煩啊，我就不想結婚了！」敘述完後，學生提問：「你最想要什麼樣的婚禮？」、「你們可以去公證結婚啊！」「嫁雞隨雞，要聽男方的意見」、「由年紀最大、輩分最高的長輩決定」、「各種建議都採用一部分」、「兩家人開個家庭會議」……新娘聽完後，表示自己應該回去面對問題。
定鏡 思考軌跡	分組以小組靜像呈現落跑新娘遭遇的問題，每一組的畫面中都有新娘。請學生以角色身分說出當下想說的一句話或心裡的想法，每一組一定要讓新娘說話。「結婚真麻煩」、「我到底該怎麼辦？」、「結婚是兩個家庭的大事，要好好商量」、「嗚嗚……我不要結婚了啦！」、「嫁進來男方，當然要依我們男方為主」、「不要擔心！一定會有辦法」……。

第三階段：結束行動

分組討論， 演出解決策略	分組討論可以解決問題的策略，以簡單的對話呈現：「大家意見不同，怎麼辦？」、「我來約雙方家長找個時間一起吃頓飯、一起討論」、「結婚是人生大事，大家好好商量」、「訂婚用女方的儀式、結婚用男方的儀式」、「到廟裡問神明，抽籤、擲筊」……。分組討論時，老師行間巡視可以適時加入討論，激發學生更多元、更豐富的想法。

定鏡	分組想像及討論在婚禮現場可能會出現的畫面，挑選一個最有感觸的畫面或事件，演出一個婚禮現場的靜像。學生剛開始討論都是圓滿大結局，老師提醒學生回想整個事件，以及在婚禮上可能出現各族群不同的文化、習俗，並想像畫面中相關人物的反應、動作及表情。後來，各組果然有較不同的結果呈現——「新郎新娘接受大家的祝福」、「新娘掩面哭泣」、「雙方語言不同，雞同鴨講無法溝通」、「雙方親友一言不合，打起來」……。
書寫活動	書寫學習單「你我都一樣」。寫出： · 家族裡我最喜歡的習俗或活動：學生寫出的內容十分貼近他們的生活，例如：清明掃墓、迎媽祖、除夕夜拜天公……。 · 我覺得很新奇的其他習俗或活動：端午節立蛋、搶孤、鹽水蜂炮、划龍舟、頭社西拉雅夜祭……。

教學反思與建議

各式物品藏寶箱

第一階段「見物知人」的習式，需準備各族群生活中或節慶祭典會使用的相關物件，如果能募集更多特別的慶典相關物件，小朋友應該會有更多發揮的空間。

入戲出戲講明白

第二階段「老師入戲」報導一則新聞，標題是「婚禮前夕，新娘落跑」，需事先和學生說明入戲、出戲規則後，再一起演練一次，正式開始時學生也能很快入戲。

將心比心道心聲

第二階段分組以小組靜像呈現落跑新娘遭遇的問題，規定每一組的畫面中都有新娘，呈現過程中，老師隨機碰觸幾個學生肩膀，請學生以角色身分說出當下想說的一句話或心裡的想法，每一組都要讓新娘說話，在這個過程中，發現學生都能了解新娘的困境，並有將心比心的慈悲。

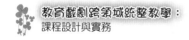
發表分享有成就

第三階段書寫學習單後，如果能有時間讓學生發表與分享，彼此可以交換更多訊息，增加學習與成長的機會，也讓發表者更有成就感。

學生學習評量

第一階段：決定行動

    1. 能做出使用物件的靜像，並以角色身分說一句話。（定鏡、思考軌跡）

第二階段：展開行動

    1. 能與焦點人物互動並提出建議。（焦點人物）

第三階段：結束行動

    1. 能分組討論解決問題的策略並利用對話分組演出。（小組演繹）

    2. 能完成學習單。（書寫活動）

教學感言

學生想像婚禮現場最有感觸的一幕，有歡喜、有溫馨，也有氣憤，畢竟，世事無法盡如人意，但是，如果能以尊重包容的心，異中求同，相信能減少衝突，多些和睦和溫馨，定鏡習式讓學生做更深入的思考。

我們的社會是由多種族群所組成的，正因如此，這塊土地才有如此豐富的樣貌，看到學生能在心中埋下良善的種子，將欣賞和尊重的態度深植心底，體現於生活，多元習式的應用，教師內心真的十分感動。

教學參考資料

1. 林道生（2001）。原住民神話・故事全集（一）。臺北市：漢藝色研。

2. 陳雨嵐（2004）。台灣的原住民。新北市：遠足文化。

3. 認識臺灣多元文化

　http://child.cca.gov.tw/children/gallery/illustrator/200609/

名稱：你我都一樣

思考軌跡
新娘跪求父親和男方好好商量婚事。

見物知人
拿出百寶箱物件，請全班學生一起猜測
物件的用途。

書寫活動
學生經過討論後認真書寫學習單。

焦點人物
落跑新娘和學生互動，接受學生提問和
建議。

附件　你我都一樣

＊家族裡我最喜歡的習俗或活動（請畫出並加上文字說明）。

＊我覺得很新奇的其他習俗或活動（請畫出並加上文字說明）。

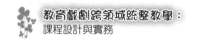
第四單元　廣告滿天飛

本單元引導學生重新檢視自己身邊「廣告」的素材與內容，藉由「重新詮釋」廣告的歷程中，我們意外得到了哪些創意分享或詐騙的教訓呢？藉由「實際體驗」引導學生如何在泛濫的廣告中，判讀出哪些訊息是我們真正所需要的。

主題說明

我們的生活環境裡充滿著各式各樣的廣告，就其呈現給閱聽人的方式，約可分成以下幾類：(1)信箱裡的紙本廣告：包括餐飲、醫療、賣場特價、補習班資訊等；(2)電子廣告：包括手機簡訊、電腦網路首頁、各購物網頁、街上的跑馬燈等；(3)大看板廣告：各十字路口看板、貨車外掛看板沿街廣告；(4)電視廣告：節目休息的廣告、購物頻道；(5)廣播電臺廣告。我們的生活幾乎被廣告塞爆了視聽覺空間。

在這各種資訊充斥的世界中，廣告，是否僅是廣告？能否同時賦予社會不同的意義呢？透過廣告的分享與討論，辨別誇大不實廣告、天花亂墜的說詞，這些都是孩子比較容易了解的。除此之外，如能將焦點問題聚焦在優良廣告的判別、欣賞上，有助於學生以不同的角度面對未來滿天飛的廣告。

課程設計架構

1. 採用模組：戲劇理解模組。
2. 各階段運用習式：

   (1) 第一階段：決定行動——定鏡、場外之音。

   (2) 第二階段：展開行動——定鏡、思考軌跡、建構空間。

   (3) 第三階段：結束行動——設立標題、角色互換。

3. 教學時數：四節。

4. 教學要點：

(1) 關鍵問題：如何判讀廣告的訊息。

(2) 戲劇素材：影像廣告。

(3) 焦點問題：在廣告滿天飛的時代，如何判別廣告的真偽，以及欣賞優質的廣告。

(4) 主題事件的戲劇建構背景：

- 何人：廣告主角。

- 何時：廣告商品運用的時機。

- 何地：廣告的場景。

- 因何：這麼多廣告，到底是真是假？什麼可以相信？什麼不能相信？

- 為何：由角色代言的廣告商品能讓觀眾看得懂，進而刺激消費者的消費慾望。

- 如何：用心解讀廣告傳遞的深層意義。

(5) 教學準備：

老師事先蒐集一些紙本廣告、影像廣告，用數位相機拍幾張馬路上的廣告看板做為教學資源，也請學生蒐集一些舊報紙和舊雜誌。

教學設計

第一階段：決定行動（一節課）

流程與習式	內容與重點
教師說明平時所見的各式廣告	1. 課前兩週，請學生做兩件事：(1) 留意家中的信箱有哪些種類的廣告紙？哪一種類的廣告紙比較多？並蒐集食品、補習、才藝的廣告單；(2) 請學生看電視廣告或上街時留意看板廣告，哪一則電視廣告或看板廣告令人印象深刻？為什麼？ ＊教學小祕方：這兩週的時間，老師要提醒學生三至四次，並請學生用紙筆記錄下來以便上課時討論。

流程與習式	內容與重點
用肢體展現廣告內容 定鏡 邊說邊演	2. 請學生在上課的空間中自由走動，聽到教師敲兩下鈴鼓聲，馬上做出吃美食的定鏡，當老師點到學生的肩膀，請學生說一句話，例如：「這枝草莓冰淇淋好香甜啊！」老師點三至五位學生回答，接著請學生放鬆在空間中走動，老師再拍鈴鼓時，請學生再換吃另一種美食，重複上述教學流程。接著，請學生做出「推銷員」的定鏡、當老師點到學生的肩膀，請學生就他的角色說一句話，例如：「大特價！這種海苔很下飯，買一送一喔！」 ＊教學小祕方：學生說話時若音量太小，老師可協助再複述一次。若回答宏亮或有創意，則立即予以口頭讚美。
場外之音	3. 老師請學生分享這兩週觀察信箱廣告、電視廣告及看板廣告的心得。 ＊教學小祕方：教師可提醒同學說出印象最深刻的、最有趣的、看不懂的……各種感受。
教師總結	4. 教師展示蒐集之各式廣告單（平面廣告），介紹提示各種廣告的意象，例如：超商廣告、量販店廣告、美容美髮廣告。

第二階段：展開行動（兩節課）

流程與習式	內容與重點
教師分享創意廣告影片	1. 教師展示各種比較有創意的電子媒體廣告，播放給學生看。 (1) 誇大不實的減肥廣告。 (2) 融入動物元素擬人化的創意汽水廣告。 (3) 臺灣早期搭配歌謠的日用品廣告。 (4) 利用健身腳踏車引導運動後補充水分的礦泉水廣告。 (5) 公益廣告。 (6) 富有哲學意味的廣告：廣告內容與行銷商品巧妙連結。 ＊教學小祕方：為顧及版權問題，可連線上網站觀看即可。
師生共同探討廣告內容	2. 老師就參考資料提供的連結網站，點選給學生看，並在每一段影片看完之後問學生的感想，或印像深刻的地方。
創意廣告影片探討	3. 以藥廠廣告為主題（http://www.youtube.com/watch?v=gVUkbRng7fo）。

流程與習式	內容與重點
	4. 老師就參考資料提供的連結網站點選給學生看，並在每一段影片看完之後問學生的感想，或印象深刻的地方。教師提示： (1) 這是一段沒有文字、沒有聲音的廣告⋯⋯。 (2) 它在行銷什麼產品？ (3) 故事在說什麼？
定鏡 思考軌跡	5. 全班分組用鏡像呈現這一則廣告，要顯示出行銷產品的主題。每個角色準備一句臺詞，當教師點到時把臺詞說出。 ＊教學小祕方：教師可提示學生，可加入一些廣告畫面中沒有的角色進行詮釋，以增加畫面的完整性。 6. 最後教師公布廣告的真實意涵：這是一個藥商的廣告。內容敘述深夜裡一個青少年鬼鬼祟祟的拿著噴漆噴牆壁，天亮時才回到家中。母親也不太諒解為何他徹夜未歸，無奈的看著時鐘卻也無言。少年直接走入臥病在床的妹妹房中，母親也跟著進來。少年為妹妹拉開了窗簾，清晨微亮的陽光穿越窗戶，落在房間地板上。往窗外望去，兄妹兩相視而笑，母親也笑了，窗外牆壁上滿滿的噴畫花也笑了。原來⋯⋯ 7. 教師口述做廣告定格時，相關的角色加入畫面，並搭配一句臺詞。 8. 徵求自願者，逐一加入畫面的同學，並自創一句臺詞。例如： (1) 路邊老人：原來那小子忙整晚就是為了他妹妹！ (2) 貓咪：吵得我整晚都不能睡！ (3) 護士：好感動喔！ ＊教學小祕方：可提醒學生注意臉部表情，及定格時的肢體動作。

第三階段：結束行動（一節課）

流程與習式	內容與重點
解讀廣告並 　分享 設立標題	1. 老師發給各小組一張長條的壁報紙，請各組為廣告下一個標題。
角色互換	2. 學生分成兩組，內外各一圈。內圈為廣告設計者，外圈為觀眾。學生分別以兩種身分交換一句對話，然後外圈人起立，順時針移動一個人次，換人進行對話，如此巡迴三至五人次。 ＊教師可依時間決定換幾個人次對話。

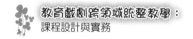

課程教學實況

第一階段：決定行動

定鏡	請學生在上課的空間中自由走動，聽到教師敲兩下鈴鼓聲，馬上做出吃美食的定鏡，當老師點到學生的肩膀請學生說一句話，例如：「這枝草莓冰淇淋好香甜啊！」，老師點三至五位學生回答，接著請學生放鬆在空間中走動，老師再拍鈴鼓時，請學生再換吃另一種美食，重複上述教學流程。接著，請學生做出「推銷員」的定鏡，當老師點到學生的肩膀，請學生就他的角色說一句話，例如：「大特價！這種海苔很下飯，買一送一喔！」 第二次，做出自己印象最深刻的廣告。有些同學呈現一手拿碗、一手拿泡麵的動作說是泡麵廣告；有人呈現打棒球的動作，說是洗衣粉廣告；有的同學呈現彎腰駝背、手摀著嘴巴的樣子，說是咳嗽糖漿廣告。
場外之音	學生隨意走動，分享這兩週觀察家裡信箱的廣告、電視廣告及看板廣告的心得。提醒同學說出印象最深刻的、最喜歡的、最有趣的、最奇怪的、看不懂的……各種感受。同時記住同學分享的廣告有哪些自己也有看過，感受一樣嗎？哪些廣告自己沒有看過？

第二階段：展開行動

思考軌跡 建構空間	教師展示蒐集各式廣告單（平面廣告），介紹並提示學生各種廣告意象，例如：超商廣告、量販店廣告、美容美髮廣告。展示各種比較有創意的電子媒體廣告，播放給學生看。為顧及版權問題，可連線上網站觀看即可。 例如：誇大不實的減肥廣告、融入動物元素擬人化的創意汽水廣告、臺灣早期搭配歌謠的日用品廣告、利用健身腳踏車引導運動後補充水分的礦泉水廣告、公益廣告、富有哲學意味的廣告。廣告內容與行銷商品巧妙連結。 老師就參考資料提供的連結網站，點選給學生看，並在每一段影片看完之後問學生的感想，或印象深刻的地方。 另外，老師花了一些時間在高雄 85 大樓那張沒有任何文字的廣告上，讓學生透過摩天輪、海洋、輪船、大樓……等元素，建構出高雄意象，去體會無文字、內容引含在意象中的廣告形式。

	接著播放一個以藥廠廣告為主題但沒有對話的影片：http://www.yo-utube.com/watch? v=gVUkbRng7fo。這影片只有幾個人物的互動，畫面的轉換加上音樂。教師提示： ・這是一段沒有文字、沒有聲音的廣告…… ・它在行銷什麼產品？ ・故事在說什麼？ 全班分組用鏡像呈現這一則廣告，要顯示出行銷產品的主題。每個角色準備一句臺詞，當教師點到學生時該生把臺詞說出。提示學生加入一些廣告畫面中沒有的角色進行詮釋，以增加畫面的完整性。 最後教師告訴學生廣告的真實意涵： 這是一個藥商的廣告。內容敘述深夜裡一個青少年鬼鬼祟祟的拿著噴漆噴牆壁，天亮時才回到家中。母親也不太諒解為何他徹夜未歸，無奈的看著時鐘卻也無言。少年直接走入臥病在床的妹妹房中，母親也跟著進來。少年為妹妹拉開了窗簾，清晨微亮的陽光穿越窗戶，落在房間地板上。往窗外望去，兄妹兩相視而笑，母親也笑了，窗外牆壁上滿滿的噴畫花也笑了。原來…… 教師口述完，廣告定格，此時，徵求自願加入畫面的人，角色加入畫面時，搭配一句臺詞。
定鏡	徵求自願加入畫面的同學，並自創一句臺詞。提醒學生注意臉部表情，及定格時的肢體動作。例如： 路邊老人：原來那小子忙整晚就是為了他妹妹！ 貓咪：吵得我整晚都不能睡！ 護士：好感動喔！ 學生大致分成兩個部分，一些人猜測是藥商廣告，這純粹是老師的錯誤造成，因為老師把廣告影片的檔案命名為「藥」，但是細問之下，他們不懂為什麼這是有關藥的廣告，因為內容完全沒有藥品的畫面，也沒有提到藥。下次類似要讓學生自由聯想的教學時，應該不要把廣告的標題當做影片的檔名，以免有置入性的引導。 一些人猜測是油漆廣告，抑或說是噴漆廣告，這就比較有自己思考的邏輯了。 讓老師感動的是在做定鏡時，老師告訴學生可以加入一些畫面中沒有的角色，然後再加入角色的一段話，結果出現了許多讓老師驚豔的角色及臺詞。

定鏡	流浪漢：這麼晚還不睡，是在搞什麼？ 警察：這小子鬼鬼祟祟的，跟去看看。 貓咪：喵！ 行人：好臭的味道！ 屋主：怎麼把我家的牆壁噴成這樣？ 女主人：好漂亮的花喔！就讓它留著吧！ 護士：有這樣的哥哥真好！ 小朋友：他們沒有爸爸。

第三階段：結束行動

設立標題	老師發給各小組一張長條的壁報紙，請各組為廣告下一個標題。 第一組：吃藥不是最後的急救，而是最後的結果。 第二組：不要以為只有藥才能解決問題。 第三組：要有勇氣。 第四組：噴漆水啦！ 第五組：生病的時候，勇氣比藥更重要。
角色互換	學生分成兩組，內外各一圈。內圈為廣告設計者，外圈為觀眾。學生分別以兩種身分交換一句對話。然後外圈人起立，順時針移一個人次，換人進行對話，如此巡迴三至五人次。教師可依時間決定換幾個人次對話。

教學反思與建議

教師是當提醒，增加廣告的面向

學生在暖身活動呈現定鏡時，很容易重複目前最流行的廣告，特別是食物廣告，例如統一麵。這時教師應做適時的提醒，引導廣告有很多種，例如日用品、公益廣告……等。以增交表演內容的豐富性，及延續討論內容的廣度。

廣告有分平面廣告、電視廣告……等。學生較容易受電視廣告的吸引，因此用電視廣告來做活動比較能獲得學生的共鳴。

建構空間時，同樣的角色可以用不同的動作呈現

　　建構空間時最怕遇到學生做不出來的情況，這時教師可以多做提示及引導，或是幫忙學生調整動作，就算出現一樣的角色也可以用不同的動作呈現。

教師走入各之組間引導進行新聞標題設立

　　下新聞標題時，學生的內容重複性相當高，如果嘗試在分組進行時做個別引導，內容應會更加豐富。

學生學習評量

第一階段：決定行動

　　　　　1. 能用靜止動作表現出廣告內容。（定鏡）

　　　　　2. 能分享蒐集的廣告內涵。（場外之音）

第二階段：展開行動

　　　　　1. 學生能用鏡像呈現廣告畫面。（定鏡）

　　　　　2. 學生能呈現鏡像中角色的心聲。（思考軌跡）

　　　　　3. 學生能根據教師口述，加入畫面中表演。（建構空間）

　　　　　4. 學生能依據停格的廣告加入新的角色及對話。（搞搞新意思）

第三階段：結束行動

　　　　　1. 學生能根據廣告內容討論出代表性的新聞標題。（設立標題）

　　　　　2. 學生能依據自身的角色表達心中的想法。（巡迴圈子）

教學感言

　　教學過程中，最讓教師感動的是在做定鏡時，告訴學生可以加入一些畫面中沒有的角色，然後再加入角色的一段話，結果出現了許多讓老師驚豔的角色及臺詞。顯然小朋友對廣告中有限的內容、簡單的畫面、意猶未盡的劇情，有很大的想像空間及想法。正如這個單元的目的，就是要讓大家看見「廣告，不只是廣告」，它還有更多的意義。

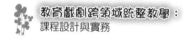
教學參考資料

1. 東森新聞回味臺灣進廣告系列──早期廣告歌

   http://www.youtube.com/watch? v=q0hv6ejmrH8

2. 超有創意的奧迪廣告

   http://www.youtube.com/watch? v=UqzIzfHpfpQ&feature=player_detailpage

3. 很美的創意廣告

   http://www.youtube.com/watch? v=rpSxqkCLMpA&feature=fvwp&NR=1

4. 瘦身廣告誇大，山茶花被罰 26 件

   http://www.youtube.com/watch? v=3BimlCfCrec

5. 騙人！神奇褲治百病，假廣告被踢爆

   http://www.youtube.com/watch? v=bHgah-xW0gs&feature=relmfu

6. 德國複合式餐廳

   http://tw.myblog.yahoo.com/jw! Qc.UKhKWHxlwMuFzvz_i/article? mid=329

7. 瑞典響牒廊

   http://www.youtube.com/watch? v=Re5ZRSe8DDo

8. 香奈兒 2011 超級創意廣告

   http://www.youtube.com/watch? v=5PRnRjToNBM&NR=1&feature=endsc-
   reen

名稱：廣告滿天飛

定鏡

表演出自己印象最深刻的廣告——和老友喝一杯。

建構空間

看完一段無聲的影片，學生以鏡像呈現自己理解的影片內容，有病人、路燈、窗簾、年輕的男孩。

角色創作

角色自由加入表演動作並創造一句臺詞，原來那小子忙整晚就是為了他妹妹！（流浪漢）、吵得我整晚不能睡！（貓咪）

設立標題

小組自信的呈現新聞標題：「生病時，勇氣比吃藥更重要」。

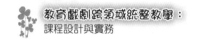

第五單元　路不平，心不平

　　本單元引導學生從體驗道路的坑疤帶給行人和行車的不便、視覺上的不美觀等問題，到團體建構出修補道路現場的各種情境，來感受外在、內在與每個人在視覺、味覺、聽覺……等感受，進而以自己的立場提出改進之道。在面對不平道路與平整道路的對照中，更能將對實體道路的看法延伸到人生的看法與體悟。

主題說明

　　從心看世界：「路平專案，不只是平整道路狀況，更牽涉到施工流程的標準化、教育訓練的普及化，和挖掘管理的落實化」。道路，是每個人每日都會與之相遇、觸碰、感受的地方，在臺灣卻因常常因路面不平，三日一小修，五日一大補，結果路愈鋪愈不平，而被民眾詬病，原本整路鋪路，滿載著大家的期待，最後卻換來譏罵與抱怨。這是一個很小的點，卻反映出人們看待生活事件的角度。

　　心靜與心境：原本不斷修補路面的狀況，對學生來說，可能無感，或不以為意，但這背後牽涉的是對於社會公共事務的責任與使命，而未來家園也需要每個人的付出與全面性的思考。路平專案，其實，不只是路平不平而已，更是面對未來的一種價值觀。

課程設計架構

1. 採用模組：戲劇理解模組。

2. 各階段運用習式：

　　(1) 第一階段：決定行動——定鏡。

　　(2) 第二階段：展開行動——思考軌跡、聲效配襯、牆上的角色、教師入戲、

會議。

(3) 第三階段：結束行動——日記書信或便條。

3. 教學時數：三節。

4. 教學要點：

(1) 關鍵問題：路平專案的成功秘訣。

(2) 戲劇素材：一份有各種坑疤道路、不平道路的圖片簡報。

(3) 焦點問題：如何擁有平坦安全的道路。

(4) 主題事件的戲劇建構背景：

・何人：用路人、工人。

・何時：馬路施工時間。

・何地：車水馬龍卻又坑坑疤疤、凹凸不平的道路上。

・因何：用路人、工人對馬路的不平整已十分厭倦及不滿，大家有話要
　說。

・為何：提出路平專案成功的作法。

・如何：藉由路平專案的探討，進而與現實生活連結，創造「我的未來
　不是夢」的人生願景。

(5) 教學準備：

・蒐集各種不平道路的圖片製成 ppt。

・一份召開市民大會會議的公告。

・教師入戲為市長的外套。

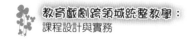
教學設計

第一階段：決定行動（0.5 節課）

流程與習式	內容與重點
教師請學生於課前觀察住家附近道路情形，並蒐集路平專案相關資料	1. 教學前一天先請學生觀察住家附近的道路狀況（平整度、人孔蓋的多寡……），以及以「路平專案」為關鍵詞進行相關資料蒐集與瀏覽。 ＊教學小祕方：請學生將相關資料列印下來，由教師張貼在牆上。
定鏡 教師分享坑疤道路的照片	2. 讓學生想像在一條不平整、有凹洞，或高高低低的道路上，表演跌倒狀、快要跌倒的樣子、已經跌倒了的樣子。 3. 教師展示一份有各種不平道路的圖片簡報，提醒學生注意觀看。 ＊教學小祕方：可以用「你是誰？」「你喜歡現在這個地方嗎？」「你有什麼話要說？」的句型引導思考。

第二階段：展開行動（兩節課）

流程與習式	內容與重點
思考軌跡	1. 學生於觀眾席就坐，教師口述「這條路已經鋪整了很多次，但還是坑坑洞洞，不但凹凸不平，還東補一塊西補一塊，經過的人不管是走路或是騎車經過，都非常害怕」。請幾個學生分享在這路上可能會有的景象（如騎士摔車、小嬰兒因震動而哭鬧、老人跌倒等等），再出列至表演區以定格動作呈現。
聲效配襯	2. 畫面大致完成後，請一旁的學生分別幫畫面中的角色加上音效（如哭聲、哀嚎聲、驚嚇聲等等），當該聲效揚起時，該角色可做動作配合，最後全部的聲音同時存在，由教師以手勢示意停止，並大聲口述：「路，平了嗎？」 ＊教學小祕方：可將觀眾分區塊，分別負責不同聲效，效果較好。
牆上的角色	3. 回憶剛才的活動，每組發一張照片、一張海報紙以及彩色筆。根據照片發展四個問題： (1) 這狀況是……。 (2) 我是……。

流程與習式	內容與重點
牆上的角色	(3) 我看到……。 (4) 我要說的話……。 ＊教學小祕方：組員意見不需一致，但是說法要符合該角色的特性，盡量要求小組每個人都要發言。
教師入戲	4. 教師拿出一份召開市民大會會議的公告貼在牆上，告知將針對道路品質改善問題進行討論，學生成為不同角色的市民，先將設定的角色寫在牆上的海報紙與名片上，名片將貼在胸前左上方以利辨認，請學生依據自身角色的需求，在張貼相關資料的牆上搜尋一些可用的意見做為參考。 ＊教學小祕方：為避免角色重複過多，教師可事先過濾一下。
會議	5. 教師告知當學生看到穿著外套走進來的人就是市長，學生則貼上名片變成各種職業的市民。入戲為市長的教師告知最近接獲民眾投書，控訴道路品質過差，路平專案成效不彰，請大家先分享對於道路品質的意見，再請學生依據自己的職業或身分提供改善的方法，會議結束後，教師感謝大家的建議，會帶回採納，希望讓大家有更舒適安全的道路。教師出戲，學生拔下名片。 ＊教學小祕方：學生分享時，先請學生告知角色再發言。

第三階段：結束行動（0.5 節課）

流程與習式	內容與重點
分享與回饋	1. 請學生想像前方有一條平坦的道路，輪流出列以各種動作呈現感受並以口語表達出來。
日記書信或便條	2. 將內容寫出或畫出交給老師。引導學生將面臨道路不斷修補、坑坑疤疤、又不斷修補的歷程，延伸到面對未來、面對人生的發想。 3. 問題聯想：分享生活中會遇到什麼同樣的情境，如何解決？ ＊教師講述重點，提示學生：「生活中遇到的情境，有什麼類似今天探討的狀況，一直做，做不好又要一直修？」該怎麼面對？

課程教學實況

第一階段：決定行動

定鏡	教學前一天先請學生觀察住家附近的道路狀況（平整度、人孔蓋的多寡……），以及以「路平專案」為關鍵詞進行相關資料蒐集與瀏覽。為補充學生蒐集之不足，教師也做相同之準備工作，並印出張貼。 暖身活動時激發學生創意，利用定鏡，讓學生表演跌倒狀、快要跌倒的樣子、已經跌倒了的樣子。 課程一開始的暖身活動，學生表演出各種摔跤的動作，一開始學生都是低水平的動作，因為全「跌倒在地上」。後來教師提示學生可以嘗試做「快要跌倒」、「我一定不會跌倒，努力平衡定住」、「突然踩空」……等樣子。突然姿勢變化豐富了起來。

第二階段：展開行動

思考軌跡 定鏡	教師展示一份有各種不平道路的圖片簡報，提醒學生注意觀看。 學生分成四組，以剛才簡報中的景物為設定的角色（如：機車、鋪柏油的工人、人孔蓋、坑疤道路……）進行鏡像表演及思考軌跡，讓學生猜猜各組表演的是什麼角色、什麼場景，以及發生了什麼事。 學生於觀眾席就坐，教師口述「這條路已經整路很多次，但還是坑坑洞洞，不但凹凸不平，還東補一塊西補一塊，經過的人不管是走路或是騎車經過，都非常害怕」。教師請幾個學生分享在這路上可能會有的景象（如騎士摔車、小嬰兒因震動而哭鬧、老人跌倒等等），再出列至表演區以定格動作呈現。
聲效配襯	畫面大致完成後，請一旁的學生分別幫畫面中的角色加上音效（如哭聲、哀嚎聲、驚嚇聲等等），當該聲效揚起時，該角色可做動作配合，最後全部的聲音同時存在，由教師以手勢示意停止，並大聲口述：「路，平了嗎？」 第一次嘗試進行聲效配襯，覺得很有趣。本來不太有把握，後來發現小朋友也是跟老師一樣沒有信心，所以老師覺得要再鼓勵、加強他們重複各種角色一次，然後聲音加大，再全部一起來，聲音加大。突然效果就出來了，小朋友覺得很有趣，同時也覺得很吵，因為這就是馬路的現況。

牆上的角色	回憶剛才的活動，每組發一張照片、一張海報紙，以及彩色筆。根據照片發展四個問題：
	(1) 這狀況是……
	「柏油鋪得一片又一片，像一塊大花布」
	「東一個洞、西一個洞……」
	(2) 我是……
	「我是便當店老闆」
	「我是護士」
	(3) 我看到……
	「修路灰塵那麼多，都沒有人要來我的便當店買便當了！」
	「我看到很多人在這裡跌倒，特別是騎腳踏車的小孩子」
	(4) 我要說的話……
	「為什麼路又這樣？」
	「我上次就是在這裡跌倒的」
	「什麼時候我們才會有平整的道路？」
教師入戲 會議	教師拿出一份召開市民大會會議的公告貼在牆上，告知將針對道路品質改善問題進行討論，學生成為不同職業、角色的市民，先將設定的角色寫在牆上的海報紙與名片上，名片等一下貼在胸前左上方以利辨認。 教師化身為市長，告知當學生看到穿著外套走進來的人就是市長，學生則貼上名片變成各種職業的市民。 入戲為市長的教師告知最近接獲民眾投書，控訴道路品質過差，路平專案成效不彰，請大家先分享一下對於道路品質的意見，再請學生依據自己的職業或身分提供改善的方法。 會議結束後，感謝大家的建議，會帶回採納，希望讓大家有更舒適安全的道路。教師出戲，學生拔下名片。

第三階段：結束行動

日記書信或 便條	課程最後雖然時間不是相當足夠，但是老師覺得一定要引導孩子到最後心靈的層面，把眼前的道路變成一條人生的道路，把修築馬路變成建築自己的人生道路。提示之後，讓孩子說出自己在心靈與課程的連結。
	・請修路人多用點心，就可以減少很多人的傷害了。我想要當政府的公務員，直接教他們怎麼做。

日記書信或便條	· 我想跟工人說，以後不可以偷工減料，如果偷工減料的話造成道路問題，還有如果發生意外，會害我上學遲到，也會害路邊商人賺不到錢。我長大以後要當總經理，我學到將來我要一次把事情做好，按時把薪水給他們。
	· 我要跟工人說：做事不可以偷工減料，今天的事情今天就要做好，不可以隨隨便便說以後再做。我以後要當老師，教小朋友做事要負責。
分享與回饋	因為孩子彷彿都有很多話要說，所以發下紙筆讓孩子針對整個課程自由發揮寫出心裡的感受，覺得自己寫完的就可以交件。 針對這一堂課的焦點問題，大致可分為以下幾類： (1) 人生觀：我覺得不要用火爆的脾氣，要溫柔。 (2) 我的未來不是夢： 　· 如果修路工人可以「用盡他全部的努力」，來修好這些凹凸不平的馬路，就不會使人受傷了。我將來想要當賣麵包的人，依照我的想法和規劃，以及「全部的努力」開一家溫馨的麵包店。 　· 我想去學拳擊，要努力認真，不要半途而廢。 (3) 與現實生活的連結： 　· 把寫功課比喻成鋪路：鋪路就像寫功課，一次就要寫完寫好，如果拖拖拉拉，到最後還是一樣要寫，還不如趕快寫好完成，這樣就可以出去玩。 　· 把考試努力的過程跟鋪路做連結：我想考第一名，就要用心去讀書，上課要專心，才不會跟修路工人一樣東補西補的。 　· 訂正錯字要一次訂正完，不要訂正完一個字就拿去給老師，然後又回來訂正另外一個錯字，這樣跑來跑去很麻煩，還不如一次訂正完。 (4) 當然也有一些 NG 的，有人說： 　· 我以後要當警察，不要去當鋪路工人，因為太辛苦了。 　· 我長大要打籃球，不要去修路。

教學反思與建議

定鏡習式進行時，提示學生角色也可是「物品」

在做第一次鏡像活動時，前幾組表演的學生能夠展現創意，有車子、石頭、凹洞……等，但是後面表演的就顯得跟前面重複性很大。宜在排演時就先深入了解每一組的內容，引導還可加入的其他元素，例如交通工具可以有腳踏車、卡車，人物也可以是孕婦、阿婆，物品可以是電線桿、紅綠燈……等，這樣畫面會比較豐富。

把握同時進行、人人都有事做的原則，沒有一個人落單

在進行思考軌跡海報利用時，可以告訴小朋友每個人都拿一枝彩色筆，同時在四個格子中書寫，正的字、反的字都沒關係，也可以畫插圖，然後固定時間可換位置書寫，以節省時間，也可避免發生都是少數幾個人在寫的情形。

角色分配多樣提示

教師入戲會議時，學生職業角色分配不一定要是職業，也可以是角色人物，用孩子看到的狀況去說明改善的方式。學生在會議習式的時候，角色和改善的方法有相當大的重複性，例如鋪路工人、司機……。有些學生比較有創意，會說自己是老師、孕婦、阿婆，但是後來要給改善建議時，又會想很多，因而被自己的職業角色限制住，這時教師可以引導用「上班、工作」看到的事物提出建議即可。

學生學習評量

第一階段：決定行動

　　1. 學生能發揮想像力表演跌倒、摔跤的情境及動作。（定鏡）

第二階段：展開行動

　　1. 學生能根據照片呈現不平整的道路引發的狀況。（定鏡、思考

軌跡）

2. 學生能根據教師描述做出動作，以及聲音的陪襯。（聲效配
襯）

3. 學生能根據照片提示，建構起崎嶇道路上的外在空間及心理空
間。（牆上的角色）

4. 學生能化身為各種角色對道路整治提出各種不同的建議。（教
師入戲、會議）

第三階段：結束行動

1. 學生能化身相關角色，說出符合身分的一句話。（分享與回
饋）

教學感言

　　課程結束後，教師想要引導學生能探索到最後心靈的層面，將眼前的道
路變成一條人生的道路，將修築馬路變成建築自己的人生道路，讓孩子說出
自己在心靈與課程的連結。

　　莞爾之餘，真心期望這些孩子未來人生的道路都能順順利利，就算失足
跌倒，也有勇氣爬起來再向前；就算坑坑洞洞，盡力填補之後也有另一種
美。

教學參考資料

1. 路平專案官網

　　http：//rcis.taipei.gov.tw/MAP/

名稱：路不平，心不平

定鏡 學生自由呈現路面不平整時會遇到的狀況，有的跌倒，有的受到驚嚇縮成一團，有的滑了一跤不能平衡，有的哈哈大笑。	**定鏡** 小組搭配角色的一句話，鏡像呈現不平整路面現場狀況。

牆上的角色 學生發表鋪路照片中內在外在的心路歷程。	**聲效配襯** 馬路現場同時加上機具聲、哭聲、哀號聲、驚嚇聲、喇叭聲，原音重現鋪路現場畫面。

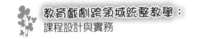
第六單元　我們都是一家人

　　本單元的設計是希望讓在地的學生與新住民子女同學們能尊重與欣賞彼此的文化。首先以裝滿各國物品的神秘百寶箱引起學生好奇心，透過戲劇活動，讓學生幫助新住民子女解決在學校遭受排擠的問題，期盼學生從中學習相互包容的觀念與做法，讓文化多元能和諧共存。

主題說明

　　近年來，校園內外籍配偶子女就學人數比例持續增加，因此，教導孩子學習欣賞與尊重不同文化是重要，也是必要的事。

　　在教育現場，曾聽到幾名學生對一名體型肥胖、膚色黝黑，而母親為泰國籍的同學戲稱「黑豬」；也聽聞許多新住民婦女在本地遭遇不公平的對待，看到文化弱勢下成長的新住民子女在求學過程中所面臨的不利條件，深深感到難過與憂心。希望透過本方案的設計，學生們能學習欣賞不同的文化，用尊重、包容的心和新住民子女相處，並期望將此觀念與作法帶回家中，影響家人，讓家庭、校園、社區都能實現文化多元、和諧共存的願景。

課程設計架構

1. 採用模組：百寶箱模組。

2. 各階段運用習式：

　　(1) 第一階段：教師入戲引導情境——百寶箱、日記書信或便條。

　　(2) 第二階段：引導探索——報導文學、請你聽我說、場外之音。

　　(3) 第三階段：即興創作——定鏡、思考軌跡。

　　(4) 第四階段：分享與建議——百寶箱。

3. 教學時數：四節。

4. 教學要點：

(1) 關鍵問題：與周遭的新住民子女同學們能相互包容。

(2) 戲劇素材：一張撿到的字條。

(3) 焦點問題：如何幫助字條的主人解決遭遇的困難。

(4) 主題事件的戲劇建構背景：

．何人：一個國小學生，母親為越南籍。

．何時：上學時間。

．何地：學校。

．因何：字條透露出自己遭到同學的排斥與取笑。

．為何：心裡充滿疑問且感到沮喪，不知如何結交朋友。

．如何：幫助字條的主人解決遭遇的困難。

(5) 教學準備：

．相關主題書籍或文章、鈴鼓、百寶箱物件（來自外國的物品、服飾、樂器及食品或圖片）、登機箱、名牌、麥克風。

．標示中英文的越南國旗圖片。

．一張寫好的字條，內容為：我媽媽跟我說我真的是臺灣人，請你跟我交朋友好不好？

． MV：愛讓我知道

http://www.youtube.com/watch? v=4JF0jvyNkQo

教學設計

第一階段：教師入戲引導情境（一節課）

流程與習式	內容與重點
課程說明 教師入戲	1. 教師表示自己是一個喜歡旅遊、愛好美食的人，今天要跟大家一起分享出國旅遊的經驗。教師扮演出國旅遊的旅客。

流程與習式	內容與重點
百寶箱	2. 教師打開行李箱，一一拿出箱中的物品並詢問學生這些物品的名稱、用途及來源國，學生答不出的，可以暫時保留。最後，依照學生知道的來源國予以初步分類，並鼓勵學生有機會可出國旅遊或關心國際新聞。 ＊教學小祕方：百寶箱物品以東南亞及中國大陸相關的物品佔多數。
展示字條	3. 拿出事先準備好的字條，說明自己撿到一張字條，上面畫了一面臺灣的國旗，還有另一面外國的國旗，兩面國旗各伸出一隻手相互握手，還寫了幾句話，有中文、有老師看不懂的符號，想請同學幫忙研究字條想透露的訊息。
日記書信或便條	4. 請一名學生唸出字條的中文內容：「我媽媽跟我說我真的是臺灣人，請你跟我做朋友好不好？」 5. 展示字條內容中的外國國旗圖片，請學生發表是哪一國國旗。 ＊教學小祕方：事先準備好標示中英文的越南國旗圖片，如果學生無法說出答案時，教師加以介紹。 6. 問學生，看不懂的那些符號，可能是什麼呢？ 7. 這張字條的主人，到底發生了什麼事？

第二階段：引導探索（1.5 節課）

流程與習式	內容與重點
分組體驗負面話語的感受	1. 字條的主人遇到了一些困難，可能也聽到很多不太友善的話語，讓學生體會一下字條主人的感受，我們來讓學生將學生分成兩大組，第一組再分成兩半，面對面站成一條通道，第二組的人依序走過這條通道，兩旁的人輪流對走過的人說出排斥的話語，如：「我不喜歡你！」、「走開啦！」、「討厭！」之類，完成後兩組交換體驗。 ＊教學小祕方：先跟學生說明要進行的是假設的體驗活動，走道中的人不可以因生氣而回罵，兩旁的人也不可以使用粗魯的髒話。
請你聽我說	2. 請學生發表通過走道的感受。 3. 詢問學生：為什麼這個小朋友會受到排斥？ ＊教學小祕方：等到學生發表到：「他媽媽是越南人」類似的看法，討論立刻停止，引導到下一個主題。

流程與習式	內容與重點
學生在教室中走動並交換訊息 場外之音	4. 教師詢問學生,為什麼小朋友的媽媽是越南人就會被排斥?請學生在教室中遊走,把平時聽到或看到越南、泰國、印尼、柬埔寨或韓國、中國等國籍的人在臺灣發生的事或對他們的看法說出來,聽到連續鼓聲就走路,一聲鼓聲就暫停,跟最靠近自己的一個人交換訊息,聽到連續鼓聲馬上再行進。
教師入戲報導文學訪問	5. 請學生回到座位,說明待會老師要化身為電視臺記者,要到處採訪民眾對於在臺灣的外國籍人士的看法。老師轉身,戴上名牌,拿起麥克風後,轉換為記者,訪問學生。
教師入戲牆上的角色	6. 教師放下麥克風,轉換為棚內主播,站在黑板前,畫出一個人形,說明今天要進行新住民主題報導。根據剛才的訪問,將負面的看法簡要寫在人形外,將正面看法寫在人形內。

第三階段:即興創作(一節課)

流程與習式	內容與重點
學生討論 定鏡 思考軌跡	1. 教師出戲,和學生討論負面看法背後可能的原因,例如:小孩的功課不好,是因為媽媽不懂中文,無法幫助他。分組後討論,先以靜像輪流呈現負面事件的畫面,教師一一輕拍學生的肩膀,請學生扮演的角色說出感受或當時的想法。
定鏡	2. 第二次小組靜像,呈現可能解決難題的方法畫面。
請你聽我說	3. 將學生分成兩大組,第一組再分成兩半,面對面站成一條通道,第二組的人依序走過這條通道,兩旁的人輪流對走過的人說出讚美、鼓勵的話語,如:「我來幫你!」、「泰國蝦餅很好吃!」、「我們一起去玩!」之類,完成後兩組交換體驗。

第四階段:分享與建議(0.5 節課)

流程與習式	內容與重點
再次展示百寶箱物品並說明百寶箱	1. 再拿出行李箱一一展示箱中的物品,這一次,教師可明確介紹物品的來源國、名稱、用途,並按照國別加以分類。說明各國有各國的文化,各有特色,大家應抱著欣賞的角色相互包容。對於外籍或新住民鄰居、同學,也應該在生活上互相幫助,彼此尊重。雖然不知字條的主人是誰,無法即刻幫忙他解決難題,但從身邊的人開始付出關懷,一定可以幫助更多需要關心的同學。

流程與習式	內容與重點
欣賞 MV	2. 欣賞「愛讓我知道」MV，感受文化相互包容的溫馨。 3. 請學生發表心中的感受。

課程教學實況

第一階段：教師入戲引導情境

教師入戲 百寶箱	利用行李箱裝好事先蒐集來自外國的物品進行百寶箱活動，讓學生猜測物品的名稱或用途，學生猜不出的，以「等一下再公布答案」讓學生保持好奇心。
日記書信或 便條	教師說明自己撿到一張字條，有學生立即反應：「都是老師自己寫的！」、「那個圖是你的兒子畫的喔！」還有一個學生馬上轉向一旁觀課的老師，小聲的說：「你的信也是自己寫的！」（前一天觀課老師使用一封來自家長的信引導學生參與戲劇） 教師詢問字條的主人發生什麼事，學生表示：「受到排擠」、「受到嘲笑」、「被歧視」、「交不到朋友」。

第二階段：引導探索

請你聽我說	進行情緒走道，學生通過走道的速度太快，兩旁的學生說出的排斥話語也快而亂，通過學生聽不清楚，也無從感受聽到話語的感受，有開玩笑的心態。教師立即停止活動，要求學生通過走道時要慢一點，而兩旁的同學要針對別人可能對字條主人說出的排斥的話提供假設，要放入情緒，話語要清楚，簡短有力。再一次後體驗情緒走道的效果好多了，走道不再是一片嗡嗡的吵雜聲，學生的用語有：「你很醜」、「胖子」、「肉圓」……。學生發表通過走道的感受：「痛苦」、「不爽」、「傷心」、「想揍他」、「想回嘴」、「想封他的嘴巴」、「感覺被排斥」、「不舒服」。 教師詢問：「這個小朋友為什麼會受到排斥？」學生提出假設：「別人看他好欺負」、「爸爸是臺灣人」、「家人是某某黨」，有一個學生則如教案設計預期的說出：「因為媽媽是越南人」。 教師詢問為什麼小朋友的媽媽是越南人就會被排斥，小朋友表示：「種族歧視」、「長得和臺灣人不一樣」、「講話的腔調」。

場外之音	進行場外之音，聽到一聲鼓聲就要暫停前進，就近跟旁邊的人交換有關外籍人士在臺灣發生的事或對他們的看法的訊息，因教師未規範是東亞的國家（越南、泰國、印尼、中國……等），因此學生是針對廣泛的外籍人士發表，有：「聽說有些外籍配偶的小孩都髒髒的」、「死阿兜仔」、「雜種」、「我很哈韓」。
報導文學	教師入戲為記者，為求逼真，與觀課攝影老師合作，以：「鏡頭在那邊，請看鏡頭。」營造新聞採訪的情境，幫助學生共同入戲，很成功。不過，學生也開始變成議論紛紛的民眾，交頭接耳的聊天，無法專注於「對外籍人士的看法」的主題探討，只有接受採訪的學生跟老師有互動。
牆上的角色	教師出戲，請小朋友共同進行牆上的角色，將聽到的或自己對於外籍人士的負面看法寫在人形外，正面看法則寫在人形內。大家圍著一張人形紙，每人一枝筆開始自由書寫，沸騰的情緒漸漸穩定下來。 學生寫出的負面看法有：很貪心、膚色奇怪、美國人自戀、買東西插隊、可惡、日本人以前霸佔臺灣長達八年、鴨仔蛋很噁心、外籍看護會跑掉、陸客很不衛生、有人對陸客吐口水……。正面看法有：外國科技很發達、外國人很受歡迎、日本 HELLO KITTY 卡哇伊、美國人眼睛很漂亮、食物很好吃……。

第三階段：即興創作

定鏡 思考軌跡	分組討論後以小組靜像呈現負面事件的畫面，靜像一：字條主人發生的困難。靜像二：解決的方法。由於指令明確，學生很容易理解。教師一舉例說：「例如小孩的功課不好……」，立刻就有學生反應：「哪會啊！功課反而比較好耶！」原來，班上這名母親越南籍的學生，功課一向是名列前茅的。
請你聽我說	再次進行情緒走道，這次要對通過走道的人說的是讚美的話，因為有之前的經驗，這次較能掌握前進及說話的速度。結束後請學生發表感受，學生表示：我覺得很有信心、被讚美很舒服、很溫暖、心情好多了……。

第四階段：分享與建議

百寶箱	針對其中幾樣做說明，有：義大利的小丑帽、越南斗笠……。

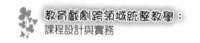
教學反思與建議

百寶箱裡物件豐富

　　百寶箱裡的物品需事先蒐集來自外國的物品、服飾、樂器、食品或圖片，愈豐富愈能引起學生的好奇心。為配合主題，最好以東南亞及中國大陸為主，但是本次課程所蒐集的物品有限，因此也用了義大利、日本、巴西等地的物品來豐富百寶箱的內容。

「請你聽我說」要慢慢走並仔細聽

　　請學生發表通過走道的感受時效果不佳，是因為通過走道的速度太快，兩旁的同學來不及說，通過的人也來不及聽，進行時宜提醒學生行走速度要放慢，如同新人走紅毯進場一樣。

相關資料學生應事先讀過有利表現

　　進行「教師入戲」時，教師身為記者，遇到一群不太有反應的民眾，只好給予提示，如果可以讓學生事先閱讀相關資料，實作效果會更好。

提示互相尊重不嬉鬧

　　部分學生會故意調侃新住民之子，要提醒他們以尊重的態度上課。

學生學習評量

第一階段：教師入戲引導情境

　　　1. 能說出字條主人發生什麼事。（日記書信或便條）

第二階段：引導探索

　　　1. 能書寫對新移民正面和負面的看法。（場外之音、牆上的角色）

第三階段：即興創作

　　　1. 能合作創作，積極表現。（思考軌跡、請你聽我說）

第四階段　分享與建議

　　1. 能分享正向的表現心得，完成回饋單。（百寶箱、回饋單）

　　（附件）

教學感言

　　對於我們學區的學生來說，新住民（尤指東南亞國家）子女並非社會的弱勢族群，反倒在同儕之間有許多是功課中的佼佼者，人際關係、語言溝通也都沒有問題。因此，在活動進行中並未出現現實生活中可能存在的強烈衝突畫面。雖然與教學設計預估會出現的衝突有所落差，感覺少了戲劇張力，但，慶幸這裡的新住民子女是幸福的，能在一個平等、相互尊重的環境中健康的成長。

教學參考資料

1. 寶貝我的家

　　http://www.youtube.com/watch? v=2Jsaj2t36QI&feature=related

2. 99 學年外籍配偶子女就讀國中小人數分布概況統計

　　https://stats.moe.gov.tw/files/analysis/son_of_foreign_99.pdf

名稱：我們都是一家人

場外之音

和同學交換訊息，說出對外籍人士的看法或他們在臺灣發生的事。

思考軌跡

當教師碰觸肩膀，畫面中的人物須說出符合當下情境的一句話。

教師入戲

教師扮演記者，採訪民眾對外籍人士的看法。

牆上的角色

請學生根據採訪內容，將負面的看法寫在人形外，正面的寫在人形內。

附件　我們都是一家人回饋單

編號：＿＿＿＿　姓名：＿＿＿＿＿＿＿＿

字條的主人可能遇到了什麼困難	

如果受到排斥，他可能會……	

如果被接受和鼓勵，他可能會……	

你會如何幫忙或鼓勵他……	

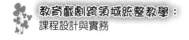

Chapter 5

自然學習領域的課程設計與教學實務

第一單元　沒有青蛙的青蛙谷

　　本單元之設計在引導學生投入一個青蛙谷生態的情境營造，建立生物多樣性的概念，認識生活在地球上各種不同的、豐富的生命形式，藉由情境的模擬與體驗，讓學生感受自然生態環境的美好與重要性。然而現代都會的發展，也同時正在一步步破壞生態。因此，我們要痛定思痛，重新學習如何善待生態環境，唯有從觀念改變，行動落實，才能與自然界達成一個真正的平衡狀態。

主題說明

　　環境保護要讓所有不同種類的生命生活在一個地球上，相互交替、影響，令自然生態得到平衡，才有健康的生存世界。從小地方看單位面積內生物種類的數目，就能在生物群落中，找到生態地位的多樣化與基因變異。人類一定要與諸多生物和平共存於這個大自然，但隨著科技發達，生物被剝奪的地方愈來愈多，造成環境劇變，大自然開始無情的反撲，這並非我們人類可以承受的。因此，應當謹記，人類並不是大地的主人，我們不過是大地的管家、保姆。

　　一個聰明的管家，應懂得量入為出，一個負責任的管家，不會為所欲為，不顧後果。有反省的態度，重新定位我們的角色，徹底轉變價值觀，才能讓使生物多樣性長久持續。

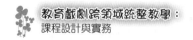
課程設計架構

1. 採用模組：戲劇理解模組。

2. 各階段運用習式：

    (1) 第一階段：決定行動——畫圖、集體圖像、配樂、定鏡。

    (2) 第二階段：展開行動——邊說邊演、場外之音、教師入戲、報導文學。

    (3) 第三階段：結束行動——設立標題、自圓其說。

3. 教學時數：四節。

4. 教學要點：

    (1) 關鍵問題：環境失去平衡，生物數量產生異常變化。

    (2) 戲劇素材：《生態池的故事》繪本。

    (3) 焦點問題：適當守護生態的思維與作法。

    (4) 主題事件的戲劇建構背景：

    ・何人：決意守護青蛙谷生態的人們。

    ・何時：最近這幾年。

    ・何地：青蛙谷。

    ・因何：生物數量產生異常變化。

    ・為何：人們隨意放生、捕撈、餵食。

    ・如何：製作警告標語。

    (5) 教學準備：

    ・繪本《生態池的故事》（星月書房出版）。

    ・半開壁報紙八張、彩色筆八盒、鈴鼓。

    ・電視框（可用厚紙版或是木框代替）。

    ・青蛙谷的生物數量變化數字統計表（附件）。

教學設計

第一階段：決定行動（1.5 節課）

流程與習式	內容與重點
依據想像圖繪青蛙谷的樣貌 畫圖	1. 教師先向全班介紹一個很美的地方叫作「青蛙谷」。接著將學生分組，每組發給一張海報紙，請每小組畫出想像中的青蛙谷模樣，包含各種景物與生物，每個學生都要畫一些景物在圖內，畫完之後貼在教室牆上讓全班同學欣賞。 ＊教學小祕方：提醒學生，生物包括所有的動物和植物。
張貼各小組作品 集體圖像	2. 以小組為單位，在教室可用的空間裡讓學生一一出列，用肢體的定格動作，上前呈現該組所繪青蛙谷中的生物或景物，再請學生一一出列，用肢體的定格動作，上前呈現青蛙谷中的生物或景物。 ＊教學小祕方：扮演過的生物不要重複，鼓勵學生發揮創意。
請扮演的學生發出所扮演物的聲效 配樂	3. 每小組於畫面呈現完畢後，教師行走其中，一一輕碰學生所扮演的景或物，該景物就即時發出特有的聲音（如青蛙叫聲、水流動的聲音、風的聲音……），最後讓該組學生一起同時發出聲音，持續大約十秒鐘。 ＊教學小祕方：教師可以手掌向上的手勢提示學生增加音量。
教師點到的物件回到原位	4. 教師說明環境的變化造成青蛙谷的生態環境受到破壞，很多景物一一消失，接著輪流喊出當中的景物名稱並讓扮演的學生離開呈現區，回到觀眾席，如：「蛇，不見了」，被喊到的景物就一邊發出聲音一邊離開畫面，最後喊的是「青蛙」，待青蛙也離開後，畫面空空如也（可以只剩石頭等景物）。
討論青蛙谷消失的可能原因 會議 定鏡	5. 教師說明這就是青蛙谷現在的模樣，讓學生分組開秘密會議，探討今昔變化的原因（如：垃圾、水污染……），並以定格畫面做分組呈現，由一人負責解說。 ＊教學小祕方：教師行間巡視，詢問各組選擇的項目，盡量不要重複。

第二階段：展開行動（1.5 節課）

流程與習式	內容與重點
邊說邊演	1　學生圍成大圈，教師說：「青蛙谷變成現在連青蛙都沒有的模樣，有人很捨不得，所以開始想辦法要讓青蛙谷重生」，接著慢慢念出《生態池的故事》繪本內容，唸到當中的重要語彙，則放慢速度，並同時搖動鈴鼓，學生須依照教師指定的動作與人數指示，出列到圓圈的中心做出動作，完成後再由教師拍一下鈴鼓回到圓圈中安靜聆聽，教師接續唸出之後的內容，以此類推。 ＊教學小祕方：可以先要求全部學生都須出來呈現過一次，接著則由有興趣的學生隨機出列。或是直接要求學生按照順序出列呈現，由教師依照狀況決定。
場外之音	2. 請學生在空間中自由行走，當教師敲打鈴鼓兩下時，以「我覺得……」的句型，與距離最近的一人分享自己覺得青蛙谷的青蛙能再出現的原因，約進行三個回合。 ＊教學小祕方：可要求須有一次和不同性別的同學分享意見。
教師以數量變化表，引導學生觀察數量的異常變化	3. 展示青蛙谷的生物數量變化表（附件），教師請學生觀察各種生物的數量變化，想一想什麼變多了，什麼變少了，增加或減少的速度是否正常。 ＊教學小祕方：事先的契約訂定須清楚，可先試做一次。可和負責即興演出的學生事先演練一次。
教師入戲報導文學	4. 教師說明稍後會有「神奇電視」節目，播放有關青蛙谷的新聞。待全體學生安靜下來約五秒，電視會自動開機。教師入戲，拿起電視框扮演新聞主播，說明青蛙谷目前遭受的環境破壞狀況，並由事先預演過的兩位學生即興演出播報的內容，以增加趣味性，播報內容重點如下： ・任意放生巴西紅耳龜，結果…… ・任意捕撈捕捉樹蛙、螃蟹，撿拾蝸牛，結果…… ・任意餵食魚，造成魚不吃福壽螺，福壽螺數量過多，結果…… ・採摘水草，植物消長不均，藻類面積迅速成長，結果…… 播報完畢之後，教師微笑定格，學生自動舉起手，做按下遙控器的動作，電視自動關機，教師恢復身分。

第三階段：結束行動（一節課）

流程與習式	內容與重點
設立標題 定鏡	1. 教師給予小組任務指令，根據剛才的四個狀況提示，寫在四個信封中，學生分組討論在生態池旁設置的創意警告標語，讓生態池免再輕易遭受各種威脅，並根據標語情境做出一個靜像畫面。 2. 小組進行呈現。 ＊教學小祕方：可先呈現靜像畫面後，由學生集體念出標語，增加力度。
自圓其說	3. 學生坐在觀眾席，個別出列化身成為與青蛙谷相關的人物，並說一句話做出配合的定格動作，教師給予適時的鼓勵與回應。

課程教學實況

第一階段：決定行動

畫圖	發下海報紙後，學生開始七嘴八舌討論。有學生說一定有河流、有青蛙，或很多樹、松鼠和蝴蝶，也有人說想畫很多青蛙，但是不會畫。於是，教師鼓勵不會畫的同學按照自己的想法下筆，畫完後，學生就在所畫的圖像旁邊寫上「這是青蛙」。另有學生說：「我沒去過青蛙谷，怎麼知道它長怎樣？」同組的另一小女生回說：「那你就想像呀！」教師把畫好的幾張圖全部張貼在牆上，讓學生觀看欣賞。
集體圖像	教師請學生以肢體做出立體的青蛙谷，提醒學生要清楚自己做的是什麼景物？有幾個人都要表演青蛙，教師不反對，但要求他們要能做出不一樣造型。於是有同學表演趴在地上的，有一躍而上的，也有翹屁股的……接著有同學扮演樹木、蛇、石頭、松鼠、兔子、蝴蝶、花朵、蝙蝠等，紛紛出現，最後全部定格。
配樂	教師遊走青蛙谷當中，經過學生身旁時，景物須發出該項物件的聲音。有些學生覺得不好意思，不敢叫出聲來，教師便略做停留，給予鼓勵讓學生表現出來。有位扮演蝙蝠的女同學不知道該如何叫出蝙蝠的聲音，教師便鼓勵她自由發揮想像，她想了一下，發出「ㄈㄨ丶」的聲音，於是，教師大大的稱讚她，讓她對自己的表現感到幾分自信。最後教師讓全體同學一起發出所扮演物件的聲音，持續十秒鐘之久，彷彿置身真實青蛙谷，傾聽蟲鳴鳥叫，微風吹拂，最後教師用手勢做出停止指示，所有聲音嘎然而止。

| 定鏡 | 教師口述：「這美麗的青蛙谷，卻因為許多人為的破壞，很多生物紛紛消失離開……，蛇，不見了……」讓扮演各種物件的學生陸陸續續退場。扮演蛇的學生識相的慢慢爬回觀眾席，接著蝴蝶、松鼠、兔子也逐一退場，都不見了……，最後離開的是青蛙，而留下的只剩下幾棵被砍倒的樹和石頭。此時，教師再度拿出剛才畫的青蛙谷地圖，對照現在眼前的模樣。
教師坐下來，詢問什麼原因造成這種情況？學生分享他們的觀點，可能是水污染、廢氣、垃圾、山老鼠濫砍、過度開發等原因所造成。接著，教師請各小組就造成這種現象的原因，分別選擇一種並做出定鏡，教師提醒各組同學「這是秘密會議，別太大聲外洩細節」，並在行間巡視，了解各組討論與發展的狀況，引導各組表演不要相同或重複。後來，在各小組輪流的呈現過程中，有學生演出因空氣污染被燻黑臉的兔子；以及一間又一間的旅館，佔用了原本美好的草地植披。垃圾不僅污染環境，更常讓動物誤食死亡，學生所呈現出來的想像世界，遠比教師預期的更為多元且深入。
教師總結性地問道：「青蛙谷沒有青蛙了，要改名嗎？」此時，學生紛紛大喊：「不要！不可以！」等語。於是教師順勢說有很多人也跟大家想法一樣，希望能幫助青蛙谷恢復原本的模樣，並詢問同學們是否也願意一起努力參與？活動在此階段已得到了全體同學「願意」的肯定答案。 |

第二階段：展開行動

| 邊說邊演 | 教師用《生態池的故事》繪本引入，一邊說故事，一邊讓學生即興演出，增加趣味，加深印象。活動開始時，學生顯得十分興奮，每次都有一群人出列，顯得有些混亂，教師先請幾個學生出列示範，才逐漸建立合作扮演的默契。其中希望三個學生在池塘邊玩泥巴遊戲，本來他們都同樣地做撥土動作，經教師以旁述指導的方式，提醒要有創意，玩出不一樣的遊戲，於是有人搓土球，有人堆泥堡，有人拿泥巴來敷臉，讓表演呈現出多元的景象：三隻青蛙出來，一隻跳來跳去，一隻在地上滾，另一隻較胖，在原地鼓起嘴巴，模樣顯得生動又可愛。 |
| 場外之音 | 學生分享每個人對青蛙谷復育成功的想法，有學生說是因為大家一起努力，才會成功。也有人說是因為全部都是人工，沒用到機器破壞原本的生態，也有人說是因為大家不放棄才堅持下去的。教師事先要求三次中必須有一次是跟不同性別的同學分享意見。 |

教師入戲 報導文學	教師說明有一臺神奇電視機，即將報導青蛙谷相關新聞，班上同學全部安靜就會自動開機。於是，教師拿出木質相框代替電視框，開始播報新聞。教師說明青蛙谷目前生態遭受破壞的狀況，包含任意放生、任意捕撈、採摘水草、隨意餵食等情況。教師為了讓播報更生動，還商請兩個學生事先演練內容，配合報導做即興表演，讓學生能投入於情境中。最後教師的動作靜止，讓學生會意到節目結束，再做關機的動作。過程中不需大聲要求學生安靜，事先的契約內容達成共識即可。

第三階段：結束行動

設立標題	教師再次統整學生得到的訊息後，告知環境保護協會需要他們幫忙製作創意警告標語，提醒遊客保護生態。給四組祕密信封，就是之前電視機的報導內容，分組寫出標語並根據標語內容安排靜像畫面，學生想出標語「別讓你的愛心造成別人的困擾」、「愛牠，請不要餵牠。珍惜牠的生命，讓牠們有一個健康的身體，青蛙谷保護協會關心您！」等標語，先做出靜像動作，再一起唸出所寫的標語。
自圓其說	教師請學生化身成為與青蛙谷相關人物角色並說內心裡唸的一句話，學生們說： ・「我是保護協會的人，希望人們不要再亂砍樹，讓下一代都有美好回憶！」 ・「我是亂給魚蝦吃東西的遊客，我不該隨便餵食！」 ・「我是青蛙谷被砍掉的樹，希望他們不要再砍了，否則空氣會變差！」 ・「我是青蛙谷的青蛙，我喜歡現在的家，請保護我，愛護我！」 ………

教學反思與建議

先找一組學生示範，配合教師口述動作，表現會更為清楚

　　在第二階段展開行動中，教師一邊說出繪本的內容，學生一邊根據繪本內容做出表演的動作，結果時間拖得太久，因為學生剛開始不熟悉教師的說明，後來失去耐心且站不住，造成秩序上有點混亂。建議可先找一組學生配

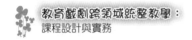
合教師說明做示範，讓所有學生更快了解如何操作。

表格資料須做說明與重點引導

　　第二階段活動中，教師將青蛙谷生物數量變化表（附件）發給學生後，學生有點搞不清楚，此時教師需要提醒學生注意每一種生物的數量增減情形，並稍做重點引導，對於有些生物數量驟增或是驟減可能發生了什麼事情做說明。

加強情境與學生的情感連結，可增加投入感

　　教師以青蛙谷的故事出發，學生從想像青蛙谷的場景，到用身體動作建構，到後來青蛙谷面臨危機，生態一一遭受破壞，當中學生與青蛙谷的連結性與想要恢復青蛙谷原狀的使命感，讓學生更投入情境進行活動。

學生學習評量

第一階段：決定行動

　　　　1. 學生能發揮想像繪製出青蛙谷的模樣。（畫圖）

　　　　2. 學生能根據想像用聲音揣摩呈現青蛙谷的相關音效。（配樂）

　　　　3. 學生能用肢體呈現青蛙谷遭到破壞的原因。（定鏡）

第二階段：展開行動

　　　　1. 學生能根據教師指示，依照理解做出動作。（邊說邊演）

　　　　2. 學生能分享青蛙谷復育成功的原因。（場外之音）

第三階段：結束行動

　　　　1. 學生能根據提示，討論新聞標題。（設立標題）

　　　　2. 學生能化身相關角色，說出符合身分的一句話。（自圓其說）

教學感言

　　青蛙谷是從想像到實際情況的建構，學生有如親眼看到了青蛙谷被破壞殆盡的情況，因而激起學生強烈復育青蛙谷的動機與守護青蛙谷的概念。建

立動機是從思考展開，讓學生能認知、反省，並採取行動。這是一場美好的生態主題教學旅程，讓師生都永難忘懷。

教學參考資料

1. 生物多樣性有多重要

   http://my.so-net.net.tw/gaia_hwang/main/life/e991004.htm

2. 巴西開發熱帶雨林，大量雨林消失

   http://www.youtube.com/watch? v=rLEjVyY_miM&feature=share&list=

   PL50E95B0A635BE665

3. 綠色和平的十年保衛戰：亞馬遜熱帶雨林

   http://www.youtube.com/watch? v=5Ni59ddyaiA&feature=share&list=

   PL3622A820F32191C1

4. 天堂雨林，地球僅存的熱帶雨林

   http://youtu.be/GYziy78Atz8

5. 亞馬遜伐木實況

   http://youtu.be/OyfwyhjIpZI

名稱：沒有青蛙的青蛙谷

集體圖像
小組將繪製的青蛙谷場景公開展示，互相觀摩。

畫圖
小組成員發揮想像，將心目中的青蛙谷場景合作繪製下來。

定鏡
學生以肢體扮演青蛙谷的各種生物，讓想像的場景變得更立體生動。

場外之音
學生走動分享各種關於青蛙谷的資訊，教師在旁聆聽。

附件　青蛙谷生物數量變化表

種類 年代	巴西 紅耳龜	青魚	福壽螺	樹蛙	螃蟹	蝸牛	臺灣萍蓬草 （平方公尺）	藻類 （平方公尺）
2007	0	59	0	10	32	26	3	4
2009	0	306	58	185	107	89	17	15
2013	56	125	341	47	37	19	10	89

第二單元　土石流？或土石留？

本單元先以觀賞「吞噬所到之處，直擊土石流瞬間」與「正負 2℃」中的莫拉克風災影片開頭，探討造成土石流的原因，讓下一代的地球人類體會到土石流的可怕，進而有深刻的體悟與省思。究竟是生計重要，還是環保重要？又如何兼顧土地的開發與生存的考量？最後再自行決定如何做才能土石留，而非土石流。

主題說明

根據內政部消防署（2012）的統計，全國土石流危險溪流共計 1420 條，其中以新北市 214 條最多，佔了全國 15.07%。近年來最嚴重的 2009 年八八風災所造成的土石流，是臺灣自 1959 年八七水災以來最嚴重的水患，期間臺灣多處淹水、山崩與土石流，其中以位於高雄縣甲仙鄉小林村小林部落滅村事件最為嚴重，造成數百人活埋。根據中華民國政府統計，這次水災共造成 681 人死亡、18 人失蹤，此令人震憾的重大災難危害你我的生命財產，因此深入了解環境保護的課題，刻不容緩。

自古人類與大自然一直存在一種巧妙的平衡狀態，謝天與敬地是中國人的傳統，但是有時卻因為人類的貪婪與人定勝天的自負驕傲，造成山坡地過度開發、地下水過度抽取、各種污染的生成……，一再地破壞我們賴以維生的大地，如此大地已開始反撲，警惕人們不能再恣意而行。

課程設計架構

1. 採用模組：戲劇理解模組。

2. 各階段運用習式：

   (1) 第一階段：決定行動——時間線、思考軌跡、定鏡、場外之音。

(2) 第二階段：展開行動——教師入戲、訪問、設立標題、焦點人物。

(3) 第三階段：結束行動——重要時刻。

3. 教學時數：三節。

4. 教學要點：

(1) 關鍵問題：如何讓山區居民可以住的安心又放心。

(2) 戲劇素材：影片——「吞噬所到之處，直擊土石流瞬間」和「正負 2℃」擷取 6:25～9:23 約三分鐘莫拉克風災。

(3) 焦點問題：如何避免土石流的發生。

(4) 主題事件的戲劇建構背景：

・何人：災民、檳榔樹樹農、民宿業者、學者專家、報社主編。

・何時：土石流發生後。

・何地：發生土石流現場。

・因何：大雨一來，造成嚴重的土石流。

・為何：山區居民為了生計，砍伐樹木種植檳榔樹，或是開發山坡地蓋成土雞城、民宿、夕陽咖啡廳……。

・如何：發生土石流該如何防治。

(5) 教學準備：

・新聞「吞噬所到之處，直擊土石流瞬間」
http://www.youtube.com/watch? NR=1&v=WeHLc7ZwKdc&feature=en-dscreen

・影片「正負 2℃」擷取 6:25～9:23 約三分鐘莫拉克風災。

・半開壁報紙八張、彩色筆八盒、斗笠。

・名牌五張（報社主編、學者專家、檳榔樹樹農、民宿業者、災民）。

・回饋單（附件）。

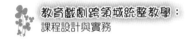
教學設計

第一階段：決定行動（一節課）

流程與習式	內容與重點
課前蒐集資料	1. 事先請學生回家蒐集資料：何謂「土石流」？土石流形成的原因為何？土石流會造成什麼災害？鼓勵學生閱讀有關與大自然生態平衡之相關書籍、文章或影片。 ＊教學小祕方：土石流三大要件──破碎裸露的地質、陡峻的坡度和豐沛的水量。
導入主題	2. 觀看「吞噬所到之處，直擊土石流瞬間」及「正負2℃」影片。
學生回憶觀賞重點並呈現重要畫面	3. 教師與學生共同回想、討論影片內容，提醒學生要清楚具體說出與土石流相關之景象或畫面。
時間線 思考軌跡 定鏡	4. 教師將學生分四組，請各小組學生分別想像土石流發生前後幾個重要時刻畫面，先邀請幾位學生分享，給予每組約兩分鐘的時間，運用肢體呈現該靜止畫面，確定每一組都完成之後，請各組按順序分別在教師走過的時候一一呈現，教師經過之後仍要維持其畫面的靜像。教師適時在學生的停格畫面中，用手碰觸學生肩膀，讓該角色的學生說出角色當時心中的想法（呈現最令人印象深刻的一幕）。 ＊教學小祕方：可以再複演一次，請學生表現不同的想像與創意。
場外之音	5. 教師請學生在教室空間自由遊走，聽到教師敲打兩下鈴鼓時，與最近的同伴分享自己對於該影片的想法，至少輪過三次回合。記得以「聽說土石流發生那天……」的句子開頭。 ＊教學小祕方：教師可進入其中，安靜聆聽學生之間的分享，或是老師入戲也跟著散步訊息，以提供更多元的想法。

第二階段：展開行動（1.5 節課）

流程與習式	內容與重點
內容與規範說明	1. 這次風災導致土石流肆虐，淹沒良田和房舍，也導致傷亡好幾百人，災情非常嚴重，教師說明等一下會有一位報社主編來到這裡，請學生協助採訪相關新聞。 ＊教學小祕方：教師可先蒐集小林村土石流滅村的過程剪報給學生閱讀，以增加對整個災情的了解。
教師入戲	2. 教師走到外面，胸前戴上名牌，請學生閉上眼睛，教師走入學生中間咳嗽三聲，學生自動睜開眼睛，教師先介紹自己的身分：「八八風災，災情太嚴重了，我擔任了這次報社主編，準備針對這次土石流做一系列報導，請各位小記者實地採訪」。
訪問	3. 給各組五分鐘時間，訪問不同對象：第一組要訪問學者專家關於土石流原因及如何做好水土保持。第二組訪問檳榔樹樹農為何要種檳榔，知不知道違害土地。第三組訪問民宿業者對環境生態的影響。第四組訪問災民有沒有地方住、找不到家屬心情、未來怎麼生活。如何安置照顧災民……。而每一組有四人，分別角色扮演，第一位當記者問問題，另兩人負責回答，一人記錄在海報紙上，可以互換角色再採訪及回答一次，以探究不同的問題及解決方法。 ＊教學小祕方：記錄的人請先列出問題，再寫下答案。 ＊教學小祕方：土石流原因如水土保持尚未落實、大量砍伐樹木、大量開發山坡地及火燒山造成樹木枯死等。水土保持的觀念，如多種樹，少不當開發、污染。 4. 主編蒐尋各組的紀錄，做資訊的整合和處理。
設立標題	5. 接著請大家整理出一篇新聞報導，以「土石流」為主下標題，要刊出一篇特別的土石流的新聞。 ＊教學小祕方：標題長度不超過二十字，文章勿超過三十字。 6. 請各組上臺報告後，張貼在白板上。
焦點人物	7. 教師說明等一下看到一位戴著斗笠的人走進來，他就是種檳榔樹的農人並同時經營民宿。同學自動咳嗽三聲化身為村民，相信大家都有很多問題想要跟他聊聊。

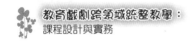

第三階段：結束行動（0.5 節課）

流程與習式	內容與重點
重要時刻	1. 學生圍成一圈，當教師走過時，説出內心想表達的一句話。 ＊教學小祕方：教師叮嚀學生「一句話」定義在個人在這單元的收 　　穫或省思。

課程教學實況

第一階段：決定行動

時間線 思考軌跡 定鏡	觀看高雄縣甲仙鄉小林村慘遭土石流滅村後，為了讓孩子更深刻的 體會土石流的強大破壞力，請學生以身體模擬表演土石流前、中後 的三個畫面。結果，學生分組表演土石流還沒來的情況：樹遭人砍 掉。表演暴風雨來的時候，有人用手推人和房子代表土石流出現， 最後房屋倒塌、傷心難過的哭號大叫：阿爸！阿母！引起大家哄堂 大笑。另一組則有一人化身颱風的分身，先將大樹吹倒，再慢慢倒 下來，再用嘴巴吹風，先由小風再變成大風，其他人都倒成一團， 可展現颱風的力量和速度。 「我的根那麼短，一定會倒的！」、「我快被沖走了！」、「我是 殺人魔！你們快死了！」、「我是世界上最強大的土石流！」孩子 分組透過靜像表演出小林村在暴風雨來前的寧靜、狂風驟雨橋斷水 急、屋倒人亡的慘狀。
場外之音	請學生自由走動，以了解更多莫拉克風災的資訊，遇到人便開口 説：「聽説土石流發生的那一天……」，學生説：「村子裡死了很 多人，全部的人都埋在土堆瓦礫中」、「聽説……那一天，很多人 被壓在水裡……」，許多學生熱絡的交談，也更清楚八八風災小林 村的空前慘重。

第二階段：展開行動

教師入戲	「這次八八風災，災情慘重，我擔任這次大內報社主編，準備針對這次土石流做一系列報導，請各位小記者到各地實際採訪專家學者、檳榔業者、災民、民宿業者……」老師胸前掛著大型名牌，搖身一變成了報社主編。
訪問	請學生當小記者分組採訪專家學者、檳榔業者、民宿業者、災民不同身分的人，並將訪問題目及回答內容寫下來。第一組小記者訪問專家學者：「如果土石流來了能躲哪裡？」「躲警察局或避難場所，記得往上跑。」第二組小記者訪問檳榔業者：「檳榔樹為什麼要種在山上？」「因為土地便宜。」第三組小記者訪問民宿業者：「為什麼要蓋民宿？」「因為美麗又賺錢」、「在山上如何招攬客人？」「拍廣告、推出優惠活動」。第四組小記者訪問災民未來是否想回小林村，災民異口同聲說：「對」！但是回得了嗎？當場跟學生討論了起來，有人主張可以，但也有人說不行，因為土石流會再來第二次。
設立標題	主編請小記者針對土石流的畫面以及今天的活動寫下報導的標題和宣導事項，每一組的小記者發揮創意，邊寫邊想寫下了令人驚豔的斗大標語：「砍棵樹、喪百命──恐怖『末』拉克，襲捲南臺灣」；「土石流不等於殺人魔！搶救生命靠你我！！今晚七點，三立大內 52 臺為您首播！！敬請期待！！」；「不要亂砍樹，預防土石流」；「土石流，殺百人──保護家庭我最行」。
焦點人物	教師戴上斗笠，搖身一變成為種檳榔樹的農人兼經營民宿業者，坐在椅子上接受學生們的提問。學生們的問題五花八門，其中問最多的是有關水土保持的問題，例如：「難道你不知道這樣會造成土石流？」、「你不怕土石流來你的性命不保？」但是民宿老闆回應自己的苦衷：「我也要賺錢才能活下去，沒有賣檳榔或開民宿，你叫我做什麼呢？」

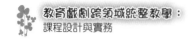
第三階段：結束行動

重要時刻	教師請學生圍成圈，逐一的説出內心裡的一句話，學生們説：「我今天才知道土石流有多恐怖」、「學到不可以亂砍樹，因為砍一棵樹會害死好幾百人」、「學到了要愛護山上所有的植物，才不會有世界末日的一天」、「學到砍棵樹喪百命，我想説土石流是很可怕的」、「學到了不可以亂破壞生態」、「不砍樹，我想説土石流out」、「知道了土石流的強大威脅，土石流的威力真可怕」、「學到了不能再破壞森林了，現在人命關天要愛惜地球」……。

教學反思與建議

教師的引導宜適切具體

以時間軸要學生分組呈現土石流前、中、後的場景，但學生表現土石流的威力偏限於屋毀樹倒的畫面，應該進一步引導思考人為破壞大於自然的破壞。接著請學生表現影片中印象最深刻的一幕或畫面，大部分的學生著墨於土石流的強大威力，可以請學生思考後續會發生什麼事？我們又應該如何防範於未然？

教師適時的介入很重要

訪問災民是否還想回小林村生活，很多學生都認為村民會想回去重建，不想搬走，老師立即引導大家來討論這個問題，有幾位學生很聰明，了解此處不宜久留，因為土石流會再來第二次。老師在此的及時介入是合適的。

建議與改進

小記者活動，學生很投入，但分組訪問題目及回答不夠深入，如果有時間可以考慮請其他人一起思考對策，或是引導學生進一步想像解決。亦可請學生當小記者採訪新聞後，再以習式「會議」來開會討論如何解決。

學生學習評量

第一階段：決定行動

    1. 學生能說出角色當時心中的想法。（思考軌跡）

    2. 能與同學分享自己對於該影片的想法。（場外之音）

第二階段：展開行動

    1. 學生能夠進入情境擔任小記者角色。（教師入戲）

    2. 各組能列出問題，並寫下答案。（訪問）

    3. 能與同學合作創作一篇新聞報導。（設立標題）

    4. 能針對土石流提出個人問題。（焦點人物）

第三階段：結束行動

    1. 能說出一句正向的觀點或是建議。（重要時刻）

教學感言

    學生觀看影片，再以分組討論與呈現，最精采的莫過於學生所下的創意標題：「砍棵樹、喪百命──恐怖『末』拉克，襲捲南臺灣」、「土石流不等於殺人魔！搶救生命靠你我！」相信這一場活潑多元的戲劇教學，學生已從當中體會到土石強大威力的可怕，更了解到愛惜地球、水土保持是刻不容緩的事。

教學參考資料

1. 鄭微宣、官廷霖（2010）。那些土石流教我的事：人與自然的互會。臺北市：天下文化。

2. 吞噬所到之處，直擊土石流瞬間

    http://www.youtube.com/watch? NR=1&v=WeHLc7ZwKdc&feature=endscreen

3. 正負 2℃（擷取 6:25～9:23 約三分鐘莫拉克風災）

4. 八八水災／小林村倖存者重現滅村經過

　　http://waterwatch.ngo.org.tw/node/4196

名稱：土石流？或土石留？

定鏡	**教師入戲**
請各組學生分別想像土石流發生前後幾個重要時刻畫面，學生呈現土石流發生的畫面。	教師說明待會兒會有報社主編即將來此採訪土石流新聞時，學生很專注的聆聽。
	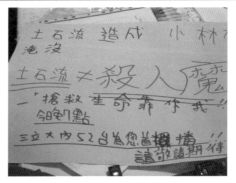
訪問	**設立標題**
分組進行角色扮演與訪問，大家都投入情境中，腦力激盪提筆寫出創意想法。	小組整理出新聞報導，以「土石流」為主所創作出的標題。

附件　土石流或土石留回饋單

我是：（　　　　）（　　　）號

1. 這堂課印象最深刻的活動是……為什麼？

2. 這堂課的重點是？

3. 我學到了什麼？我想說？

4. 過去和現在土石流頻傳，未來我決定要保護山河，請問你會做到哪些？

(1)＿＿＿＿＿＿＿＿＿＿＿＿＿＿＿＿＿＿＿＿＿＿＿＿＿＿＿＿＿＿＿＿＿＿＿＿＿

＿＿＿＿＿＿＿＿＿＿＿＿＿＿＿＿＿＿＿＿＿＿＿＿＿＿＿＿＿＿＿＿＿＿＿＿＿

(2)＿＿＿＿＿＿＿＿＿＿＿＿＿＿＿＿＿＿＿＿＿＿＿＿＿＿＿＿＿＿＿＿＿＿＿＿＿

＿＿＿＿＿＿＿＿＿＿＿＿＿＿＿＿＿＿＿＿＿＿＿＿＿＿＿＿＿＿＿＿＿＿＿＿＿

第三單元　公開的秘密

　　本單元主要在探討資訊發達的時代，透過網路搜尋或臉書的分享，我們很容易取得及分享一些資料，這樣的便利性讓個人的身分資料或影像在網路世界迅速的流傳開來，衍生出「人肉搜索」這個新名詞。無形中，我們個人的隱私資料曝光，或被不法人士利用，亦或自己也可能成為不尊重他人的散播者，面對這樣的環境我們可以教導孩子科技發明所帶來的利弊，並學會尊重他人的個資。

主題說明

　　隨著資訊科技的發達，現代人的生活型態及社會結構已產生巨大的改變。科技產品與電腦應用程式使生活更便利：網路購物、衛星導航、天氣預報……等，但若使用不得當，可能產生一些弊端，如：竊聽他人電話、針孔攝影、盜刷信用卡……等等。究竟科技進步帶來的是福還是禍？希望學生在大人發展便利、迅速、智慧的未來的同時，也能預先為保障個人隱私、資料安全、社會安定做準備。

課程設計架構

1. 採用模組：專家的外衣模組。
2. 各階段運用習式：
   (1) 第一階段：引發興趣——定鏡、集體圖像。
   (2) 第二階段：模擬情境——教師入戲、會議、專家的外衣。
   (3) 第三階段：角色扮演——論壇劇場。
   (4) 第四階段：表演——設立標題。
3. 教學時數：四節。

4. 教學要點：

(1) 關鍵問題：「人性科技手機」公司研發部門機密檔案被竊。

(2) 戲劇素材：手機功能、門禁讀卡機識別系統。

(3) 焦點問題：是否在公司裡全面裝設監視器。

(4) 主題事件的戲劇建構背景：

- 何人：「人性科技手機」公司員工。

- 何時：上班時間。

- 何地：公司裡。

- 因何：「人性科技手機」公司研發部門想要研發新式手機，以保障市場佔有率，並維持大家的就業機會。

- 為何：研發機密被竊，不知是否要在公司各處裝設監視器？

- 如何：學生在會議及論壇的過程中學會表達自己的想法，思索如何平衡一件事情的利弊。

(5) 教學準備：

- 識別證（老師和學生們各一張）。

- 相機或手機。

- 寫好新聞標題的長條海報紙（可上網教室免）。

- 海報紙（每組一長條）、簽字筆或彩色筆（每組一支）。

教學設計

第一階段：引發興趣（一節課）

流程與習式	內容與重點
定鏡	1. 請學生在空間中自由行走，聽到兩下鼓聲就在原地停止行走，做出生活中任一活動的定格動作，如：吃飯、開車、洗澡、與人打招呼……。定格時與自己對面、旁邊的同學從事同一件事的，可以在恢復行走前相互擊掌。 ＊教學小祕方：擊掌只是為了增加期待與創作的樂趣。

流程與習式	內容與重點
集體圖像	2. 根據教師指定的一個主題（例如：逛夜市、下課、公園裡），學生自發性一個一個進入畫面中，各自扮演一個角色，並做出動作，直到有臺上人數適中或教師認為已成為一個完整的畫面時即可停止。 ＊教學小祕方：提醒上臺參與的學生注意臺上畫面中的空間分布，讓肢體動作有低、中、高、前、後的層次變化。 3. 教師就剛才呈現的集體角色畫面中有「聊天」的肢體動作引導入今日上課主題，詢問學生現在的人大多使用什麼方式聊天？有人提出「手機」即可停止。
定鏡	4. 請學生們分組，討論手機有哪些功能並用肢體動作展現。各組上臺以定鏡呈現給全班看。

第二階段：模擬情境（一節課）

流程與習式	內容與重點
教師入戲 會議 專家的外衣	1. 師生都穿戴上識別證，教師入戲為「人性科技手機」公司研發部經理，學生們則為該部門工程師。經理召開會議，希望工程師們提供意見，研發具有新功能的手機，否則無法與其他廠牌競爭，有被炒魷魚的危機。將學生分成五組進行討論，請各組把討論好的意見寫在黑板上，每組派一人（以工程師的角色）上臺報告新的點子。老師（經理）表示將存檔轉交給公司設計部工程師，然後隨即擦掉，並交代工程師們，今天討論的是商業機密，絕對不可外洩。宣布散會後，拿掉識別證，教師出戲。
定鏡 對剪片斷 思考軌跡	2. 詢問學生，現在或未來的手機功能有許多，到底是好還是壞？將學生分為六組，由教師選擇手機三個功能，三組靜像呈現優點，三組靜像呈現缺點。分組呈現時，教師隨機輕拍任一角色肩膀，請角色說出當時想說的一句話。 ＊教學小祕方：呈現時，若有同一種功能分別呈現出優、缺點的二組可以一起靜止不動，請其他學生們坐著觀看、比較畫面中所傳達的意思。

第三階段：角色扮演（一節課）

流程與習式	內容與重點
教師入戲 會議 專家的外衣	1. 研發部經理再次召開緊急會議，因為之前討論的機密檔案存在光碟片中，被人偷走了！老闆決定要在公司內部全面裝設監視器，同時，也要在每道門入口裝設門禁讀卡機禁止非法闖入。請各位以專業背景提供意見，公司應採購哪一種識別系統的讀卡機最有安全保障。
論壇劇場	2. 經理聽完大家的意見後，接著說：「謝謝大家的意見，等一下我馬上去請老闆裁決。不過，話說回來，既然我們叫做『人性科技手機』公司，我倒是想要聽聽各位對於裝設監視器的看法。到底在公司裡全面裝設監視器好還是不好，請各位思考再發表。」一至二分鐘後，請學生發表意見並演出。最後，教師表示要把意見轉告老闆，然後教師出戲。 ＊教學小祕方：提醒學生要尊重、聆聽不同的意見，不可演變為吵架。

第四階段：表演（一節課）

流程與習式	內容與重點
新聞事件	1. 以新聞標題，如：「調查局官員手機遭竊，個資恐外洩」、「免費 window8 啟動程式任你載，小心個資全都露」、「美國能源部遭駭，員工資料外洩」、「廣告程式偽裝 APP，個資恐洩」、「線上刷卡易洩個資，最好貨到付款」……，說明個資外洩的嚴重及網路洩漏個資的危險。 ＊講述重點：老師可事先上網，使用關鍵字「個資外洩」搜尋新聞報導的文字檔或影片給學生看，讓學生體會個資外洩的嚴重性，並提醒學生注意這些媒體使用什麼標語讓觀眾留下深刻的印象。
設立標題 定鏡	2. 小組討論，在海報紙上寫下精簡、有力的一句標語，提醒大家保護個人資料、注意網路交易的安全。 3. 請學生用肢體動作和自創標語呈現一個靜像劇。 ＊教學小祕方：完成後的標題可張貼在教室或成為校園布告欄的醒目標語。

流程與習式	內容與重點
設立標題 定鏡	4. 學生若想不出標題，教師可提供一些參考的想法，如： ・不要開啟或瀏覽來路不明的郵件或程式。 ・定期更換帳號密碼。 ・使用後記得登出系統。 ・使用正版軟體。 ・網路交易使用資料加密。 ・定期更新防毒軟體版本。

課程教學實況

第一階段：引發興趣

定鏡	學生可以立即呈現。
集體圖像	進行「集體角色」這個暖身活動，需要學生一個個上臺加入演出，除了兩個學生很大方的上臺扭腰擺臀之外，其他的學生顯得很害羞，經過老師多次鼓勵與邀請，仍沒有學生敢上臺加入。所以當下老師馬上改變引導的方式，用他們最熟悉的「小組創作」給孩子時間去激盪與合作，果然創意就源源不絕了。老師給的主題是「機器」，每一組創作出來的「機器」都融合了不同的肢體動作組合，有一組表演得非常好笑（有上下扭動、有搖屁股與規律打屁股的動作），有動作有聲音，被全班公認可奪得創意滿分。
定鏡	小組成員能合作完成，展現各組的創意。

第二階段：模擬情境

教師入戲 會議 專家的外衣	學生對於要扮演一個專家的角色覺得很新鮮，在小組討論時很踴躍發言，他們所想到的產品新功能都很有創意。
定鏡 對剪片斷 思考軌跡	透過定鏡呈現出對剪畫面，讓學生在畫面的呈現中更清楚的了解手機功能的利弊。

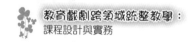
第三階段： 角色扮演

專家的外衣 論壇劇場	學生想到的辨識系統有讀卡機和指紋辨識系統，對於裝監視器的看法，大家都傾向要裝設，這是為了保障大家的智慧財產權。

第四階段：表演

新聞事件	舉一些實例讓學生更進一步了解個資保護的重要。
設立標題	讓學生進行個資保護「下標題加上小組靜像」的創作，各組除了創作一個標題之外，還要搭配一個和此標題有關的靜像畫面，學生創作的標題如下： 「個人隱私有保障　保護隱私有辦法」 「你我都保密　人人都安心」 「個資你我他　大家笑哈哈」 「個資保密不洩露」 「個資外洩脫光光　叫叫警察來幫忙」 從學生的靜像呈現當中，或用手勢打✕，或用手勢表示「噓」，教師覺得，他們對保護個資的重要性已有深刻的認識。

教學反思與建議

因勢利導

　　在創作標題時，學生很投入，除了想出標題外，他們還想美化海報紙。對於學生有興趣的活動，老師可以多給一些時間去完成。

對進行「集體圖像」習式建議

　　在看教案時，以往教學經驗讓教師覺得「集體圖像」這個習式不太容易進行，因要一個個上臺加入劇情呈現，大部分的學生還是會害羞，但教師還是想試試看學生的可能性，果真如教師所料，除了兩位較活潑的學生上臺表演外，等了許久，臺下觀望居多，任憑老師如何鼓勵與示範，都沒有人敢上臺，當下教師馬上調整成學生較熟悉的方式：先在臺下小組創作，再一組一組上臺呈現。果然創意湧現，小組同時上臺表演，學生較有安全感。

對進行「教師入戲」習式建議

　　教師入戲的教案設計原本有兩次入戲與出戲，感覺上學生會對教師和經理的角色錯亂，於是老師把教案修改成一次入戲，做深入的討論，讓學生以工程師的角色上臺發表想法，且和臺下同學互動，接著以員工在職教育訓練的方式教孩子個資保護的重要，類推到不能隨便洩漏公司的機密，否則公司沒開發新品，就會沒賺錢。

學生學習評量

第一階段：引發興趣

　　　　1. 能用肢體表現定鏡的畫面。（定鏡）

　　　　2. 能主動加入集體角色呈現。（集體圖像）

　　　　3. 能和小組合作用肢體表達手機具備的功能。（定鏡）

第二階段：模擬情境

　　　　1. 能扮演工程師的角色參與會議。（角色扮演）

　　　　2. 能和同學一起討論可以研發哪些手機新功能。（專家的外衣）

第三階段：角色扮演

　　　　1. 能將討論結果寫在黑板上。（專家的外衣）

　　　　2. 能聆聽同學上臺發表並與其互動。（論壇劇場）

第四階段：表演

　　　　1. 能為個資保護的重要性下標題。（設立標題）

　　　　2. 能為各組創作的標題組合一個靜像畫面。（定鏡）

教學感言

　　暖身活動的「集體角色」習式並不容易進行，主要是學生要一個一個加入，他們會因害羞而卻步，老師當機立斷，改成分組練習後再上臺呈現，學生就敢表演了，所以老師的引導方式要讓學生有安全感，他們就勇於嘗試，

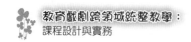

教師入戲、會議及論壇的習式，學生都很踴躍參與，應該是團體的氛圍有人帶動，就有團體動力。

在「人性科技手機公司研發新品討論會」這個活動中，每個學生化身為工程師，熱烈的討論新品手機要具備哪些功能，學生們研發的創意有：「增加 5D 透視設備」、「具備列印資料及相片的功能」、「手機具備遙控功能用來開關物品」、「透過辨識瞳孔、指紋和聲音，手機能認得主人是誰」、「利用手機的熱能來泡咖啡將水加熱」、「手機具有按摩及電風扇的功能，讓身體舒適」。

最有趣的是在防身方面就有三種不同的提案，如「增加防狼噴霧的功能」、「具備電擊棒的功能」、「按下手機的其中一個按鍵可以跑出瑞士刀來嚇阻壞人」。有一組提出「手機具有幫助作弊」的功能，引來一陣哄堂大笑，老師接納學生的點子，但提醒他們思考這樣的功能會不會因為父母或師長的反對讓公司銷售業績下降呢？

教學參考資料

1. 影片——全民公敵（Enemy of the State）
2. 銀行開戶個資問題

   http://www.youtube.com/watch? v=vLaqUsN5_FI
3. MSN 個資外洩新聞

   http://www.youtube.com/watch? v=ZA3TD-uTjz0
4. 誠品個資外洩新聞

   http://www.youtube.com/watch? v=XzN20YgILCs
5. 個資外洩網路如虎口動畫

   http://www.youtube.com/watch? feature=fvwp&v=Fc7EOCiZvtE&NR=1
6. 臉書個資外洩問題

   http://www.youtube.com/watch? feature=endscreen&v=MJSEa7H8cic&NR=1

7. 手機玩臉書個資全曝光

http://www.youtube.com/watch? v=oKjypk1pfRY

8. 個資保護法短片（含動畫）

http://www.youtube.com/watch? v=kTCuP_XF6sU&list=PLD92454712931744A

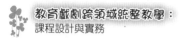

名稱：公開的祕密

專家的外衣	專家的外衣
各組學生扮演工程師，將研發手機新品的討論結果寫在黑板上。	各組學生將研發新手機的創意點子寫出來，接著請每組推派一名工程師上臺報告產品設計理念。

設立標題與定鏡	設立標題與定鏡
小組討論後在海報紙上寫下精簡、有力的一句話，提醒大家保護個人資料、注意網路交易的安全，並呈現靜像。	小組上臺呈現標題：「你我都保密，人人都安心」及定鏡。

第四單元　地球被綁架了

　　在日常生活中，人類常常為了方便而造成資源浪費。例如為了拿取物品方便就非常依賴塑膠袋，一趟夜市或市場逛下來，我們手中常拎了好多個塑膠袋，但其實很多是沒有必要的。本單元設計的目的，是先透過一週之內家人所使用的塑膠類產品用量統計，讓學生思考塑膠製品過量使用的危機。

主題說明

　　近幾年，在臺灣各地飲料店如雨後春筍般地到處林立，人們不自覺地大量的使用了塑膠杯、保麗龍杯來裝飲料。糕餅店業者為了避免食品受潮更採用單品包裝（如：點心、糖果、喜餅等），有的是為了刺激消費者的購買慾，就做了過度的包裝，喧賓奪主，幾乎取代了原來的主商品。塑膠類垃圾是不易分解的物體，有害環境動輒百年不止，但我們大多數人卻還是維持過量使用的不良習慣。是否該停下腳步好好思索這個問題對未來生活所造成的影響？激發出一點實際的行動來改變這種現況呢？

課程設計架構

1. 採用模組：專家的外衣模組。

2. 各階段運用習式：

　　(1) 第一階段：引發興趣——訪問、定鏡、百寶箱、立場選擇。

　　(2) 第二階段：模擬情境——專家的外衣。

　　(3) 第三階段：角色扮演——集體角色、會議。

　　(4) 第四階段：表演——小組演繹、畫圖。

3. 教學時數：四節。

4. 教學要點：

(1) 關鍵問題：塑膠袋及飲料杯所造成的環境威脅。

(2) 戲劇素材：公視新聞——「海洋淨灘日」。

(3) 焦點問題：如何減少塑膠類的垃圾量，善用地球環境資源。

(4) 主題事件的戲劇建構背景：

．何人：海洋生物。

．何時：2012 年。

．何地：海邊、海底。

．因何：人類過量使用塑膠製品，造成海洋生物誤食喪命。

．為何：思索如何改變目前的生活習慣，以利生態保育。

．如何：透過會議習式，讓學生思考及討論塑料危機。

(5) 教學準備：

電腦投影設備（電腦中需準備好影片素材）、音響設備、四張全開不同顏色的壁報紙、彩色筆兩盒。

教學設計

第一階段：引發興趣（一節課）

流程與習式	內容與重點
塑膠類調查表訪問	1. 上課前一週請學生回家先調查家人使用塑膠類製品的習慣（什麼情況下會使用），並以統計調查表記錄一週下來家人共用了多少個塑膠類產品。抽幾位學生訪問其塑膠類產品之類別。 2. 老師播放影片「海洋淨灘日」，讓學生知道目前塑膠垃圾對地球的危害，並針對影片內容提問問題，以了解學生是否理解影片內容。

流程與習式	內容與重點
暖身活動	3. 請學生在教室空間中自由走動，聽到老師拍鈴鼓聲時，做出教師指定的動作。指令依序為：「現在請你自由的在空間中走動，並盡量探索這個空間，到這個空間不同的地方走一走。接著，想像我們的最外圍有一條線正逐漸綑綁我們，隨著搖鈴鼓的聲音我們愈靠愈近、愈靠愈近，愈靠愈擠、愈靠愈擠。」讓學生體會被捆綁的感覺，教師視學生緊靠的情況擊鼓兩聲讓學生停止動作。 ＊教學小祕方：讓學生體會身體逐漸遭受侷限、不自由的感受，但注意避免學生開玩笑、推擠而受傷。
定鏡	4. 請學生先放鬆肢體，接著讓學生嘗試做出下列靜像畫面，單人靜像：「生病」、「快樂」、「自由」、「綑綁」；雙人靜像：「塑膠袋」、「杯子」、「折疊椅」。 ＊教學重點：要學生做出的靜像動作，盡量與主題（塑膠製品）相關，老師可再多想幾個。
百寶箱	5. 老師在地上鋪一塊布，上面放著飲料杯、保特瓶、塑膠袋（多幾種樣式，如：全聯福利中心或美華泰的袋子、紅白條紋塑膠袋、裝飲料的袋子、產品的塑膠包裝……等），以及可重複使用的購物袋、環保杯等東西。教師提問： (1) 在生活中什麼時候會用到這些東西？ (2) 使用這些東西長久下來會造成什麼後果？ (3) 消費的習慣不同是否會影響地球的永續發展？
立場選擇	6. 老師事先在地上用紅白膠帶貼好兩條直線，分別為紅線及白線。 (1) 紅線代表家人一週累積的塑膠製品用量，紅線兩端分別為「環保」及「過量」，請學生就自己一週的調查結果站在紅線適當的地方。 (2) 白線代表自己對塑膠類製品的使用習慣是否需要改善，白線兩端分別為「不需改善」、「極待改進」，請學生就自己一週使用的塑膠袋或飲料杯情況，反思是否需要改善，並站在白線上適合的位置。當學生選擇位置有疑惑時，老師適時協助學生站在適當的地方。

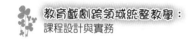
第二階段：模擬情境（兩節課）

流程與習式	內容與重點
課程進行方式說明	1. 教師告訴學生，為了地球永續發展，將邀請專家與大家召開「地球永續發展會議」。
專家的外衣	2. 事先安排四位學生扮演專家角色：荒野保護協會代表、主婦聯盟代表、市長、研究海洋生態權威的教授。並和全班探討這四位專家平常的工作內容。 *教學小祕方：一定要先讓全班共同討論四位專家的工作內容，讓全班學生都對專家有基礎了解，也讓接下來要入戲為專家的學生能更清楚扮演的角色（除全班討論外，四位要入戲的學生要事先給予角色卡讓他們準備）。 *教學重點：老師要充分解釋每個角色的特點，以協助學生能快速掌握扮演的祕訣。
集體角色	3. 將全班學生分成四組（扮演專家者除外），四組分別扮演下列四種居民角色： (1) 常會用塑膠製品的商家：夜市或市場的小販、飲料店老闆……等。 (2) 有環保觀念的商家：使用紙袋裝物品、客人需用塑膠袋要付費、自備環保杯買飲料打九折……等。 (3) 沒有環保觀念的居民：用完即丟，從不做回收分類。 (4) 有環保觀念的居民：出門會自備購物袋、環保杯，塑膠袋會重複使用，垃圾會分類。 *教學小祕方：分配好角色後，讓這四組同學討論如何就自己的立場來參與會議，要表達角色的觀點。

第三階段：角色扮演（一節課）

流程與習式	內容與重點
會議 角色扮演	1. 由教師擔任「地球永續發展會議」主持人，扮演專家的小朋友坐在臺前，和臺下的居民互相溝通。 *教學小祕方：如活動結束還有時間，可在此時欣賞影片：「塑料成癮」或「塑膠環保新趨勢」讓學生對塑料危機更深刻。

第四階段：表演（一節課）

流程與習式	內容與重點
分組表演活動 小組演繹	1. 請每組依據下列提示，建構出「被污染的海洋環境」： (1) 水草、珊瑚等植物。 (2) 各式海底生物（有些誤食塑膠製品而喪命）。 (3) 海灘及海底的塑膠垃圾。
畫圖	2. 每組設計一張海報，主題是「塑膠袋、飲料杯 bye-bye」，海報內容需包含至少五樣具體作法（如出門自備開水、餐具、飲料杯；買生日蛋糕不拿塑膠叉子……等）。 3. 表演呈現海報中的故事。 4. 各組上臺發表海報的創意構思，臺下的教師和同學當評審，給各組的優點予以鼓勵。

課程教學實況

第一階段：引發興趣

訪問	學生拿出事先完成的調查表，教師抽幾位學生與大家分享調查表內容，發現大部分家庭使用塑膠製品的頻率都頗多。
定鏡	教師請學生在空間中自由走動，聽到教師敲擊鈴鼓兩下後定格做出指定動作：包含寶特瓶、塑膠水杯、包裝袋、膠帶。每次定格後，教師都選出最有特色的動作請全班共同欣賞，研究同學們如何以手、腳的姿態呈現物品的特色：有使用過的、完整的、被丟棄的、揉過的……等。接著進行兩人一組的靜像組合：(1) 杯子與吸管；(2) 海面上的塑膠杯與水鳥；(3) 悠游的魚、魚肚裡的垃圾。學生延續個人定格動作的創意，更能善加利用兩人的手腳張合、曲直、位置、姿態呈現不同的畫面，並一步步把學生拉入課程主題——塑膠垃圾。
百寶箱	教師在地上鋪一塊布，從事先準備好的垃圾袋中，一一拿出自己家中過去一星期來使用的塑膠製品放在布上，並讓學生發表想像在什麼情況下會有這些物品：蛋盒、飲料罐（杯）、玩具包裝袋（盒）、塑膠袋……。蛋盒——學生甲：「啊！我們家也有耶！」學生乙：「我們家的是深灰色的紙做成的蛋盒」。玩具包裝盒——

百寶箱	學生甲：「外盒是塑膠的，裡面還有一層塑膠袋，都是塑膠耶！」數量之多，讓學生能深切感受到一個小家庭一星期就足以製造如此多的垃圾。
立場選擇	教師請學生分組在海報上寫出生活中的塑膠製品，完成後分組發表，品項與其他組有重複者就刪去，最後比較哪一組剩餘的答案最多。學生們想到的答案種類繁多，如：玩具汽車外殼、機車殼、電腦主機機殼面板、化妝品罐子……等，使學生對日常生活塑膠類製品使用之頻繁感覺加深。接著教師以貼好在地上的紅白線，利用舞臺前的五隻小熊圖像，請學生根據自己家人一週來消費累積使用的塑膠製品數量，自認為「環保」的，站在右邊的白線第一隻小熊前，「還好」的站在第二隻小熊前，依此類推，最左邊的紅線代表「過量」。大部分學生都站在三與四，顯示學生們自認自己家人所製造的塑膠垃圾稍多。

第二階段：模擬情境

專家的外衣	進入「專家的外衣」習式前，教師先詢問：「到底是誰綁架了地球？」學生回答：「人類為了滿足自己的需求、慾望，所以製造了許多垃圾」、「我們為了方便自己，污染了地球」教師再詢問：「用什麼綁架了地球？」學生回答：「工廠廢氣」、「污水」、「塑膠類」。教師順勢深入提問塑膠類的污染問題，學生紛紛發表：「一千年才能分解」、「分解會造成土染污染」……。接著教師請三位學生扮演專家角色（於上節課後就選定預計扮演專家的學生，並提供角色卡，註明角色名稱、觀點與臺詞等資料，讓學生可於扮演前先行蒐集資料）到講臺上，由教師分別介紹他們的角色名稱，並帶著學生一起討論該角色應該會有什麼觀點及看法。一開始學生對「荒野保護協會代表」、「主婦聯盟代表」這兩種角色較不熟悉，針對這兩種角色沒太多的發表，需要教師再引導。

第三階段：角色扮演

集體角色	其餘學生則分成四組擔任居民角色，分別是「常用塑膠製品的商家」、「有環保觀念的商家」、「沒有環保觀念的居民」、「有環保觀念的居民」。學生分組後開始討論角色特性及立場，以及要如何針對自己的立場來參與會議，該說什麼話。發給各組一張海報紙進行討論記錄，但分組後有學生開始開玩笑，未認真討論如何表達自己的觀點，教師需從旁提醒及輪流至各組指導。各組討論時，飾演專家角色的三位學生拿著提示卡很認真在模擬角色的聲音、語調等。
會議	教師在海報立牌上貼上「地球永續發展會議」幾個大字，召開會議的情境營造得很逼真，接著擔任主持人，告訴學生為了地球永續發展，要邀請專家跟居民召開會議。 四位專家坐到臺前，開始召開專家會議。擔任市長的學生很有架勢，操著臺灣國語的口音，提議今天會議的主題是使用塑膠袋要多收費。專家主婦聯盟代表開始發聲，很投入地說個不停，表示自己身為主婦是如何的需要塑膠袋；研究海洋生態的博士則流暢地說出角色卡內容，說明海洋污染的嚴重性。輪到居民發言時，因之前的討論不是很認真，發言並不能很切題。甚至有人不相信同學扮演的專家，開起玩笑，教師立刻制止，要這一組的學生站起來，原地慢慢轉三圈，坐下後成為指定的角色，之後，會議的氣氛才漸漸形成。 「有環保觀念的居民」這一組一直很稱職，可以在戲劇情境中思考與對話。以下是市長與他們的對話：「去市場買菜，也可以用樹葉包啊！」「樹會砍光ㄟ！」「又沒叫你砍樹，摘樹葉就好！」「那我們就不反對了。但是，樹葉有可能受到污染啊！怎麼包食物？」「主婦聯盟代表」一再重申塑膠袋對主婦真的很方便，「魚販」則表示塑膠袋能保鮮。所有在場的人都認為塑膠袋不可或缺，倒是忽略要回到會議的主題：使用塑膠袋要多收費。主持人做出結論：「那如果使用塑膠袋會造成身體傷害，你會繼續使用嗎？」學生們稍沉默，主持人趁勢再問：「贊成少用塑膠製品嗎？」學生們紛紛點頭表示同意。

第四階段：表演

小組演繹	先將學生進行分組，學生經過討論後都能將教師指定「被污染的海洋環境」中所含的場景或生物表演出來，有學生模擬水鳥吞食垃圾的情景，教師請模擬水鳥的學生發表感受，學生表示：「痛苦」、「難以呼吸」，還會表現出痛苦而抽動著。但學生表現出來的都是動物因誤食塑膠而產生不適，沒有表現植物因塑膠製品所造成的危害，例如：水草被塑膠袋纏繞，珊瑚被塑膠袋覆蓋等情況，這部分可再多點引導。
畫圖	海報製作及發表，呼籲大家減少使用塑膠製品。各組都能在規定的時間內發揮創意及美術專長，製作出主題明確的海報。下課前，教師請學生們回想自己是否用心參與今天的活動，接著明確告訴學生們：「誰綁架了地球？是『人類』綁架了地球，而『我們』就是『人類』。態度可以決定及改變未來，不要小看自己的力量！」為課程做一個完整的結束。

教學反思與建議

專家的外衣有訣竅

　　「專家的外衣」是老師課前最擔心的部分，一來是第一次嘗試這種習式，二來無法掌握學生狀況，整場「專家的外衣」下來，自覺心虛。事後想想，因為自己的心虛反而導致活動無法流暢，所以體認到老師的信心對主導課程來說很是重要。除上述的原因外，與專家教師討論後發現還漏了一個重要步驟，就是「先和全班討論專家平常的工作內容」，導致雖然給了飾演專家的學生「角色卡」，也和專家說明角色卡內容，專家卻無法如預期表現。

教師信心影響上課品質

　　這堂課最大的省思是，教師對課程的信心度會影響課程進行，因學生課堂中變因很多，就算上同樣的課程，面臨不同的班級、不同的學生，也會有不同的成果展現。但教師對課程的「信心度」不足時，就算面對聰穎的學生，也會無法達成教學目標。教育戲劇實施時要用堅定的語氣進行，讓學生

藉由「相信」戲劇，達到我們要傳達的目標。深覺教師對教材的了解、教學
的準備，有助於提升教學的自信。

學生學習評量

第一階段：決定行動

    1. 能統計出一周家庭塑膠量。（訪問）

    2. 能依教師指令做出動作。（定鏡）

    3. 能依一週紀錄選擇適合之觀點位置。（觀點與角度）

第二階段：模擬情境

    1. 能討論出專家角色之工作內容。（專家的外衣）

第三階段：角色扮演

    1. 能針對角色提出問題。（集體角色）

    2. 能以所詮釋之角色回答問題。（會議）

第四階段：表演

    1. 能根據塑料問題以及興演出小組看法。（小組演繹）

    2. 能完成「塑膠袋、飲料杯 bye-bye」海報製作。（畫圖）

教學感言

    透過家庭一週塑膠用品的蒐集，驚覺塑膠製品真的很多。現在人類傷害
許許多多的海洋、海邊生物，但因食物鏈的關係，將來一定會回過來傷害到
人類自己。透過這堂課，發現許多事真的需放長遠點看，而不能只圖一時方
便，破壞了環境。

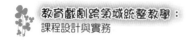
教學參考資料

1. 公視新聞——海洋淨灘日

   http://www.youtube.com/watch? v=wzhrRiJ9Kk8

2. 塑料成癮

   http://www.youtube.com/watch? v=jkNTlXzIV8E

3. 大愛電視臺——塑膠環保新趨勢

   http://www.youtube.com/watch? v=QdECxqsN09I&feature=related

名稱：地球被綁架了

百寶箱 學生根據袋中所拿出來的塑膠製品檢視自己家中之塑膠用量。	**畫圖** 學生分組設計減用塑膠製品海報並發表。

定鏡 兩個人一組以靜像做出教師指定的塑膠製品。	**立場選擇** 學生選擇家庭塑膠袋用量所代表的小熊位置。

Chapter 6

藝術與人文學習領域的課程設計
與教學實務

第一單元　美，就在你身邊！

　　本課程以學生的生活周遭環境建築為主軸，透過介紹建築物讓學生進行想像公共空間的藝術創作，讓孩子從過程中發現「美，就在身邊」，佐以創意的建築影片欣賞，讓學生們了解一點巧思就可以增加生活趣味。教師事先蒐集一些創意建築的影片，用數位相機拍幾張學生生活周遭的公共藝術創作照片做為教學資源。若當地較少現代公共藝術創作品，廟宇是另一種選擇，廟堂中的牆上壁畫，是學習古人美化環境的一種模式，讓學生從照片中可以延伸學習。

主題說明

　　未來的生活內容應該會漸漸跳脫「時間即金錢」與「工作即責任」這兩項資本主義精神的核心與社會特徵，人們在這樣的文化氛圍中，能以更自由的節奏來生活與工作、在喜愛的地方投入熱情、集合群體能量、共同展現想像力、創造出令人驚豔的好東西。

　　校園的角落也是最佳場所，尤其將小角落放大之後，往往有意想不到的效果，也讓學生更貼近生活，從不同的角度去欣賞，建構不同的美感經驗。接著，讓孩子們用肢體創作裝置藝術的作品，學生針對家鄉的角

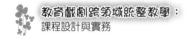

落設計公共藝術品呈現進行討論與創作。

課程設計架構

1. 採用模組：戲劇理解模組。

2. 各階段運用習式：

(1) 第一階段：決定行動——報導文學、巡迴戲劇。

(2) 第二階段：展開行動——默劇活動、集體角色、畫圖。

(3) 第三階段：結束行動——思考軌跡。

3. 教學時數：三節。

4. 教學要點：

(1) 關鍵問題：運用敏銳的觀察力隨時發現身邊「美」的人、事、物。

(2) 戲劇素材：影片、照片。

(3) 焦點問題：學習用五官感覺了解生活中的「美景」之處。

(4) 主題事件的戲劇建構背景：

· 何人：民眾及設計師。

· 何時：家鄉中的一天。

· 何地：公共藝術設計發表會。

· 因何：設計公共藝術品。

· 為何：家鄉中的角落堆滿了雜物，遊客經過之後不會停留。

· 如何：透過觀察、小組討論共同設計出公共藝術品，展現出「美在你身邊」的體驗。

(5) 教學準備：

半開壁報紙六張、彩色筆三盒、照片、影片；製作簡報、電腦、單槍投影。

教學設計

第一階段：決定行動（一節課）

流程與習式	內容與重點
報導文學	1. 讓學生蒐集認為美的照片或圖片（上網蒐尋、書本資料、自己拍照均可，蒐集的圖片包含建築之美或動植物之美，盡量多一些特寫照片）。 ＊教學小祕方：教師應事先進行照片的蒐集，或利用假期作業讓學生事先蒐集。
巡迴戲劇	2. 教師播放簡報前，讓學生說說校園中的故事；接著播放照片，請學生上臺分享圖片中美的地方，並說明「認為美的原因」，然後請學生進行想像力練習，隨機分組演出對照片的想法。「你認為這看起來像……？請用一小段戲劇表現，可以加入臺詞內容，加深大家印象。」 ＊教學小祕方：教師提醒學生發表想法前要先舉手，將照片投影放大之後，讓學生直接站在投影片前表演。 3. 老師歸納大家的發表內容，統整出美的要素，例如：排列方式、材質運用……。 ＊教學小祕方：教師可參考教學資料《美的原則》一書。

第二階段：展開行動（1.5 節課）

流程與習式	內容與重點
默劇活動	1. 教師與學生談談校園中的景物，接著進行想像儀式，例如：「神社是一個發生最多故事的地方。」「請問你認為在日治時期，如果總督來到這裡，他們會進行什麼活動？想到的請進入圓圈中準備呈現。」 ＊教學小祕方：教師請未想到的學生扮演圍觀群眾或圍籬。
集體角色	2. 小組扮演公共藝術設計師，討論整個生活環境周遭是否有需要進行改造之處？例如：校園中的角落、重要的政府機關、每天必經之路……。

流程與習式	內容與重點
集體角色	＊教學小祕方：教師下課時讓學生找尋特寫畫面在校園的哪一個角落：如花臺、磁磚花紋……等。 3. 針對這個區域，進行粗略的分析，教師提問：「這裡需要什麼公共藝術品來改善？」「這個作品是平面還是立體的？」「妳覺得這件作品的位置是？」
畫圖	4. 小組討論生活周遭環境需要進行改造之處或加入何種藝術創意元素？

第三階段：結束行動（0.5 節課）

流程與習式	內容與重點
思考軌跡	1. 請小組依據討論內容將公共藝術品以肢體表現。 ＊教學小祕方：教師請學生將小組設計的公共藝術品以肢體表演。 2. 請學生分享「美」在哪裡？學到如何觀察美的事物？ 3. 教師歸納美的十個原則：連續、漸變、對稱、對比、比例、平衡、調和、律動、統一、完整。

課程教學實況

第一階段：決定行動

報導文學	展示大內區的照片，老師逐一介紹大內的各景觀，如圖書館、果菜市場、郵局，請學生想像及建議如何把郵局美化加上藝術？如何美化社區關懷中心？全班學生踴躍表達自己想法，如掛燈籠，雕塑、畫畫……。學生很有反應，會說「這是楊仔那裡！」、「這是學校外面……」、「這是市場那一條路……」。
巡迴戲劇	展示校園中的角落，讓學生可以想像角落裡的造型可以想像為……？將學生分兩大組，同學很專注的討論校園的角落，會問老師是否可以多人同時做一個動作，或是也可以自己做。一組演坐電梯的開開關關，另一組觀賞；學生一群人假裝走進去電梯，突然發出聲音，其中最後進入的一位，馬上退出來說：「對不起、對不起！」，結果其他人說「沒關係，等下一次……」，接著另一組演出將突出的露臺假裝是啞鈴，大家笑成一團。

第二階段：展開行動

默劇活動	儀式：老師引導想像一下以前這裡會進行什麼儀式？猜到的學生請到教室中間做出默劇的儀式活動，想不到的學生在外面圍成一排做圍籬，老師從二十倒數到零，學生完成移位。
集體角色	請學生扮演公共藝術設計師，觀察大內國小的磚頭圍牆有哪些顏色？後側圍牆的公共藝術的植栽被車撞破了，如何修補？學生回答：「可以畫可愛的圖畫，可以砌漂亮的牆並寫上停車場或全部拆掉重新漆成白色」；大內神社超過一百年，為何被保留？請學生思考發表如何改善……。
畫圖	有一組畫圖時嘻嘻哈哈，遭別組制止，內容好像有些不太正經。另一組也笑得很大聲，原來是有人要畫尿尿小童，老師問適合嗎？結果沒人同意，最後演變成會尿出果汁的尿尿小童。還有一組討論出來的辣妹雕像，最後被「水龍頭阿嬤」影響，畫成一個流浪漢。

第三階段：結束行動

思考軌跡	請學生回饋：可以積極改善大內每個角落、學會如何改造大內、把破舊的地方改造、知道大內很美的地方，如：神社。從不同的點可以看到大內的美、更仔細觀察大內的美和需要改善的地方、發現大內有的小地方很美，如：水溝蓋。學會欣賞花、廣場、神社……；學生認為自己學會聆聽及發表意見是很愉快的事、可以欣賞學校的美與不足，例如：太陽能板的美、不管多小的角落只要用心看都會很美。老師總結人也是一樣，只要用心也會找到很美的地方。

教學反思與建議

　　整個活動過程還算流暢，只是在應用教育戲劇技巧方面，感覺著墨較少，但是透過戲劇策略能夠有效的增進學生運用想像力理解，解決現有環境公共藝術品缺乏的問題。若教師多鼓勵學生對環境進行觀察將有助於學生對周遭事物的關心。

　　學生在下課時，仍在找圖中的點狀的美感，一個是植物一是圍牆。直線的排列、橫線的排列美感，學生多數無法找到，只有花圃中的植物比較醒目，建議可以提供學生尋找的方向。

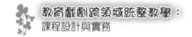
　　另展示照片時，因為已經顧慮到學生對於身邊的事物總是「視而不見」，因此嘗試著小題大作，建議配合集點的活動，讓學生勇於發表，可能會有不錯的效果。

學生學習評量

第一階段：決定行動

　　　　1. 能觀看簡報圖片後和他人交換訊息。（報導文學）

　　　　2. 能和小組合作呈現畫面並表達想法。（巡迴戲劇）

第二階段：展開行動

　　　　1. 能參與想像過去校園中發生的活動。（默劇活動）

　　　　2. 能扮演指定的角色。（集體角色）

　　　　3. 能合作完成海報。（畫圖）

第三階段：結束行動

　　　　1. 能小組合作以肢體表現討論結果。（思考軌跡）

教學感言

　　學生一開始因為是寒假的關係顯得有點散漫，所以老師透過說故事讓學生凝聚注意力，效果很不錯，雖然故事的內容可信度不高，但還是引起學生的注意，果然八卦消息是每個年齡層都喜歡的活動。

　　學生下課後提到他們所學到的，「從小地方也可以看到美」、「美不是只有在畫裡，很多看得到的地方都有美的感覺……」、「我們可以練習改變生活的地方，可以……變美」，「我們每天都經過那裡，看到圖片才認真找，平常就有，只是沒注意到原來它們很美！」

　　其實，學生得到鼓勵時，轉換的能力很強，原本被反對的點子，有時候也轉為有創意的表現，而學生們能說出美的意義，令老師印象深刻，而這也是老師從學生身上學到最棒的一課。

教學參考資料

1. http://future.nccu.edu.tw/aca/super_pages.php? ID=intro7

2. http://vr.theatre.ntu.edu.tw/hlee/course/th8_140/th8_140e1.htm

3. http://www.wretch.cc/blog/expo990159/11114161

4. 2011 樂高臺灣創意繽紛秀＆臺灣特色

   http://www.youtube.com/watch? v=WstsNeA2WBY&feature=related

5. 世界各地超級創意建築（2'19"）

   http://www.youtube.com/watch? v=6PN0MTt8B0c&feature=related

6. 節省空間處處機關非常創意室內設計

   http://www.youtube.com/watch? v=dpfvtdXV5FI&feature=related

7. 日本神奇三合一洗手盆

   http://www.youtube.com/watch? v=82IVggVPxsI&feature=related

8. 臺南旅遊網海安路藝術街

   http://tainancity.tw/index_m.php? ptype=ieb_c&L3_id=42853

名稱：美，就在你身邊！

巡迴戲劇 將校園中的角落影像投影出來，學生表演創意電梯的情形。	**默劇活動** 在神社裡的儀式有哪些呢？不同小組展現了各式的民俗膜拜儀式。

畫圖 小組討論如何改造大內區的角落，學生透過文或圖的表達，具體的描繪出來。	**思考軌跡** 教師誇讚學生所創作的設計，公共藝術品兼具實用性很棒！

第二單元　名畫的對話

　　本單元主要在透過欣賞四幅名畫的欣賞，讓學生了解時代背景不同，人們發展出不同的價值觀。以跨時空的藝術品為主軸，由中國明代文人畫家唐伯虎的「嫦娥」、日本喜多川哥麿的藝妓畫像，了解東方色彩的女人畫像有哪些特別之處；再從西方畫家維梅爾「持秤的女人」、達利的「時間之女」等作品中，了解西方藝術家以女性形象所展現的思想。

主題說明

　　透過四幅畫作創作地點和創作年代的不同（創作地點分別在中國、日本、荷蘭及西班牙；創作年代分別是 1470～1524 年；1793 年左右；1664 年左右；1973～1984 年），讓學生體會作品的主題雖然都是女性，畫家巧妙的讓畫中人物手持不同物件以表達作者當時的內在想法。經由集體角色的扮演，讓學生延伸思索這些名畫中角色所代表的意涵，嘗試和這些名畫對話。

課程設計架構

1. 採用模組：戲劇理解模組。
2. 各階段運用習式：
   (1) 第一階段：決定行動——定鏡。
   (2) 第二階段：展開行動——關鍵事件、思考軌跡。
   (3) 第三階段：結束行動——時間線。
3. 教學時數：四節。
4. 教學要點：
   (1) 關鍵問題：這些名畫即將進行拍賣，從作品的表現內容如何排列呈現的先後順序？

(2) 戲劇素材：名畫作品的彩色圖片（節錄自畫冊）。

(3) 焦點問題：從名畫中分析當時藝術家創作的意涵，陳述名畫的價值，了解作品的意義。

(4) 主題事件的戲劇建構背景：

- 何人：唐伯虎、喜多川哥麿、維梅爾、達利。

- 何時：拍賣會執行前夕。

- 何地：拍賣會現場前置會議室。

- 因何：要如何排列呈現這些作品，才能顯現最大的價值？

- 為何：拍賣會中年代越久的藝術品越值錢，討論畫作可能傳達繪者的何種想法。

- 如何：學生透過畫作中的人物表情、手持物件、背景等資訊學習解讀畫作所代表的意義，並了解不同時代不同國家的繪者對於同樣的人物主題有不一樣的表現手法。

(5) 教學準備：

真實的扇子、桂花樹枝、玫瑰花、秤、名畫的圖片。

教學設計

第一階段：決定行動（1.5 節課）

流程與習式	內容與重點
教師引起動機	1. 教師詢問學生是否看過拍賣會的現場？如果有，請學生分享拍賣的物件及過程。 ＊講述重點：學生若無經驗，請教師拿出一張圖片，問學生如果是百萬富翁，現在這幅名畫要拍賣，買了之後可以增值，請大家進行喊價，讓學生體驗簡單的拍賣氣氛。 2. 拍賣藝術作品中，有許多細微的技巧，其中，拍賣品的先後順序會影響價格，所以接下來要請同學擔任拍賣之前重要的「鑑價」角色，評估這些作品的價值，並且決定這些作品呈現的先後順序。

流程與習式	內容與重點
教師呈現藝術品的照片	3. 教師秀出其他本次要拍賣的物件，有三幅圖畫及一件雕塑品：(1)中國明代唐伯虎的「嫦娥」；(2)日本喜多川哥麿的藝妓畫像、(3)西方畫家維梅爾「持秤的女人」、(4)達利的「時間之女」。
定鏡	4. 老師先讓學生輪流上臺看這四幅畫，之後將學生分成四組，每一組發給四個物件：扇子、桂花樹枝、玫瑰花、秤，請各小組呈現畫中四位女子的靜像畫面，提醒學生組合這四位女子的靜像要注意姿勢的高低。 （註：中國唐伯虎的「嫦娥」有題詩，女人手中有桂花枝條、摺扇。日本喜多川哥麿的藝妓女人畫像有團扇題詩。荷蘭畫家維梅爾「持秤的女人」手中有空秤，背後有審判圖。西班牙達利的「時間之女」，手中持有玫瑰花。）

第二階段：展開行動（1.5 節課）

流程與習式	內容與重點
討論照片中的物件代表的意義	1. 讓學生分組討論四個女人手持物可能代表的意義，將討論結果寫在紙上，各組上臺發表。 2. 老師就所查到的資料告訴學生四個女人手持物可能代表的意義： (1) 中國唐伯虎的詩，寫出仕途不如意，女人手中的桂花枝條、摺扇，或許表示考試作弊，其實是被朋友牽連而感到委屈，也或許是真的？所以索性不入仕途不做官，風流人間。 (2) 日本喜多川哥麿的藝妓女人畫像有團扇題詩。這個藝妓是當時最紅的明星，團扇中的海港就是當時繁榮景象，而藝妓是不能結婚的，他是否有可能愛上船員呢？所以他請畫家將愛人的船停泊在團扇上。 (3) 荷蘭畫家維梅爾「持秤的女人」中的女人懷有身孕，手上卻拿著空的秤，背後有審判圖，好像顯現出當時社會批判的議題，又或者，這是否代表著他的第十一個孩子？ (4) 西班牙達利的「時間之女」，手中持有玫瑰花。他深愛的老婆卡拉大他九歲，父親並不看好他們的婚姻，但是達利最後選擇原諒父親，並與卡拉努力經營婚姻。而在創作這個作品的過程中，他的愛人過世了，留下的是他對美的感覺，扭曲的時鐘是否意味著他希望時間不存在呢？他想說什麼？

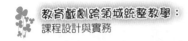

流程與習式	內容與重點
關鍵事件	3. 請每一小組抽籤，各組抽一位畫家的作品並選一位學生扮演畫中的角色，其他同學可扮演角色內心的掙扎，並且選定關鍵時刻進行小組創作。
思考軌跡	4. 各組上臺呈現，老師點到學生的肩膀時，請學生就自己扮演的角色說一句話。

第三階段：結束行動（一節課）

流程與習式	內容與重點
時間線	1. 教師與學生共同決定出作品的序號，以投票表決方式進行，票數少的在前面，票數多的在後面。 2. 教師透過時間軸線，可再與學生確認名畫的價值。 3. 請學生發表今日活動感想。

課程教學實況

第一階段：決定行動

定鏡	當老師發下扇子、桂花樹枝、玫瑰花、秤給各組學生時，學生都很興奮的玩起來，上臺呈現也很大方。

第二階段：展開行動

關鍵事件	要扮演角色的內心世界對孩子來說新奇有趣。
思考軌跡	有些學生被老師點到肩膀時可以很快的說出一句話，有些學生則要思考一下才說。

第三階段：結束行動

時間線	學生透過每一幅畫完成的年代去推估現今可能具有的價值，從中體驗作品的年代距今愈遠愈值錢的想法。

教學反思與建議

有趣的模仿

　　讓學生拿著道具模仿畫中人物的動作，學生都很興奮，眉飛色舞大玩起來。各組學生在臺上進行靜像呈現時，都能形成一個緊湊的畫面，動作和神情也都模仿得唯妙唯肖。

想像力豐富

　　學生對畫作中主角手持物品的賞析泰半來自生活經驗的演繹。第一幅畫右上角的詩句中有「廣寒宮」及「嫦娥」的字樣，學生很自然的把嫦娥的重要關係人——后羿，拉進來解釋嫦娥的想法。第二幅藝妓女人手中那把扇子裡有船在海上航行的圖案，船在遼闊的水域中似乎漸行漸遠，此景讓學生產生了「思念與平安」的解釋。第三幅女人手中持秤，桌上有一個打開的珠寶盒，學生以物件功能性（秤可以秤出總重量並等分的概念）的想法來解釋秤的意義。第四幅時間之女，手中持有玫瑰花和軟掉的時鐘，學生延伸了主角內心對未來的渴望——和平與珍惜。

建議

1. 下午時段上課，學生精神狀況不太好，建議可以先進行一兩項暖身的劇場遊戲，再進入本課程。

2. 學生對這一個主題的學習很感興趣。但因時間不太夠，後面在進行「重要事件」創作時學生的準備時間不是很多，所以上臺的肢體動作較缺乏變化，但大體來說畫面緊湊，有達到老師的期望。建議進行「重要事件」習式時，可給予學生多一點準備的時間。

學生學習評量

第一階段：決定行動

　　1. 能和同學合作呈現畫作的定鏡。（定鏡）

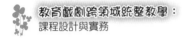

第二階段：展開行動

    1. 能和同學以靜像的方式表達作品中主角的靜像及角色內心的想法。（關鍵事件）

    2. 能以扮演的角色或角色內心思考說出一句話。（思考軌跡）

第三階段：結束行動

    1. 能表達對畫作的價值之看法。（時間線）

教學感言

    這四幅畫距今一百到四百多年不等，學生以現代的觀點去欣賞以前的畫家所可能傳達的意義，可視為是一種未來想像，現代是「過去的未來」，孩子們用現代的生活經驗脈絡去想像以前事件的思考軌跡，無形中讓畫作產生了觀者與作者穿越時空的對話，而這樣的能力可以遷移至欣賞其他古今的畫作。

    最後進行的一項活動是讓四組學生各自抽一幅畫，各組討論後上臺呈現出一幅「名畫的對話」靜像，構圖建議是一個人當畫作中的主角，拿著道具擺出畫作中的姿勢，同組其他人在主角的背後擺出他們解讀繪者的畫作想傳達的想法，這個抽象練習對學生來說是有挑戰性的，但我看見他們很認真的去試試看。

教學參考資料

1. 大都會博物館《美術全集》第十一輯亞洲。臺北市：臺灣麥克。

2. 繪畫的故事——悠遊西洋繪畫史。臺北市：臺灣麥克。

3. 瘋狂達利——超現實主義大師特展。臺北市：時藝多媒體。

4. 喜多川哥麿美人畫

    http://blog.artron.net/space-141378-do-blog-id-461829.html

5. 維梅爾畫作簡介

http://glasscat219.pixnet.net/blog/post/42886972

6. 瘋狂達利特展 60 秒動畫

https://www.youtube.com/watch? v=fX-L-_Y23Vc

名稱：名畫的對話

情境建立 老師說明黑板上有四張圖畫，要請小朋友上臺欣賞，並仔細觀察畫中的女子手持什麼物品？臉上有什麼表情？	**集體角色** 請一名學生上臺示範，手持扇子和桂花樹枝，模仿畫中仕女的動作和神情，老師可以協助微調眼神和動作。

集體角色 每一組發給四個物件：扇子、桂花樹枝、玫瑰花、秤。各小組輪流上臺呈現畫中女子的靜像畫面。	**思考軌跡** 各組上臺呈現，老師點到學生的肩膀時，請學生就自己扮演的角色說一句話。

Chapter 7

綜合活動學習領域的課程設計與教學實務

第一單元　預約第 366 行

　　本單元期望透過教育戲劇引導孩子體認「能力」和「態度」對於未來工作都很重要，需培養做事負責的態度、挫折容忍力、解決問題的能力……等，為自己奠定在未來職場成功的基石，也可能為自己贏得更多機會，預約更美好的未來。

主題說明

　　由於現在科技與社會快速的變遷，美國未來趨勢預測專家表示，許多新的工作應運而產生。未來熱門工作，多具有自行定義工作內容的性質，因此，工作方式的權力，獨創且無可取代。具有未來競爭力的人才必須能夠從現在思考未來，在自身的優勢能力上精進創新，除了有好的能力，還要有正確的態度，才能勝任或創造屬於自己的一片天。

　　本單元學習過後期望學生能覺察自己的壓力來源與狀態，並能正向思考，熟悉各種社會資源與支援系統，分享如何運用資源幫助他人。

課程設計架構

1. 採用模組：角色戲劇模組。

2. 各階段運用習式：

(1) 第一階段：一般說明——默劇活動、日記書信或便條。

(2) 第二階段：界定問題——場外之音、畫圖。

(3) 第三階段：發展問題——教師入戲、焦點人物、電話交談、關鍵事件。

(4) 第四階段：解決問題——未完成的資料、訪問／審問。

(5) 第五階段：複習——日記書信或便條。

3. 教學時數：四節。

4. 教學要點：

(1) 關鍵問題：如何提升自我優勢能力、培養良好的工作態度，為自己贏得
更多就業機會。

(2) 戲劇素材：一封失業求救信件。

(3) 焦點問題：如何幫助失業的大雄調整自己的態度，勇敢突破失業困境。

(4) 主題事件的戲劇建構背景：

・何人：一個失業的年輕人李大雄。

・何時：現在。

・何地：臺灣。

・因何：李大雄被裁員。

・為何：想要了解應該具備何種條件才能在未來贏得更多就業機會。

・如何：李大雄被裁員後寫信與老師連絡，希望能在求職博覽會中找到
工作。

(5) 教學準備：

一封失業求助信件及四張角色卡（附件）、履歷表、訪問紀錄表、便利
貼、心型壁報紙、鈴鼓、手機。

教學設計

第一階段：一般說明（0.5 節課）

流程與習式	內容與重點
引導學生說明職業類別	1. 上課前請學生回家訪問家長，上課時收回學生針對家長職業的訪問單，20 年後的職業為何？所需要的能力為何？ ＊教學小祕方：上課前一天先將訪問單發給學生。 2. 請學生坐在教室地板上，詢問學生要幫父母親寫出職業類別是否有困難？為什麼？ ＊教學小祕方：讓學生自由回答，引導出本次教學主題。
默劇活動	3. 教師說明等一下請學生在教室安靜自由的走路，當聽到兩下鈴鼓聲時，任選一職業做出定格動作，教師會隨機猜測學生扮演的角色。操作二至三次，角色不可重複。 ＊教學小祕方：自由行走時，每次定格後可變換鼓聲節奏，要求學生跟著節奏走，藉此訓練專注力。
日記書信或便條	4. 教師說明有一封來自以前一位學生大雄的信，信中大雄看起來很苦惱，有著很難解決的問題（因為被老闆解雇）。詢問學生是否願意一起幫助這位大哥哥。獲得學生同意後，再唸出信件內容。 ＊教學小祕方：教師請學生唸出事先準備的信件內容，更有說服力。

第二階段：界定問題（0.5 節課）

流程與習式	內容與重點
場外之音	1. 教師詢問：為什麼大雄會失業？請小朋友在教室中遊走，聽到連續鼓聲就走路，一聲鼓聲就暫停，然後跟最靠近自己的一個人交換想法。聽到連續鼓聲馬上再行進。 ＊教學小祕方：與學生約定聽到一下鼓聲，記得要換對象；聽到教師敲兩下鼓聲時結束場外之音活動。
畫圖	2. 教師提示問句：「大雄失業了，因為……」。 3. 請各小組將聽到的訊息整理在海報紙上，並進行想像力激盪，大雄的工作類別會是什麼呢？ ＊教學小祕方：事先跟學生約定計時三分鐘。 4. 請各小組依據海報討論重點，選擇最有可能的三樣工作進行發表，大雄的工作是什麼呢？他為什麼失業呢？ 5. 教師會在下一節課邀請大雄的主管到現場，告訴大家答案。

第三階段：發展問題（一節課）

流程與習式	內容與重點
活動進行方式說明	1. 教師表示已經約了大雄的主管，待會兒他會來到現場，說明大雄的能力不錯，卻被解僱的原因。教師走出教室邀請大雄的主管。 2. 教師事先和學生約定問問題的禮儀，要先舉手並說「請問主管……」，不然主管不會回應問題。 ＊教學小祕方：教師可準備一個袋子，裝好事先設定好的手機、帽子，裝扮時將物件戴上，袋子留在教室外。
教師入戲	3. 教師再次進教室時變身為大雄的主管。主管以自問自答的方式敘述大雄被解僱的原因：工作態度不夠積極、遲到早退、趁機摸魚、不能跟同事互助合作、人際關係也不好、不願意加班……
焦點人物	4. 主管說：「聽老師說，你們想了解大雄被炒魷魚的原因是嗎？他是在食品廠生產線擔任品管作業員，經常遲到早退、上班也常會趁機摸魚……，而且，現在科技進步，很多工作都電腦化了，老闆為了減少公司開銷、降低產品成本，已經不需要雇用那麼多作業員……」。 ＊教學小祕方：教師如遇到學生問到離題的問題，可以不用回答。
電話交談	5. 主管的手機響了，主管說：「不好意思，老闆打電話來催我回去上班了，你們安靜的等老師回來喔！大家再見！」接著往教室門外走去。（教師出戲） ＊教學小祕方：上課前事先設定好手機鈴聲 3 分鐘響鈴，教師出去和進來的方向要一致，並請學生安靜等待教師回教室。
關鍵事件	6. 教師走進教室，表示看到主管邊走邊講手機，急著離開，問學生：「主管說了些什麼？」教師整合學生說法，了解大雄失業是主管的錯嗎？還是因為大雄本身出了什麼問題？邀請學生扮演角色。 7. 學生分組以肢體呈現大雄上班時的靜像畫面（要有大雄、主管、老闆），當教師碰觸肩膀時，則各說出一句當下心中的話。 ＊教學小祕方：提醒學生依照角色當下的心情發言。 8. 教師整合學生想法，猜測出大雄失業真正的原因。透過詢問，找出有意願並適合擔任主管的學生。 ＊教學小祕方：教師可利用下課時間找四位自願擔任主管的學生。

第四階段：解決問題（一節課）

流程與習式	內容與重點
說明事件後續發展未完成的資料	1. 教師表示，大雄最近很努力在找工作，寄出很多封履歷表，也寄了一封履歷表來給老師，希望老師幫忙留意看看是否有適合他的工作。 ＊教學小祕方：教師事先將履歷表印出，不用放相片、自傳，讓學生觀察並請學生唸出履歷表內容。
說明大雄可以參加的活動	2. 教師向學生表示，最近剛好有一場求職博覽會，會場會有許多企業主管來徵才，大家一起去看看是否有適合大雄的工作機會。 3. 事先將企業主管的角色卡交給四位學生，讓學生先熟悉該角色的身分背景。 4. 教師請學生扮演求職的人員，並討論詢問主管的方式、內容、禮儀。 ＊教學小祕方：請學生扮演主管相互詰問，並運用想像力練習回答。 5. 請負責扮演企業主的學生分散在各角落，每人帶著記錄表訪問企業主。學生針對訪問單內容提出問題，並做記錄。 ＊教學小祕方：事先準備訪問紀錄表。四位主管分散坐在四個角落，提醒學生想像這工作需要哪些能力，需做記錄。
訪問／審問	6. 各組主管輪流分享訪問的記錄，說出這個職業所需的能力，請其他組的學生透過主管發表的各項能力做為探索職業類別的資訊，猜測這一項職業內容可能是…… ＊教學小祕方：進行活動前先請扮演主管的學生協助評估，將表現最佳的學生記錄單依序排列，教師藉此做出評分紀錄。教師詢問職業類別時，應讓學生多猜幾項職業別並說出原因後，再請主管們公布答案，如此可讓學生認識更多不同職業類別所需要的工作能力。 7. 教師公布解答之後，請主管們將職業類別所需的能力重述一次，讓學生更清楚了解各種能力的組合可引發創造新形態職業的可能性。

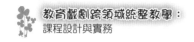
第五階段：複習（一節課）

流程與習式	內容與重點
日記書信或便條	1. 發給學生每人一張便利貼，每個人給大雄一個建議，並送他一個愛的禮物（無形的），例如：積極努力的態度、互助合作的精神、……。 ＊教學小祕方：教師留下一張空椅子，讓學生對著空椅子練習說出對大雄的想法。
分享與回饋	2. 老師說明便利貼書寫方式，並事先寫一張當示範，先寫對大雄優勢能力的肯定，再寫給他的建議，最後寫送給他的禮物。例如：「大雄，我覺得你是一個外語能力很好的人，很適合到外商公司上班。我想送給你積極的態度」。 3. 輪流將便利貼唸出來，然後貼到大的愛心壁報紙上，老師再轉交給大雄。 4. 學生圍成一圈，請學生輪流說出在此次教學活動中的想法及心得。
結語	5. 老師歸納：在瞬息萬變的社會中，很多行業正在消失，很多工作會被高科技的產品取代，如果可以求新求變，提升自我優勢能力，培養良好的工作態度，會有更多的機會可以選擇，甚至自己創造機會。

課程教學實況

第一階段：一般說明

默劇活動	將學生分為兩圈，內圈學生表演各種職業，外圈的學生觀察。內圈學生表演時，被教師拍肩膀的要定住，其餘坐下，並任選一個定住的學生，讓外圈學生猜測其職業。有學生猜拳擊手，還有學生猜蛙人突擊兵、游泳教練、畫家……。 也有學生說可以預測未來，因為還有人呈現出太空人、外星人。
日記書信或便條	教師說自己收到學生的求助信件不知怎麼辦，問學生大雄是如何失業的，學生說績效不好、能力不好。

第二階段：界定問題

場外之音	請學生照唸兩次「大雄最近失業了，因為……」後規定每個學生需提出十個答案，教師先示範。有一些學生比較嬉鬧，所以規定每次只能找一人分享，且要秘密輕聲，但卻有一些學生笑鬧，在地上爬。教師請學生寫下剛才聽到的答案，有學生說「不要寫那個啦……」，也有學生談論答案時非常大聲。
畫圖	學生將答案寫在海報上，答案有：上班玩電動、打電腦、打老闆、公司沒錢了、能力不好、上班時間把妹、寫情書、玩手機、上班常遲到……，學生邊寫邊笑，尤其是對把妹這個答案感到有趣。教師請各小組挑三個最有可能的原因分享，有：上班玩手機、搶別人的愛人、偷看人家洗澡、愛上臉書、衛生習慣不好、罵髒話沒禮貌、搶主管老婆、把妹、公司資金不夠、能力不夠。

第三階段：發展問題

教師入戲	教師說要邀請主管來，學生很興奮且想自己演主管。教師講解入戲規則，規定每人可有一次問問題的機會，問問題時要把自己當成大雄的朋友，同理大雄處境，並注意發言禮儀。教師要走出教室的時候，學生竟然說「老師你不能出去」，教師跟學生說明這是戲劇的手法，所以請學生配合，並將請學生將眼睛閉起來直到主管進入教室。
焦點人物	學生問大雄是否上班時都在看成人影片，還問主管是做什麼行業。主管說大雄只負責顧電腦，但都在玩手機，主管說自己是食品業，學生問是不是做毒澱粉；這部分有點離題。主管說大雄遲到早退，被扣薪水也無所謂，還搞出烏龍害公司賠錢，所以才被裁員。
電話交談	手機響起，教師藉故離開出戲。
關鍵事件	請學生三個人一組做角色扮演，一人演主管，一人演大雄，一人演同事，呈現出大雄上班時的樣子。小組呈現時可先明確規劃出表演區與觀眾席。 教師提醒學生，主管都只是在催進度嗎？主管有什麼表現才能做主管。學生說主管做事認真、讓老闆看到他、做事讓老闆信任，不僅生產還自闢行銷管道……。說出答案的人拿了角色卡上臺，各自代表某一公司的主管。

第四階段：解決問題

未完成的資料	教師告知學生故事主角的履歷表，引導學生從事某種職業需要某種特殊能力，請學生在下個活動中詢問對方：你擔任的職業需要什麼工作項目？需要哪些工作能力？
訪問／審問	教師發下訪問記錄表，上課前拿到角色卡的同學在此時進教室，全班分成四組進行訪問。提醒拿角色卡的同學要等到同學問問題後才可以回答，不要主動告知其他訊息。訪問的同學邊訪問邊將內容記錄在訪問記錄表中。

第五階段：複習

日記書信或便條	每人一張便利貼，寫下一句對大雄祝福的話，並建議他需具備哪種能力才能得到工作，建議他、送給他所需具備的能力。 最後教師提醒學生，有哪些行業不是消失，而是轉變了。如：抓FB上亂發文的網路警察、抓山老鼠的警察。

教學反思與建議

場外之音

　　此習式運用，學生尚未建立規則，所以提醒他們降低音量，仍然效果不大，於是讓學生先蒐集十個答案之後再利用海報讓小組討論出可能的答案，並將討論的內容記錄在海報上，如此也就形成前測的紀錄，讓教師可以清楚學生對於失業有哪些看法或是迷思？結果，大部分學生對於失業的問題是無法聚焦的，例如：搶人家的 HONEY、上班看 A 片、拍人家洗澎澎、效率不好、愛上FB、衛生習慣不好、因為太笨、成事不足敗事有餘、公司資（金）不夠、說瘋話、上班講手機、不敢問老闆、罵髒話、玩電腦、打主管……。有些小組寫得比較快，所以要求他們再猜猜大雄的職業有可能是哪一個？還有學生猜是工程師、拉拉熊公司、夜店上班、職棒選手、保險公司員工……。

教師入戲

此情況也很緊張，聽到學生叫老師不要出去的時候，教師將語氣壓低對學生說：如果沒有讓老師走出去，那這個課程就無法繼續下去了。學生的反應也很有趣，竟然就點點頭說好吧！學生看見老師頭戴白帽走進來，大部分同學也願意配合說約定的問句句型「請問主管，……」。

手機時間的設定，是預計結束時間，沒想到時間也剛剛好，結束之後，再讓學生利用靜像畫面呈現大雄在工作的情境，讓學生觀察之後進行討論，藉此更了解大雄失業的原因。

角色卡的運用

挑選學生是一個困難點，畢竟不是很熟悉的班級，所以對學生提問：「主管都只有罵人而已嗎？他應該具備什麼才能讓老闆重用他？」藉著題目的發酵讓幾位學生可以從另一個角度說出主管的能力。

場外之音

此活動結束後，若未針對問題進行歸納統整會很可惜，因此讓學生利用書寫海報的方式，將所有聽到的答案寫下來，進行篩選、檢視最有可能的答案，讓學生從過程中學習擴散及歸納的創意思考模式。

教師入戲時扮演主管而不是老闆，因為老闆的角色與大雄直接有衝突，但是主管可以扮演潤滑的角色，讓學生像是聽一段八卦故事一樣，透過主管的自述了解大雄。另外規則的制定很重要，讓學生了解教師扮演角色入戲也是教學活動的一部分，重點是讓學生理解大雄失業的原因。分組時，建議若是強制讓學生男女生同組，可由教師先分配各組集合位置，再直接以數字點名分組。

定鏡

小組演定鏡畫面時，每位學生要說一句話，如果說不出來，建議教師可以引導學生隨便發出一個聲音就好，因為有學生扮演愛罵髒話的大雄，所以他說不出來害怕被笑。最後的便利貼書寫活動中，可以發現全班一半以上的

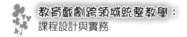
學生對於工作的態度有初步的理解，對於工作能力的不同屬性，適用在不同行業方面，重要的能力其實是可以很寬廣的運用在不同職業類別的。

　　建議教師在最後也可以提供學生當地的職業訓練中心相關資訊給學生了解，以幫助未來需要轉換職業時養成新的職能，為社會貢獻一己之力。

學生學習評量

第一階段：一般說明

　　　1. 能想像並以肢體表現各種不同的職業。（默劇活動）

　　　2. 能了解書信內容所提供的訊息。（日記書信或便條）

第二階段：界定問題

　　　1. 能與同學交換主角失業的可能原因。（場外之音）

　　　2. 能透過討論歸納出角色失業的原因並合作完成海報。（畫圖）

第三階段：發展問題

　　　1. 學生能投入教師入戲對焦點人物進行訪問。（焦點人物）

　　　2. 學生能小組合作以肢體表現討論結果。（關鍵事件）

第四階段：解決問題

　　　1. 學生能扮演主管或求職者進行訪問活動。（訪問）

第五階段：複習

　　　1. 學生能寫一個便條給故事主角。（日記書信或便條）

教學感言

　　本單元最具挑戰性的就是選出四位學生，要利用實作的前一天中午午休時間，讓這四位同學一起演練一番，發現學生很有創意能夠舉一反三的問一些假設性的問題。學生要了解工作的態度，其實是不容易的，因為年紀尚未成熟，從未接觸職場，很多情境都只能透過想像。因此一開始讓學生利用課前書寫學習單之後，教師再透過問答的方式，引起學生對於未來二十年後職

業的想像，觸動學生想像的關鍵能力。而學生回答在太空站工作的職業是令人驚豔的答案。

在面對大雄的困境時，教師扮演求助者的角色，學生的態度有些表現出同情，有些則是沒有感覺，所以在面對學生無感的情形下，教師不容易讓學生一起入戲；所以讓學生扮演大雄不是個好主意。

有學生在課程結束後詢問老師是否真的會將卡片寄給大雄嗎？教師笑而不答，反問學生如果是大雄，收到這個會開心嗎？學生開心的說當然會啊！課後的回饋方面，學生反應這樣的教學活動可以讓他們及早認識職業需要的能力有哪些？對於未來的職業會想要多加認識或是了解相關的行業。

教學參考資料

1. 1111 人力銀行

   http://www.1111.com.tw/

2. 518 人力銀行

   http://www.518.com.tw/guestBook-witness.html？a_id=1579&gclid=CLi7nYewur0CFYHwpAod13gAew

3. Yes123 求職網

   http://www.yes123.com.tw/admin/index.asp

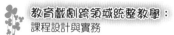
名稱：預約第366行

教師入戲 教師扮演主管來現場向學生說明大雄被裁員的可能因素，學生透過問答了解可能的原因。	**角色扮演** 利用午休時間請學生到辦公室先進行角色扮演的演練，相互詰問對方問題，並依據角色卡的設定提出回答。

訪問 「你喜歡這工作嗎？為什麼？」學生分組詳細的訪問職業博覽會的主管，並做成紀錄。	**日記書信或便條** 「老師真的要送給大雄喔？」學生將祝福寫在便利貼上，學生詢問老師故事的虛實，也了解未來的職業，可能還需要時間創造。

附件

1. 信件內容範例：

老師您好！我最近被老闆炒魷魚了，我自認為做事能力還不錯，這一波裁員怎麼會輪到我？我好想找老闆理論，又沒有勇氣，唉！失業了，我該怎麼辦呢？　　　　　　　　　　　　　　　　　學生　李大雄 敬上

2. 履歷表內容：

姓名：李大雄

年齡：30 歲

最高學歷：大學（英文系）

興趣：

- 喜歡看各式各樣的展覽（服裝展、家具展、婚紗展、美術展、資訊展、書展……）。

- 喜歡蒐集服裝流行資訊，並在穿著上增加設計感和趣味。

- 喜歡到處吃美食，並寫下美食札記，和親朋好友分享。

專長：

- 擁有電腦製圖能力。

- 擁有英語書寫及溝通能力，通過中級英檢。

- 曾經修習食品營養課程，有丙級廚師執照。

經歷：

- 英語家教二年。

- 成衣廠業務一年。

- 食品公司作業員二年。

3. 四張角色卡：

- 角色卡一：服裝設計業——徵一位對時尚流行設計有興趣且有敏感度的創意點子師，擁有外語能力尤佳。週休二日，月薪五萬（隨時蒐集

各國服裝相關資訊，將資訊整理、創新，每月提交一本50頁成果冊，
能和公司內服裝設計師溝通並提供資訊）。

- 角色卡二：電子產業──徵一位擁有外語能力，善於溝通的業務接洽
  人員。周休一日（週日），年休假20日，需配合公司出差時程調整上
  班日，可領出差津貼、訂單成交獎金，月薪35,000元起（需經常跟隨
  工程師到國外出差、接洽外國訂單、協助處理客服或投訴事件
  ……）。

- 角色卡三：高級商務旅館──徵一位創意生活管家，具備英語溝通能
  力、能為客人安排客製化的食衣住行育樂等需求。上班時間14:00～22:
  00，假日不休假，平日可彈性安排休假，月休六日，月薪 40,000 元
  （位於科技園區，需經常接待外籍客戶，並提供會議場地、服裝搭配
  與租借、專車接送安排、機票代訂……）。

- 角色卡四：美食雜誌──徵一位美食採訪記者，具拍攝、撰寫、編輯
  能力。每週三到公司上班，其餘時間採彈性上班，每週需完成十篇美
  食相關報導，拍攝相關照片 200 張，底薪 20,000 元，經雜誌採用之報
  導按件計酬（每件 2,000 元）。

4. 訪問記錄表：

請在 A4 紙上分成兩格，標題依序是問題、答案，讓學生可以記錄。

第二單元　不怕大野狼的小紅帽

　　鑑於校園霸凌、性騷擾事件始終存在，本單元以熟悉的「小紅帽與大野狼」故事，探討當年小紅帽處理事情的態度及缺失，進而讓孩子了解現實社會中存在的各種人與人間負面的問題與心理，經過分組討論和演練，期望孩子在未來遇到相似事件時，能有足夠的信心與能力處理問題，進而達成自我保護的教學目標。

主題說明

　　兒童福利聯盟文教基金會（2011）在全國抽樣調查中發現，國小四、五、六年級學童，最近兩個月在學校經常甚至每天被同學欺負的比例，從2007 年的 9.9%，在 2010 年已經上升到 16.1%，到了 2013 年，臺灣校園霸凌狀況調查報告中，更有 16.3%學童有遭霸凌的經驗，可見近年來的暴力型霸凌已很嚴重。相較於其他國家，臺灣霸凌行為屬於「中等嚴重」，比英國和瑞典嚴重。

　　社會變遷快速，造成人與人間的疏離與漠視。而孩子心智與處理事情的態度尚未成熟，對於生活周遭可能發生的暴力、霸凌等事件，如果沒有善加的教導，遇到狀況時，將恐慌無所適從而造成重大傷害。

課程設計架構

1. 採用模組：故事戲劇模組。
2. 各階段運用習式：
   (1) 第一階段：學生了解故事──說故事。
   (2) 第二階段：從故事中創作戲劇──集體繪圖、教師入戲。
   (3) 第三階段：分組扮演──論壇劇場、重要時刻、專家的外衣、假如我是你、定鏡。

3. 教學時數：四節。

4. 教學要點：

  (1) 關鍵問題：如何面對生活當中的霸凌事件。

  (2) 戲劇素材：故事「小紅帽與大野狼」。

  (3) 焦點問題：如何解決所遭遇到的霸凌事件。

  (4) 主題事件的戲劇建構背景：

    ・何人：小紅帽奶奶。

    ・何時：獨自一個人去外婆家時。

    ・何地：送東西給外婆的路途中。

    ・因何：小紅帽的外婆小時候遇到霸凌事件。

    ・為何：外婆生病小紅帽去探病。

    ・如何：遇到大野狼以及其他各種「狼」時會知道如何自保。

  (5) 教學準備：

    小紅帽故事、半開壁報紙八張、彩色筆八盒、鈴鼓、紅色毛線帽、竹籃子。

教學設計

第一階段：學生了解故事（0.5 節課）

流程與習式	內容與重點
講述小紅帽的故事	1. 教師先帶領學生一起回溯小紅帽故事內容，可請學生輪流就記憶中的故事內容發表，不足之處再做補充。 2. 待故事說至大野狼沉入水底之處，教師接著描述：故事中的大野狼最後沉到了水底，但是牠的靈魂被風吹散，飛進了有些人的身體裡，例如：色狼。教師問：除了色狼以外，你們還看過哪些狼啊？引導學生回答：詐騙狼、暴力狼、吸毒狼……等。 ＊教學小祕方：可上網下載小紅帽故事最原始的版本。

第二階段：從故事中創作戲劇（一節課）

流程與習式	內容與重點
各組描繪各種「狼」集體繪圖	1. 全班學生四至五人一組，以集體繪圖的方式，描繪各種狼的特徵。 2. 每組拿一張海報紙，在紙上描繪一個大大的人形，接著每個人將各組狼的特徵以文字的方式寫在海報紙上。人形裡面寫上狼心裡的想法，人形外寫上他的外顯特徵。五分鐘後各組每個人都要發表。 3. 各組展示並發表現代大野狼。
教師入戲	4. 教師向學生說明，之前大家所熟知的小紅帽，現在已經是一位老奶奶了，小紅帽曾遇過好多不同的「狼」。等一下老師會戴上這頂紅帽子（手拿起毛線帽），就是小紅帽奶奶，學生可以問小紅帽奶奶有關於當年送東西給外婆遇到大野狼這件事，以及曾遇到的各種「狼」的相關問題。
引導學生思考問題焦點人物	5. 教師就學生的提問，將學生引導至「就算當年沒有在路上遇到陌生人不理她，也有可能被大野狼吃掉」，以及「當年小紅帽的警覺性不足，未能及時發現躺在床上的是大野狼」、「當年如果沒有獵人來相救，應如何自救」三個重要議題上。 6. 引導結束，教師回復教師身分。

第三階段：分組扮演（2.5 節課）

流程與習式	內容與重點
學生分組討論與發表論壇劇場	1. 讓學生就三個議題分組討論：(1) 什麼樣的狀況遇到大野狼（每組的「狼」不同）；(2)「狼」可能會露出那些行為？(3)自救辦法。討論完畢各組發表結論。 ＊教學小祕方：將議題製作成大海報，讓學生確知議題以利討論活動的進行。 2. 教師提問：回想當年小紅帽的故事情節中，有好幾個地方如果稍加注意與準備，小紅帽就可能不會被大野吃掉了，有哪些地方可以再加強防範呢？

流程與習式	內容與重點
提出情境題 目請學生 討論後演 出 重要時刻	3. 老師出四個危急的情境題目，請每一組抽題目後共同討論再演出，演出時要先分配角色，每組都要有一個小紅帽的角色。 (1) 媽媽拿一個竹籃子給小紅帽時，她會為小紅帽準備什麼東西以預防危險？該讓小紅帽一個人獨自去森林裡嗎？媽媽該如何交待小紅帽才不會發生危險呢？ (2) 走進森林裡，小紅帽如何走比較安全？如果不幸在森林裡遇到陌生的大野狼或暴力狼時，她該怎麼做？說什麼話？才能平安無事呢？ (3) 當年小紅帽敲門進入外婆房間時，看到大耳朵、大眼睛、尖指甲及聽到聲音怪怪的大野狼時，卻未能及時發現躺在床上的是大野狼那一幕，你會如何應變才好呢？ (4) 當小紅帽知道外婆被大野狼吃到肚子裡時，如果當年沒有獵人來相救，小紅帽應如何救出外婆及如何自救呢？ 4. 小組演出與討論。 ＊教學小祕方：學生演出過程中，老師若發現不妥的地方，可適時喊「卡」請臺下其他學生代替該角色演出，直到劇情合乎現實的期待。
專家的外衣	5. 教師說明：今天現場來了許多「狼」專家（指著學生），對於「狼」的犯罪心理、犯罪行為都有很深的研究。等一下小紅帽奶奶會再次來到現場，她會戴著紅帽子來這裡詢問各位專家意見，因為她有好幾個問題，請大家給她建議好不好？
教師入戲	6. 教師戴上紅帽子入戲：太好了！聽說各位都是「狼」的專家，我想，我可以在這裡獲得解答。大家知道我是誰嗎？當年我遇到了大野狼，還好有獵人的相救。現在我的孫女在學校讀書，回來跟我哭訴遇到了霸凌，我不知道如何處理？於是想請問你們： (1) 什麼叫做霸凌呢？霸凌可以分哪幾種呢？ (2) 我的孫女在學校常被欺負，聽說對方是很兇狠的老大，大家都好怕他，我該如何教我的孫女呢？ (3) 暴力狼和色狼真的都是陌生人嗎？遇到時要怎麼辦？ ＊講述重點：將學生引導至身邊的友人或親人也有可能是「狼」，以及如何應對防範。

流程與習式	內容與重點
假如我是你	7. 教師脫下紅帽子出戲。 8. 請學生面部朝內圍成冂字形人牆，請幾位學生扮演暴力狼攻擊其他人，當被攻擊時，要說出一種自我保護的方法。學生輪流說：「我遇到○○，我會……」 ＊教學小祕方：暴力狼必須露出兇惡的神情及動作，但肢體動作絕不能真的拍打到同學。
定鏡	9. 分組呈現靜像，各組選定一種狼，合作做出一個身體動作後靜止不動。 10.教師對整個活動做出結論，期許大家都是不怕大野狼的「小紅帽」。

課程教學實況

第一階段：學生了解故事

說故事	教師以誇張的表情、鏗然的聲調，精采的講述著小紅帽的故事，待故事說至大野狼沉入水底時，教師接著描述：故事中的大野狼最後沉到了水底，但是牠的靈魂被風吹散，飛進了有些人的身體裡，變成了許多「很壞」的狼，例如：色狼。除了色狼以外，大家還看過哪些狼呢？學生們興致高昂，紛紛回答：詐騙狼、暴力狼、吸毒狼、打人狼……等。

第二階段：從故事中創作戲劇

集體繪圖	教師先將全班學生分成數組，描繪各種「狼」的特徵，在海報紙上人形裡面寫上「狼」心裡的想法，人形外寫上他的外顯或行為特徵。學生振筆疾書，沒多久寫出了「打人狼」：他會隨便打人、開玩笑、趁老師不注意時打同學、下課時把同學引到沒人的地方。「吸毒狼」：他走路會偏偏的，會包尿布，心裡想吸毒、想殺人、會衝動、打人、恐嚇、性侵害、口蜜腹劍。有學生聽到後立即回應：「沒那麼誇張吧？」老師也提出質疑：「吸毒者會包尿布嗎？」有學生很篤定的回答：「會！吸毒吸到膀胱壞掉了，需要包尿布。」哦！原來如此。

集體繪圖	接著學生說「暴力狼」是隨便打人、很暴力，他的內心很壞、自以為很厲害、以為別人好欺負就隨便拿別人的東西……。最後一組學生說「吸菸狼」是想喝酒、找老人要錢、會恐嚇別人、會殺人……。
教師入戲	教師戴上披風的紅帽搖身一變成為「小紅帽奶奶」，讓學生提問關於當年遇到大野狼及曾遇到的各種「狼」的相關問題，此刻教師看到孩子的眼睛變亮了，莫不感到新鮮有趣。學生見到變裝好的「小紅帽奶奶」有禮貌的大聲向奶奶問好。然後紛紛提問：「色狼會怎樣？」「有沒有遇過吸菸狼？」奶奶回：「有啊！我家裡就有很多個，那請問你會怎麼辦？」奶奶故意裝蒜反問學生問題。學生七嘴八舌說：「戴口罩、趕快離開去旁邊、請他到旁邊抽……」奶奶接著問：「遇到暴力狼會怎樣？」學生們果然厲害，紛紛提供應變的辦法：告訴老師、請別人協助、打 110、113、到人多的地方……。

第三階段：分組扮演

論壇劇場	接著，讓學生就三個議題分組討論，在什麼樣的狀況會遇到各式的大野狼；又「狼」可能會露出哪些行為以及如何自救，討論完畢請學生表演，學生仍發揮創意開心的表演。在偏僻的地方會遇到暴力狼，會一起制止，打 110，大喊救命；看到有人在小巷子露出重要部位，要逃去有人的地方並大喊救命，或請警察出來壓制暴露狂。
重要時刻	從小紅帽的故事情節中，先找出了四個危急關鍵的情境題目，刺激學生去思考小紅帽如何避免將自己暴露於危險情境中，以及遇到危急時如何防範，因為如果能提早注意及準備，小紅帽就可能不會被大野狼吃掉了。學生在笑聲中學習如何應變，當學生反應不恰當時，老師立即喊「卡！」請觀眾到劇中來扮演，直到找到一個較合理的應對方式。
專家的外衣	老師說：「今天現場來了許多『狼』專家（指著學生），對於『狼』的犯罪心理、犯罪行為都有很深的研究。等一下小紅帽奶奶會再次來到現場，她會戴著紅帽子來這裡詢問各位專家意見，因為她遇到好幾個問題，請大家給她建議好不好？」學生一聽到自己是專家，立即神采奕奕、異口同聲的大聲說好，並挪動位置往中間坐。

專家的外衣	學生居然出乎意料之外快速回答：霸凌就是會威脅同學、欺負同學；包括語言霸凌、肢體、性、網路訊息，哇！真了不起，全部都說對了！令老師最佩服的是學生不只每一種霸凌意思都能了解，連如何防範都很清楚，甚至全班一致說出反霸凌專線是 0800200885 及 113 婦幼保護專線，當場敬佩的讚美每一個同學的「專業」。不過在討論關係霸凌時，學生不是很了解，最後教師出戲時再補充講解一下。
假如我是你	到了課程反思活動，請學生圍成ㄇ字形人牆，再請幾位學生扮演暴力狼攻擊其他人，當學生被攻擊感到威脅時，要立即說出一種自我保護的方法，給一分鐘思考後，開始活動，每個學生遇到危急情況時都能說出： 「遇到打人狼，我會趕快離開」 「遇到吸菸狼，我不會靠近他」 「遇到暴力狼，我會跟老師說」 「遇到色狼，我會大喊救命」 「遇到色狼，我會告訴家長」
定鏡	各組學生在討論兩分鐘後，很快的就定位依序呈現遇到「暴力狼」要大聲說「不」並逃離現場；遇到「吸毒狼」會告訴老師；遇到「色狼」會勇敢找信得過的人說出來；遇到「變態狼」會趕快回家告訴媽媽。

教學反思與建議

教學反應效果佳

　　學生課堂上的反應熱絡，自評能達成教學目標，學生說遇到暴力狼與色情狼會告訴家人、師長或大聲的說不；或是能及時應變。

在故事情境中學習危機應變

　　戲劇習式「重要時刻」是要學生從小紅帽故事情節中，去思考遇到危急時如何防範。學生分組呈現，在笑聲中學習如何應變，遇到學生反應不恰當時，老師立即喊「卡！」請其他人到劇中來扮演，效果不錯。例如：大野狼問小紅帽要去哪裡？小紅帽說：「我不要跟陌生人講話！」教師覺得不適當，就會喊「卡！」中斷表演，接著觀眾介入說：如果遇到大野狼，可以用

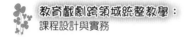

防狼噴霧器，或趕快跑到有人的地方。

建議由老師扮暴力狼較逼真

　　運用「長城」的習式時，請學生圍成方形，再請每個人說一句會自我保護方法，學生所做的動作了無新意，只是雙手在胸前比╳或是以手推開的動作，也不夠戲劇張力，應該修改由老師扮暴力狼給予其他同學壓力。讓學生思考當暴力狼來到面前時要說什麼？或做什麼動作反擊？至於隊形可圍成ㄇ字形或一字形。

學生學習評量

第一階段：學生了解故事

　　1. 能回答小紅帽故事情節內容。（說故事）

第二階段：從故事中創作戲劇

　　1. 各組能寫出並報告各種狼的內在與外顯特徵。（集體繪圖）

　　2. 學生能踴躍提問並專注聆聽。（教師入戲）

第三階段：分組扮演

　　1. 分組討論並以戲劇呈現自己的想法。（論壇劇場）

　　2. 能以戲劇中的角色解決突發情境。（重要時刻）

　　3. 能說出如何防範霸凌事件。（專家的外衣）

　　4. 遇到壞人時學生會說出自我保護的方法。（假如我是你）

　　5. 遇到壞人時學生能做出自我保護的方式。（定鏡）

教學感言

　　經過了真實情境演練，學生對於如何防範暴力狼和色狼已有正確的認知，尤其當學生聽到自己是專家，立即神采奕奕的參與討論，並自信滿滿的回答，令人感動。在這四堂充滿戲劇色彩的教學中，學生已儲備能量，面對未來遇到相似的暴力事件時，會有足夠的信心與方法處理，期許所有的孩子

都變成不怕大野狼的小紅帽。

教學參考資料

1. 小紅帽

　http://www.minghui-school.org/school/article/2004/10/5/37010.html

2. 兒童福利聯盟公布校園暴力　年齡層往下延伸　家長驚！

　http://www.tw-taiwannews.com/? action-viewnews-itemid-97797

3. 2011 年臺灣校園霸凌現象調查報告

　http://www.children.org.tw/old_site/database_report.php? id=349&typeid=4

4. 2013 年臺灣校園關係霸凌調查報告

　http://www.children.org.tw/research/detail/69/584

名稱：不怕大野狼的小紅帽

集體繪圖	教師入戲
在人形圖中寫上「狼」內心的想法，人形外寫上他的外顯特徵，這組學生認為吸毒狼走路偏偏的，會包尿布。	戴上帽子的小紅帽奶奶來了，大家紛紛請教她遇到大野狼以及曾遇到各種狼的相關問題，學生個個都很專注的聆聽。

重要時刻	重要時刻
教師擬出了四個危急的情境，請學生思考解決方式，並分組演練，學生對於性騷擾的壞人加以制服。	如果不幸在森林裡遇到陌生的大野狼或暴力狼時該怎麼做？說什麼話？學生說若遇到壞人，會大聲呼叫並逃跑。

第三單元　失落的青春

　　本單元的設計在希望學生能夠同理老人心理、尊重老人，設身處地了解老人的想法與需要，還能突破思考的框架，想像未來的老人需要什麼樣的環境與氛圍，開始為幾十年後的老人（自己）做前瞻性的思考與準備。更從現在開始，對身旁的老人多一份體諒與尊敬，因為老化是每個人必經的道路，這是一份可以提早預習與準備的人生功課。

主題說明

　　面對高齡化社會的來臨，老人的照護問題（心理與生理）愈來愈重要，也是你我未來都要面臨的重要課題，但快速化的社會生活型態，卻讓以前「老有所終」的理想愈來愈難實現，因此探討老人議題的書籍（如：《誰在銀閃閃的地方，等你》）或是影片（如：「不老騎士」）愈來愈多。

　　網路短片「來信」，恰巧寫實點出問題，從影片為起點，藉由片中老人的角色困境，讓學生體會到同理老人的處境，了解每個老人曾擁有燦爛輝煌的生命歷程，再利用焦點人物的扮演，透過訪問過程，深入知悉周邊人物角色的想法，試著多面向了解老人。最後運用教師入戲技巧，集體分享老人生活不便的地方，提出建議，想像未來改善後的美好老年生活。

課程設計架構

1. 採用模組：角色戲劇模組。
2. 各階段運用習式：
   (1) 第一階段：一般說明——定鏡。
   (2) 第二階段：界定問題——定鏡、時間線、思考軌跡、場外之音。
   (3) 第三階段：發展問題——訪問、焦點人物。

(4) 第四階段：解決問題——教師入戲、會議、對剪片斷。

(5) 第五階段：複習——如果我是你。

3. 教學時數：六節。

4. 教學要點：

(1) 關鍵問題：提出老年生活的理想藍圖。

(2) 戲劇素材：網路短片——「來信」。

(3) 焦點問題：幫助影片中的老人解決遭遇的困擾。

(4) 主題事件的戲劇建構背景：

‧何人：一位獨居老人，有一兒一女皆已成家。

‧何時：周末前夕。

‧何地：老人的家中。

‧因何：老人四處找兒女、孫子，希望有人帶他去醫院看病。

‧為何：兒女都有自己的忙碌理由，老人也不想麻煩孩子。

‧如何：了解各個子女真正的心聲，他們都是愛父親的。

(5) 教學準備：

‧影片名稱：「來信」（http://www.youtube.com/watch? v=t8nSyqJDckc）

‧訪問單（附件一）。

‧四張角色卡（附件二）。

‧學習單（附件三）。

‧鈴鼓。

教學設計

第一階段：一般說明（0.5 節課）

流程與習式	內容與重點
學生課前完成訪問單	1. 事先請學生回家訪問家中的爺爺奶奶或是家附近的老人家，並書寫在訪問單中（附件一），蒐集一些與老人生活相關的資料，鼓勵學生閱讀與老人主題相關之書籍或文章。
定鏡	2. 請學生先坐在教室地板上，教師說明等一下會請學生在教室安靜自由的走路，聽到教師敲兩下鈴鼓聲，馬上做出印象中老人模樣的靜止動作，教師隨機點幾位靜止動作的學生，請學生說一句「老人……」的句子（如：老人容易駝背）。

第二階段：界定問題（1.5 節課）

流程與習式	內容與重點
影片觀賞	1. 觀看「來信」影片（看到老人和早已去世的老伴，訴說和兒女會面的情況場景即停止播放）。 ＊教學小祕方：確定每個學生都了解影片的內容。
分享所見內容	2. 教師與學生一同回想、分享剛才看到的影片內容。 ＊教學小祕方：提醒學生畫面要清楚，且要與老人相關。
定鏡	3. 教師請一組學生出列，利用肢體做出影片中的重要畫面並定格，並請其他學生說明這個畫面中的訊息。 ＊教學小祕方：提醒學生以該畫面中的角色身分說話。
時間線 思考軌跡	4. 教師說明以該畫面為主，其他小組學生分別想像老人一生的幾個重要時刻畫面，先邀請幾位學生分享，給予每組約兩分鐘的時間，運用肢體呈現該靜止畫面，確定每一組都完成之後，請各組按照有順序的位置分別在教師走過的時候一一呈現，教師經過之後仍要維持其畫面的靜止，教師適時在各畫面中，用手碰觸學生肩膀，讓該角色的學生說出角色當時心中的想法。 ＊教學小祕方：教師可進入其中，安靜聆聽學生之間的分享。
場外之音	5. 教師請學生在教室空間自由遊走，聽到教師敲打兩下鈴鼓時，馬上與身旁最近的同伴分享對於該影片中老人的想法，至少輪過三次回合。

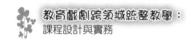

第三階段：發展問題（兩節課）

流程與習式	內容與重點
扮演焦點人物的學生在另外的空間就定位等待訪問焦點人物	1. 請有角色卡的學生先在另外一個空間分別坐好，學生四人分別扮演老人、兒、女、孫等角色，並配戴識別卡讓訪問者確認角色，教師説明等一下會通過時光隧道與影片中的角色見面。教師發給每位學生一張 A4 紙，上面已寫好了分配要訪問的角色，然後請訪問相同角色的學生圍在一起，教師帶領學生進入該空間，訪問者在受訪者四周坐下，開始輪流訪問，並利用手上的白紙記錄訪問到的重點，約十分鐘後，教師集合訪問者一起離開該空間。
分享訪問的結果	2. 教師請學生分享剛才訪問的過程與得到的訊息。 ＊教學小祕方：角色卡可於教學前就先給予學生熟記（附件二），並提醒學生必須按照角色卡的內容回答。

第四階段：解決問題（1.5 節課）

流程與習式	內容與重點
説明教師入戲過程規則	1. 學生坐在地上，教師説明等一下會有一位老人福利部門官員來到，他負責規劃改善老人生活問題，讓老人活得更快樂，當看到披著一件外套的人走入教室就是該官員，而學生先閉上眼睛，睜開眼睛咳嗽三聲後假裝自己是老人，當官員離開後，學生再次閉上眼睛，聽到教師的聲音則張開眼睛恢復學生身分。 ＊講述重點：學生扮演老人，向官員提出目前生活上的問題，以及希望未來改善的部分，官員會匯集大家的意見統一處理。
教師入戲會議	2. 教師走出教室穿上外套變為官員的身分，此時學生閉上眼睛，待教師進入教室後，學生睜開眼並咳三聲變成老人。教師先介紹自己的身分，並趁機與學生巧妙互動（例如向其中一個學生説：ㄟ，老李，你上個禮拜不是才剛跌倒骨折去住院，現在還好嗎？）。學生分別向官員提出生活上的不便與遭遇的問題，以及希望替他們改善的部分，官員一一寫在白板上，等到意見發表的差不多時，官員説明會把這些問題帶回去和相關部門研究一下，感謝大家提供意見，希望大家身體健康，保重身體，道別後走到教室外面，脫下外套，以教師身分再次走到教室中間。

流程與習式	內容與重點
	＊教學小祕方：若無學生要發言，可以指名學生發表（如：老王，你上次不是跟我反映醫院的樓梯太多又太陡，走起來很吃力？……）。教師不需要馬上提出對策，只需告知了解問題，會呈報上去處理。
教師彙整學生意見，提出幾個議題讓小組思考改善後的畫面 對剪片斷	3. 教師說明剛才官員把匯集的意見都寫下來，一部分是問題，一部分是改善的方式，教師進行分配，找出幾個對應的問題與改善的策略，一半的小組以肢體靜止畫面呈現生活中的問題，一半的小組以肢體靜止畫面呈現問題改善後的畫面，一個問題對應一個改善後的畫面，教師敲打鈴鼓給予十秒的時間，兩組同時呈現畫面，直到全部小組完成。

第五階段：複習（0.5 節課）

流程與習式	內容與重點
依影片結局，小組呈現	1. 以之前觀看影片中的最後一個畫面為主（老人坐在房間床上），各小組討論如何接續完成故事結局，小組輪流上場呈現，可有簡短對話，在最後結束的時候再呈現靜止畫面。
如果我是你	2. 學生分成兩排站立，當教師一一走過面前時，學生輪流說出在此系列教學活動中的想法。
填寫學習單	3. 學生書寫學習單（附件三）。

課程教學實況

第一階段：一般說明

定鏡	教師發現很多學生幾乎都做彎腰駝背的動作，這表示大部分的學生都先從外型第一印象來做著墨，比較少人注意一些細微處，教師故意略過學生們大同小異的動作，找一些比較特別的表現，如有學生做出老人戴老花眼鏡瞇眼看字，或是背駝著背孫子，喝水吃藥、坐著下棋。其中一個學生翹一隻腳，坐在臺階上搓腳的大拇指動作很特別，他說他的奶奶平常就是這樣。

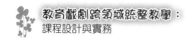

第二階段：界定問題

定鏡	看影片時，教師選擇在老人找兒女帶他去就醫卻四處受挫的畫面停止，就像沒說完的話，讓學生更有興趣去探究，果不其然，大部分學生最有印象的也是老人失望的呆坐床上、自言自語的畫面。
時間線思考軌跡	教師先帶領學生們為老人想像幾個生命中的重要時刻，包含大學畢業、結婚、第一個小孩出生等，接著分組用肢體呈現，最後一組即呈現剛才老人呆坐的模樣。有學生問扮演的角色只有一兩個，其他人怎麼辦，教師暗示他們可以扮演景物豐富畫面，所以有人扮演證婚的牧師，有人扮演桌椅，有人扮演相框等。 在小組個別呈現定格畫面時，教師會輕碰當中角色或是景物的學生肩膀，該學生就說出扮演的角色在該情境會說的話語，如畢業畫面中的畢業生說：「耶！終於畢業了，可以開始賺錢了」；結婚畫面的新郎轉頭問新娘說：「你以後想生幾個孩子呢？」。兒子出生畫面的爸爸說：「我的小孩真可愛」。最後一幕的老人說：「唉，我怎麼辦？」 接著教師將四組依照人生時間順序以環型排列位置，教師輕搖鈴鼓約十秒鐘，讓第一組完成剛才的定格畫面，再輕搖第二次，第一組原位坐下，換第二組完成畫面，以此類推。第一次表演的時候比較混亂，教師馬上請各小組再重來一次，但是教師會在每一幅畫面表演的時候，配合細節的口述，一來讓小組更清楚自己扮演的角色，二來加上情境敘述更有畫面感。從大學畢業到結婚到孩子出生到老來患病，無人關心，最後一幅畫面口述完畢，教師發現學生都很安靜，有幾個甚至還若有所思的模樣。
場外之音	教師讓學生走動分享對老人的各種想法，有學生說：「我覺得老人好可憐」，也有人說：「他為什麼不把兒女都一起叫來說清楚」，還有人說：「乾脆去住養老院好了，還有人可以照顧他」等。

第三階段：發展問題

訪問 焦點人物	教師已事先請幾個學生擔任老人的子女和孫女角色，並給他們每人一張角色相關資料研讀，活動前抽問學生其中的細節，以免在扮演的時候穿幫，也加強他們跟角色的連結感。學生們很認真，覺得自己十分重要，有個學生還反問教師資料沒寫到的細節（那都是教師自己編想的，沒有正確答案），得到教師的讚賞，本來教師十分擔憂，怕他們勝任不來，但是原來學生遠比教師的想像更投入。 教師跟其他學生說明後，故意帶領他們走過一段比較暗的走廊通道，再進入原先的教室，除了讓四個角色有時間就位，也讓其他學生有轉換空間的錯覺。 學生在訪問角色人物的時候非常投入，常看到學生點頭發出「哦」的聲音。當中問到一些不相關的問題，教師還聽到學生回答：「你的問題和我今天來的目的沒有相關，我不想回答」，問問題的學生摸摸鼻子，也沒惱羞成怒，每個人都懂得控制自己的音量，微微的聲音飄散在空間裡，加上學生的抄寫的沙沙聲，是相當成功的情境營造。

第四階段：解決問題

教師入戲 會議	教師化身成為老人福利部官員，學生閉眼再睜開，咳嗽三聲成為老人，一起探討目前生活不便的地方，以及提出建議。剛開始，學生還不太適應自己變成老人，教師運用一些方法引誘學生進入情境，教師故意指著一個學生裝熟說：「老王，你不是才骨刺開刀完，剛出院，身體還好吧……」，學生先是一愣，後來也入戲配合教師一搭一唱說：「還好還好，死不了」，當中不時有咳嗽聲出現，好像跟真的一樣。學生提出像是樓梯太陡不好走，補助太少還要向小孩伸手，希望有免費公車和老人院（不希望小孩花錢），運輸工具可以免費，有一些適合老人的娛樂場所等。教師適時的引入問題詢問學生，如想和子女一起住嗎？去住安養院好不好？生活上有什麼不方便的地方……。將不便的地方和建議分開書寫在白板上，學生反應漸漸熱絡，互動更自然。

對剪片斷	請學生分組根據剛才的討論結果，選定一個主題，用肢體動作呈現改善前與改善後的畫面，如改善前「老人整天在家看電視打瞌睡」和改善後「老人聚在一起下棋、喝茶」，扮演改善後的畫面中，學生臉上充滿笑容。

第五階段：複習

如果我是你	學生分享老人很需要子女的關心，子女要多一點耐心對待他們，也有人說自己以後也會老，要開始存錢，不然連養老院也住不起，還有人說要交幾個好朋友，老了以後一起去遊山玩水，不要受子女的氣，也有學生希望政府多為老人設計一些適合老人娛樂的地方，還有學生說回去以後要多跟阿公說說話，別讓他太孤單。

教學反思與建議

時間線之策略宜先個別確認內容再輪流呈現，以確保流程順暢

　　操作時間線的策略時，小組學生不容易馬上確認呈現內容，這時候教師可以先讓個別小組呈現，確認各組的呈現內容和細節，加以建議或調整，最後再一起按照時間順序輪流呈現，才有一致性，可以同步搭配教師的口述，更有助於學生的表現，營造適當的氛圍。

焦點人物須事先熟練角色資料以利回應

　　對於擔任焦點人物的學生，教師必須事先給予相關角色資料，並且確定熟練該角色的背景資料且能自然的回答，教師可預先抽問學生問題，視回應狀況，作適當的原則說明，如此才可使題問更聚焦。

學生學習評量

第一階段：一般說明

　　1. 學生能模仿出老人的日常生活動作。（定鏡）

第二階段：界定問題

　　2. 學生能體會角色人物的想法並用動作和語言呈現。（思考軌

跡）

第三階段：發展問題

　　1. 學生能投入訪問的情境並完成訪問任務。（訪問）

第四階段：解決問題

　　1. 學生能投入情境化身老人身分參與活動，提出建議。（會議）

　　2. 小組能根據討論結果，呈現出對比效果的畫面。（對剪片斷）

第五階段：複習

　　1. 學生能說出活動過程中的感受。（如果我是你）

教學感言

　　要現在正值青春無憂的孩子去設想老人，甚至對老人有同理心，實在有所困難。影片是一個很好的介入素材，從影片內所規劃理想老人生活的美好期待方向，可提供課堂討論的重點。這一堂老人課題的預習，已經在學生心裡慢慢發酵……，這是一堂與他們有點距離（年紀）的教學，在戲劇情境裡，他們預先過了一天的老人生活，建構自己未來老年的場景。青春，因為想像變得更美好。

教學參考資料

1. 阮怡瑜（2012）。不老騎士：那些歲月帶不走的夢想與勇氣。臺北市：高寶。

2. 簡媜（2013）。誰在銀閃閃的地方，等你：老年書寫與凋零幻想。臺北市：聯合文學。

3. 高齡化社會來臨，人們準備好了嗎？

http://old.npf.org.tw/PUBLICATION/SS/091/SS-R-091-021.htm

4. 大眾銀行　夢騎士三分鐘

http://www.youtube.com/watch? v=5E5LQwpOy1U

名稱：失落的青春

教師入戲
教師披上外套扮演官員，學生扮演老人，共同討論目前老人福利的狀況。

會議
教師請學生將發表的各種說法寫在白板上，增加印象，並同時統整歸類。

如果我是你
學生分兩列，輪流在教師經過時說出想法，學生的創意答案讓人捧腹大笑。

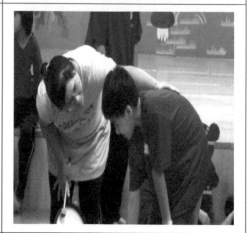

定鏡
學生依照教師指令，做出各種老人的相關定格動作，如老人容易彎腰駝背等。

附件一　訪問單

我訪問的老人名字是＿＿＿＿＿＿，今年＿＿＿＿歲，他是我的＿＿＿＿＿＿

訪談題目：

1. 滿意目前的生活嗎？為什麼？

＿＿＿＿＿＿＿＿＿＿＿＿＿＿＿＿＿＿＿＿＿＿＿＿＿＿＿＿＿＿＿＿＿＿＿

2. 目前生活上有什麼不方便的地方？

＿＿＿＿＿＿＿＿＿＿＿＿＿＿＿＿＿＿＿＿＿＿＿＿＿＿＿＿＿＿＿＿＿＿＿

3. 最大的煩惱是

＿＿＿＿＿＿＿＿＿＿＿＿＿＿＿＿＿＿＿＿＿＿＿＿＿＿＿＿＿＿＿＿＿＿＿

4. 覺得最快樂的是

＿＿＿＿＿＿＿＿＿＿＿＿＿＿＿＿＿＿＿＿＿＿＿＿＿＿＿＿＿＿＿＿＿＿＿

5. 最大的願望是

＿＿＿＿＿＿＿＿＿＿＿＿＿＿＿＿＿＿＿＿＿＿＿＿＿＿＿＿＿＿＿＿＿＿＿

6. 到目前為止，自己最光榮的事情是

＿＿＿＿＿＿＿＿＿＿＿＿＿＿＿＿＿＿＿＿＿＿＿＿＿＿＿＿＿＿＿＿＿＿＿

7. 如果能再年輕一次，最希望做的事情是

＿＿＿＿＿＿＿＿＿＿＿＿＿＿＿＿＿＿＿＿＿＿＿＿＿＿＿＿＿＿＿＿＿＿＿

8. 要過快樂的老人生活，應該要有哪些條件？

＿＿＿＿＿＿＿＿＿＿＿＿＿＿＿＿＿＿＿＿＿＿＿＿＿＿＿＿＿＿＿＿＿＿＿

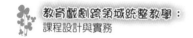
附件二　角色卡內容

老人──王老爹

　　王老爹，75歲，是一個樸實憨厚的鄉下人，和妻子感情很好，育有一子一女，不多話，但會用實際行動表達自己的情感。很會種田，靠耕農養活一家人，拉拔小孩長大，一家人感情很好，是他最安慰的部分。但近年來因年紀大，身體不舒服，所以不再種田，改為種菜，收成的菜不用來賣錢，而是分送給孩子各家。孩子們成家立業後，紛紛出外各自建立家庭，只剩他和老婆相依為命，妻子的去世讓他變得更少話，更加孤單，只能靠著老婆的衣服思念她。王老爹會在孩子們上班經過的地方賣菜，藉此看看孩子們過得好不好，最近因為身體不舒服，被醫生診斷出罹患肝臟惡性腫瘤第三期，只剩三個月的壽命，他不想拖累孩子。

兒子──王大志

　　王大志，46歲，個性好強，做人爽快豪氣，朋友很多，本來剛結婚時和父母一起住，後來因妻子想要有自己的小家庭，所以搬出家裡自己買房子。妻子為照顧孩子沒出外工作，家中經濟全由他一肩挑起，家計負擔較大，育有一女小蘭。正如名字「大志」一樣，他非常想要闖盪出自己的一番事業，向父親拿過一筆錢來做生意，但因經營不善而倒閉，從此改開計程車，生意普通，得要自己去勤加連絡老客戶才比較有生意。會看很多事不順眼，偶爾也會埋怨老天爺讓他懷才不遇，煩悶的時候會抽菸。跟爸爸之間話不多，和去世的媽媽比較親近，有時會為了錢的問題和父親起口角，但嘴硬心軟，其實心裡面很敬愛父親，不過不擅用言詞來表達情感，每次一看到父親還是不知道要和他多說些什麼。

次女──王如意

　　王如意，43歲，是王老爹的次女，也是他最寵愛的唯一女兒，小時候便是父母的掌上明珠，雖然家境並不富裕，但父母總會盡量滿足她的要求，個性溫柔體貼乖巧，說話輕聲細語，課業沒讓父母操心過，最喜歡和爸爸聊天，不過很早就出外念書，沒住在家裡。目前在公司當會計，壓力很大，常要加班，先生也為上班族，育有一子小威，家住在都會區的公寓，貸款經濟負擔較大，但不會回去向父親開口要錢。母親去世之後，很捨不得爸爸自己一個人獨居，但是自己的環境也沒辦法和爸爸同住，只能偶爾打打電話和爸爸聊聊天，關心他的狀況，或是等爸爸拿菜來的時候，趁機和爸爸說說話。

孫女──王曉蘭

　　王曉蘭，18歲，目前就讀私立大學，個性活潑開朗，長相甜美可愛，人緣極佳，小時候和爺爺奶奶住在一起，因此和爺爺奶奶感情非常好，尤其是爺爺最喜歡帶她出去逛逛，到處和人炫耀自己有個漂亮的小孫女。後來媽媽想要組成小家庭，自己和爸爸便離開爺爺家，在附近居住，爺爺想念他的時候都會跑到家裡來看她，她最會和爺爺撒嬌，讓爺爺開心，穿著時髦，喜愛交際，人緣很好，不過因家裡經濟不是很富裕，有時要自己去打工負擔學費，爺爺有時也會偷偷塞一點錢給他。

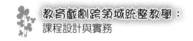
附件三　失落的青春過五關

　　上了老人議題——失落的青春，欣賞短片「來信」之後，我們更了解老人的內心孤單、寂寞與不便，以及老人常需要關心與陪伴，透過課程，同學一定體會到老人身邊遭遇的困擾，現在請你們想一想，接受下面的過五關挑戰吧！

第一關

上完課後，請問你知道老人有哪些困擾與不便嗎？

_____

_____

第二關

你如何尊重老人家或是讓老人家開心呢？

_____

_____

第三關

大家討論許多有關老人的問題，如生活的不便，身體病痛等……，你認為老人的問題中，哪一項最需要改善？如何改善？請具體寫出解決方法。

最迫切的問題是：_____

_____

我的解決方法建議是：_____

第四關

上完課後，你會如何付出行動，關心周遭的長輩或老人呢？當你付出時，他們又如何稱讚你呢？

_____

第五關

當五十年後自己也成為老人，你想過怎樣的生活？如果想過更舒適美好的
理想生活，現在的你該做怎樣的準備與努力？

作法一：_____

_____

作法二：_____

_____

作法三：_____

_____

評量表，做得很棒請打☆，做得不錯打∨，要再加油的打△

	第一關	第二關	第三關	第四關	第五關	備註
家長評分						
自己評分						
老師評分						

第四單元　滑鼠上的朋友

　　本課程透過「一位美國女孩的自殺事件」的新聞報導，引發學生思考現代科技背後存在的人性，以及同儕或社群間不經意的、未經深思的「揪團」行為，其實潛藏許多危機。在探討、推想、體驗之後，希望孩子們善用滑鼠這項工具，對自己與他人的生活負起責任。

主題說明

　　網路科技發展的快速，讓人與人間的溝通有了更多媒介，卻由於資訊的快速流通，加上網路媒介的匿名、不公開性，使得許多人上網留言時常不加思索，只求快速回應、累積人氣。

　　近來 Facebook 迅速崛起，不會使用 Facebook 彷若成了落伍的象徵。根據 Facebook 中文部落格——Facebook 最新註冊人數統計，截至 2013 年 1 月，臺灣地區使用 Facebook 人數已超過 1,330 萬人。Facebook 的功能有許多，正如網路科技為我們的生活帶來許多便利。同樣的，在社會各界普遍呼籲網路陷阱不容忽視的同時，我們是否也該注意一個按「讚」的過程中，到底隱藏多少危機？

課程設計架構

1. 採用模組：程序戲劇模組。
2. 各階段運用習式：
   (1) 第一階段：中段情節——定鏡、報導文學。
   (2) 第二階段：前段情節——場外之音、牆上的角色、內心的掙扎、生活圈子、集體角色、訪問。
   (3) 第三階段：後段情節——定鏡、思考軌跡。

3. 教學時數：三節。

4. 教學要點：

(1) 關鍵問題：善用網路素養，對網路留言負責。

(2) 戲劇素材：新聞事件——「一位美國女孩的自殺事件」。

(3) 焦點問題：如何避免資訊網路時代中的傷害行為。

(4) 主題事件的戲劇建構背景：

‧何人：女孩、女孩班上的同學、家人、朋友。

‧何時：學期中。

‧何地：電腦桌前、女孩學校、社區。

‧因何：一位女孩看到了同學在 FB 上的留言。

‧為何：因為同學 FB 上的留言，讓女孩想不開而萌生自殺的念頭。

‧如何：謹慎使用網路科技。

(5) 教學準備：

‧ 一份英文報紙，報導「一位美國女孩的自殺事件」。

（大意是在美國某個小鎮上的學校，有位混血兒女孩平時害羞不常與人往來，但只要在 FB 上，她就能暢所欲言，且加入許多 FB 好友。一日 FB 上的友人提到班上某位女生如何令人討厭，長相如何奇怪⋯⋯等，其他的人開始加入討論，還不斷有人按「讚」表示認同。女孩後來發現大家所說的主角原來是自己，因受不了大家對她的評論而選擇自殺⋯⋯）（最好選擇字彙深的紐約時報或中國郵報，不要讓小朋友一眼就看出不是真正的報導）。

‧海報紙（每組一張）、彩色筆（每組一盒）。

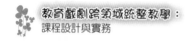
教學設計

第一階段：中段情節（0.5節課）

流程與習式	內容與重點
詢問學生使用網路經驗	1. 教師先詢問班上學生使用網路的經驗（平常會上網做些什麼）？ ＊教學小祕方：先讓學生自由提出，教師將焦點引導至使用 FB 上。
定鏡	2. FB 有哪些功能？先讓學生分組討論，接著用靜止畫面表現出來。 ＊教學小祕方：呈現時由觀看學生猜測畫面傳達的訊息，若猜不出，可請呈現者說出答案。
報導文學	3. 教師拿出英文報紙，述說新聞事件──「一位美國女孩的自殺事件」。 ＊教學小祕方：先再次綜合 FB 的功能，可以 PO 文等，引導至可以按讚，但請學生思考按讚的背後有沒有問題？在等待思考的同時，揭示新聞事件。

第二階段：前段情節（兩節課）

流程與習式	內容與重點
場外之音	1. 請學生們在教室中自由走動，聽到兩下鼓聲就近找一個人，兩人一組以二十秒聊八卦，針對自己認為這個女生的個性、想法是什麼交換意見，開頭請用：「聽說……」。再拍一下鈴鼓就換人。
牆上的角色	2. 全班分為四組，請各組在海報紙上描繪出人形，人形內寫出女孩內心可能有的掙扎或情緒，人形外寫出女孩可能出現的外顯行為，各組完成後分組上臺發表。
推測與討論女孩的人際互動	3. 根據「牆上的角色」女孩的特徵，請各組再討論同學間可能批評女孩時會使用的一句話。 ＊教學小祕方：教師需注意批評的角色為「牆上的角色」，而非班上某位同學。 4. 請四組學生共同圍成一個正方形（一組圍一個邊），一組負責其中一句批評的話語，接著將「牆上的角色──美國女孩」海報紙放置在中央，讓各組學生輪流、隨機說出批評的話語。 ＊教學小祕方：現場批評的話語會此起彼落、連續不斷，教師可提示大家用不同的情緒說出，例如：鄙視的、氣憤的等等。

流程與習式	內容與重點
內心的掙扎	5. 請兩組學生們成兩列面對面站好，其他學生一個一個經過走道，兩旁的人把剛才分組討論的一句話大聲地對著經過的人說出來。最後分享經過走道的感覺。 ＊教學小祕方：要規範通過走道的學生，每通過一個人次，就要停在原地兩秒再往前走，如此才聽得清楚、感受得到。
生活圈子	6. 將「牆上的角色」海報紙翻至背面，中間畫個圓圈，寫上「混血女孩」，圈外分為四個部分，分別寫上「環境」、「親人」、「興趣」、「活動場所」，代表女孩的生活面貌及生活中會接觸到的人。 ＊教學要點：環境：女孩的日常生活環境；親人：女孩的家庭成員或親戚；興趣：女孩學校或課餘時間喜歡從事的活動；活動場所：女孩日常活動的地點（例如：學校）。 7. 學生分組討論、想像女孩的這些資料，並將相關資料填入四個部分中。 ＊教學小祕方：請各組盡量將資料寫得詳細，如無法全部寫入，也請做補充說明，盡量讓角色的「生活圈子」完整。
分組發表	8. 各組輪流發表「生活圈子」內的人物情況。
集體角色	9. 請各組認領一個部分，假設一個場景，搬演出一個事件，每個角色需講一句話。分組呈現時，老師引導臺下觀眾猜測與想像人物是誰？扮演的場景是什麼？ ＊教學小祕方：創作的「生活圈子」，在每一組發表前要先經過教師引導、討論後確認是可接受的場景（不是天馬行空的，是現實生活有可能發生的）。
訪問	10.分組再次呈現，但教師會暫停劇情，碰觸任一個角色，觀看呈現的同學可以對這個角色提問或說一句話。 ＊教學小祕方：為防止學生脫軌演出，教師應立即制止開玩笑、無厘頭式的對話，鼓勵問題問得很好的學生。

第三階段：後段情節（0.5 節課）

流程與習式	內容與重點
定鏡 思考軌跡	1. 第三次呈現，維持靜像畫面，再由一位學生戴上鴨舌帽，變成網路留言的人，講出一句惡意批評的話。其他人則是表現在聽到這個女孩自殺的當下的反應及會說出什麼話？請角色說出心中的一句話。
學生發表	2. 回饋分享：請思考 PO 文及按讚的時機與隱藏的危險。

課程教學實況

第一階段：中段情節

定鏡	教師先詢問學生使用網路的經驗，學生回答：上網玩遊戲、上網查資料、看新聞、上網看是不是放假、看天氣、上網聊天⋯⋯。而使用 FB 的經驗，則全部人都有，FB 果然是這個世代的共同話題與生活必需品。 給學生兩分鐘分組討論 FB 功能，再利用三分鐘以靜像呈現討論內容，呈現時需要有高中低元素，而且呈現的內容要很具體。教師利用小組討論時間到各組聆聽與指導，並提示要先排練畫面。 分組呈現時，由其餘學生猜測畫面傳達的訊息。第一組是在玩電腦遊戲，有一個人當電腦畫面，一個蹲在旁邊是主機，一個是玩電腦遊戲的主角，另一個人站在旁邊看；第二組在利用 FB 聊天，主角表情很開心；第三組畫面很簡單，一隻大拇指按在另一隻大拇指上，是在按讚，一個簡單又達意的表現方式，教師立即請其他人對他們按讚；第四組呈現的是聊天和玩遊戲。六年級學生們有豐富的戲劇參與經驗，靜像呈現時會考慮畫面中不同元素的高低水平，也會利用身體扮演物件以豐富畫面。
報導文學	教師拿出一份英文報紙，是有關一個美國混血兒女孩因網友在 FB 留言、按讚而自殺的事件。準備英文報紙，是為了讓事件更逼真，果然，學生們都專注地聆聽教師的「翻譯」，有人想借去看，旁邊立刻有人說：「你看不懂啦！」其實，這份英文報紙並非本新聞事件的出處，教師只是找了一份單字較艱深的英文報紙，滿布著英文，感覺較像真實報導。

第二階段：前段情節

場外之音	聽完新聞，要利用不同人的意見豐富人物角色的背景資料。請學生們在教室中自由走動，聽到兩下鼓聲就近找一個人，兩人一組以二十秒聊八卦，針對自己認為這個女生的個性、想法是什麼交換意見，開頭用：「聽說……」。再拍一下鈴鼓就換人。學生們開始跟著教師的鈴鼓節奏自由走動，停、聊天，都很按指令做動作，並發展出各路八卦消息。
牆上的角色	學生交換了四至五次訊息後，臉上漸漸退了新鮮感，開始有敷衍的氣氛，教師立即隨機分組，請小組組員在海報紙上畫出人形，把剛才聽到關於這個女孩的八卦寫出來，個性寫在人形裡，表現的行為寫在人形外面。經過場外之音，果然各組眾說紛紜：個性——內向、其貌不揚、善良、沉默、體貼、自戀、自大……；行為表現——沒有朋友、不愛說話、有自閉症、討人厭、愛聊天、常上 FB、很兇、很惡毒、人際關係不好……
內心的掙扎	請四組圍成一個長方形，各組討論出一句話表示對這個自殺的外國女孩的批評。第一組說不出來，第二組說「你的臉像毒蛇」，第三組說「你像綠巨人浩克」，第四組說「你很自大」。 利用發展出來這幾句惡毒的話，藉著內心掙扎的策略，要讓學生們感受遭受惡意批評的心情。請學生們成兩列，面對面站好，一個一個經過走道，兩旁的人把剛才分組討論的一句話大聲地對著經過的人說出來。結果，通過走道的速度太快，無法體會飽受批評的感受。請學生們重做一次，仍然不太理想。課後反思，應該要規範通過走道的學生，每通過一個人次，就要停在原地兩秒再往下走，如此才聽得清楚、感受得到。
生活圈子	每組領取一張海報紙和彩色筆後，開始勾勒這個女孩的生活圈子：中間畫大圓圈，圈外分四部分，分別寫上親人、環境、興趣、活動場所，想像及猜測這個女孩有哪些親人、居住在什麼樣的環境裡、喜歡從事哪些活動、一天中可能會去的地方或接觸的人。請每個人先說出來，其他組員同意後才能寫上去。 學生對女孩背景猜測如下：環境為美國偏僻的小鎮，有麥當勞、肯德雞，很寧靜，易發生危險……；親人有爸爸、繼母、哥哥、姊姊、弟弟、妹妹、阿姨、阿祖、男朋友……；興趣是打電腦、看影片、上社交網站、逛百貨……；活動場所為夜店、PUB、網咖、客廳、房間、學校、圖書館、博物館、公園、游泳池、7-11……。 學生們對於女孩背景資料的勾勒，幾乎綜合了他們自己的生活經驗及電視影片對於外國生活的描述。

集體角色	分組報告後，請各組認領一個部分，設定一個場景並演出一個事件，並請每個角色需講一句話。分組呈現時，教師先引導臺下觀眾猜測與想像人物是誰以及扮演的場景是什麼。分組討論與戲劇呈現時，笑聲此起彼落，大部分的學生投入排演的樂趣中，有一些則陷於玩鬧中。在猜測戲劇呈現的扮演人物時，臺下同學舉手踴躍猜測。
訪問	分組再次呈現，但教師會暫停劇情，碰觸任一個角色，觀看呈現的同學可以對這個角色提問或說一句話。臺上臺下互動熱絡，對於問題問得很好的學生，教師會立即給予鼓勵。

第三階段：後段情節

定鏡 思考軌跡	小組定鏡第三次呈現，先維持靜像畫面，再由一位學生戴上鴨舌帽，變成網路留言的人，講出一句惡意批評的話。其他人則是表現在聽到這個女孩自殺時的反應以及會說出的話？ 以下是學生們的反應：生命是可貴的（網友）；早知道就讓她多看看、多摸摸雕像（博物館員）；雖然她在學校表現不好，但聽到消息很遺憾（學校主任）；早知道不要罵他了（網友）；這件事我很難過（網友）；為何要為 po 文就自殺呢？（同學）；我好難過我的孫子死掉了！（祖母）。 課程結束前，教師問學生：「喜歡 po 文有何不好？」學生回答：「祕密會被知道」。教師提醒學生不能隨意傳播別人的祕密、任意批評別人，也不要隨便按讚，除非是好事，如陳樹菊捐款行善助學這樣的事件。每個人對批評感受不同，請勿在網路上亂批評。如今天課堂討論的新聞事件，隨便在網路一按便可能會害人自殺，要非常謹慎的使用網路及滑鼠。

教學反思與建議

學生喜歡猜測

　　第一階段定鏡分組呈現時，由其餘學生猜測畫面傳達的訊息，比起讓扮演學生自己說出來得更有趣。同樣的，FB功能不容易以靜像畫面表達，但為了保持戲劇張力，也可先讓學生猜測，猜不出時，再利用思考軌跡任選畫面

中一個角色，以角色身分說出當時可能說的一句話，依序輕觸其他角色，直到同學們猜出為止。

通過「內心的掙扎」行進速度要慢

第二階段內心的掙扎，若通過走道的速度太快，便無法體會飽受批評的感受，應該要規範通過走道的學生，每通過一個人次，就要停在原地兩秒再往下走，如此才聽得清楚、感受得到。

分組時注意人際較差的學生

分組時，不論是兩人一組或數人一組，由教師協助分組可以減少嬉戲、吵鬧，亦可讓學生接觸不同的朋友群。不過發現有一名男生明顯受到排擠，最後分配到一組看起來較溫和的女生組，其他人都彷彿鬆了一口氣。教師利用分組討論時間，到這一組跟女生們謝謝她們貼心的接納，也小聲地跟這個男生提醒，要他特別配合組員。

分組方式可伺機改變

後續的活動中，進行另一次分組，這次有一個女生不情願地被分配到男生組，始終保持距離，為了不中斷其他組別的討論，因此不再調整小組成員，只好常常去關心她，也提醒該組其他組員討論時別忘了徵詢她的意見。她的熱情比起之前和女生同組時明顯冷卻，不過也偶爾遠遠的發表意見。如果還有分組機會，應要再一次更換組員。

學生學習評量

第一階段：中段情節

　　1. 能呈現 FB 的各種功能。（定鏡）

第二階段：前段情節

　　1. 能在聆聽一則新聞事件後，猜測事件主角的個性、想法。（場外之音）

　　2. 能描繪出主角內心可能的掙扎、情緒及可能出現的外顯行為。

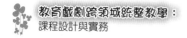

（牆上的角色）

3. 能體驗被鄙視、排斥的感受。（內心的掙扎）

4. 能想像事件主角的生活面貌及生活中會接觸到的人。（生活圈子）

5. 能呈現事件主角的生活經驗。（集體角色）

第三階段：後段情節

1. 能思考與他人互動關係的改善方式。（定鏡、思考軌跡）

教學感言

　　看到學生們在生活圈子的討論，不時出現粗俗、煽情的情節與遣詞用句，不難想像這些影響來自電視、報紙、雜誌等媒體。試想這些用語要是用來攻擊、批評一個人，而經由 FB 又產生數十倍、百倍甚至千倍的加持，對於當事人的殺傷力，當然不在言下。希望在本堂課的體驗後，學生們能確實反思自己在網路世界的行為，能透過滑鼠查詢資料精進學業，結交朋友分享喜怒哀樂……，絕對不要因未經熟慮的起鬨行為，不經意造成對他人的傷害甚或是一輩子的遺憾！

教學參考資料

1. Facebook 中文部落格──Facebook 最新註冊人數

　http://facebook.22ace.com/2012/03/checkfacebook.html

名稱：滑鼠上的朋友

定鏡

用靜止畫面表現出 FB 的功能：玩電腦遊戲、聊天、按讚……。

牆上角色

把剛才聽到關於一位自殺女孩的八卦寫出來，勾勒她的形象，人形內寫出女孩的內心情緒，人形外寫出她可能的外顯行為。

內心的掙扎

學生經過走道，兩旁的人對著經過的人大聲說出惡意批評的一句話，最後邀請學生分享經過走道的感覺。

定鏡

分組呈現女孩的家人、朋友、網友等聽到女孩自殺時的反應。

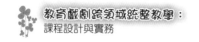
第五單元　瀟灑愛一回

　　本單元根據「性別的人我關係」設計，透過戲劇情境引導學生思辯，從戲劇過程中抽絲剝繭，理解人我關係的經營，尤其是學生在面對自己父母的關心與同儕的壓力時，讓學生學習運用不同角度的思考。從各小組不同的說法中，延伸出不同的情境表現。希望學生能學習到健康的情緒管理、適當的情感表達與溝通，以發展出正確處理情感關係的能力。

主題說明

　　隨著青少年普遍比以前早熟，及社會上性觀念漸趨開放的發展，「性別平等教育」成為重要的教育議題。新聞事件中，男女雙方因為感情因素而傷害對方，甚至致命的事件層出不窮，引導學生思考如何冷靜面對感情關係生變的議題，實在刻不容緩。

　　國小階段的學生在與同儕有爭執時，常會說：「不跟你好了」；因此，對於同儕之間的情感交流或是處理情感壓力方面，都會有需要協助的時候，但往往因為日益忙碌的家庭型態，家人之間無法安排溝通的時間，常常讓學生沒有成人幫忙因而無所適從；如果經由戲劇策略引導學生在安全的氛圍中表達自己的想法，進一步發展自己未來理性表達情感的方式。

　　所以，本單元設定一位女學生離家出走，教師運用百寶箱的策略引發學生對於故事主角的想像，透過價值澄清的方式，讓學生可以學習未來面對類似的情境時應該如何面對問題，並且以同理的角度認識自我與他人的想法，進而選擇理性的溝通取代非理性的手段，培養面對朋友交往時應建立的健康態度。最後，讓學生可以覺察自己的壓力來源與狀態，並能正向思考，以合宜的態度與人相處，能有效的處理人際互動的問題，進一步覺察不同性別者的互動方式，展現合宜的行為。

課程設計架構

1. 採用模組：百寶箱模組。
2. 各階段運用習式：
   (1) 第一階段：教師入戲引導情境——見物知人、未完成的資料、教師入戲、生活圈子。
   (2) 第二階段：引導探索——場外之音、關鍵事件、教師入戲。
   (3) 第三階段：即興創作——電話交談、關鍵事件、焦點人物。
   (4) 第四階段：分享與建議——立場選擇、日記書信或便條。
3. 教學時數：四節。
4. 教學要點：
   (1) 關鍵問題：學習運用健康的方式理性表達想法與情緒。
   (2) 戲劇素材：一個提袋、未完成的字條。
   (3) 焦點問題：學習如何以同理的角度以書面的方式解決問題。
   (4) 主題事件的戲劇建構背景：
      ・何人：金妮、金妮媽媽、強強、金妮老師、金妮的同學。
      ・何時：金妮沒到學校的第一個上學日。
      ・何地：學校。
      ・因何：金妮沒到學校，媽媽很著急。
      ・為何：金妮的媽媽找老師、找金妮同學，希望能了解女兒悶悶不樂的原因。
      ・如何：金妮要如何向強強表達分手的想法，同學們一起假設原因、綜合問題的癥結，一起提供分手的藝術。
   (5) 教學準備：
      ①梁靜茹歌曲〈分手快樂〉。
      ②中性提袋、口罩、娃娃、鑰匙圈、小筆記本、紙條。

- 中性的提袋，避免讓人一看外觀便立即判斷出提袋主人的性別。
- 提袋內物件有：口罩、娃娃、鑰匙圈、小筆記本、便條紙。
- 便條紙內容為：「強強，這幾天，我想了很多。跟你在一起，感覺很好，……」
- 筆記本中可以註記未完成的句子，「最近功課退步了……」

③入戲為母親的道具：眼鏡、小包包或絲巾。

④入戲為男主角的道具：鴨舌帽。

教學設計

第一階段：教師入戲引導情境（一節課）

流程與習式	內容與重點
事件說明 見物知人 未完成的資料	1. 請學生圍成一圈，讓每個人都可以看到教師手上物品，說明這是被送到學務處的一個手提袋。 2. 展示一個提袋內的一些物件，探討提袋主人的性別、個性，最後在筆記本中發現夾著一張未寫完的便條紙。請一位學生唸出字條內容。 ＊教學小祕方：字條看完後務必夾回筆記本中。 3. 先請學生依據看到的物品猜測主角的個性，共同進行討論；教師將提袋中的物品一一拿起，請學生發表想像主角金妮是什麼樣的人？ ＊講述重點：金妮的朋友、學業、家庭、興趣……。
教師入戲	4. 教師說明等一下換裝入戲為金妮的媽媽，讓大家了解為什麼金妮會離家出走？ 金妮媽媽說：「大家好，我到學校找老師，學務處的老師說手提袋在你們班，老師有事先跟我說要讓妳們幫忙了解我女兒，她今天沒到學校來上課，我剛剛去報案，警察說要等 24 小時之後才能報失蹤人口，所以我來問問大家的意見，妳們可以安靜的聽我講一下嗎？」（停頓一下，接著說）「我最近發現我女兒怪怪的，經常恍神，心情好像不太好，想利用女兒不在的時候，進她的房間找找看，有沒有什麼線索可以幫助她，結果只找到這個提

流程與習式	內容與重點
教師入戲	袋」（翻找了一下物品，並未發現異樣）。 最後，詢問學生：「是不是發生什麼事讓金妮心情不好？」教師出戲。 ＊教學小祕方：教師入戲是要讓學生了解這個提袋的主人，教師可換一副眼鏡、拿一個小包或綁一條絲巾，最後，拿出的物件為筆記本，可是未發現筆記本中夾著字條。
生活圈子	5. 請學生分成四小組，討論金妮是否發生什麼事情讓她心情不好？ 6. 學生分組在海報上寫出金妮可能遇到的問題，例如：考試考不好、和朋友吵架、零用錢被偷……，小組推派代表説明。 ＊教學小祕方：小組討論時教師可以引導男生、女生分開討論或合作討論出讓金妮心情不好的原因。
教師總結	7. 教師針對討論結果提出分析，例如：男生小組所討論出來的和女生小組有何相同或相異之處。

第二階段：引導探索（一節課）

流程與習式	內容與重點
引導學生思考	1. 教師請學生分享金妮有可能發生哪些事情？原因可能有哪些？例如：遇到壞人……。
場外之音	2. 請學生們以主角金妮同學的身分，聽到鈴鼓聲後在空間中自由走動，聽到鼓聲兩聲請暫停，與最靠近自己的一個人交換最近聽到關於金妮心情不好的八卦消息。 3. 交換訊息時，請學生以「聽説金妮最近因為……，所以心情不好」句型交談。請學生記住剛才場外之音中演練的消息，操作三次後停止。
關鍵事件	4. 請學生以剛才聽到的消息，推論金妮的煩惱是什麼？ ＊教學小祕方：請學生分組討論，提出剛才聽到的問題，找出最有可能的解決方案。
定鏡	5. 小組靜像呈現：如果自己發生上述困擾時，會以什麼方式解決，教師拍其中一位學生的肩膀，請學生先説一句話。
教師入戲 焦點人物	6. 教師入戲換裝為金妮媽媽，學生為金妮同學。金妮媽媽打電話詢問與金妮有交往的同學：「剛剛老師説妳們可能知道金妮最近發生什麼事？請問誰可以告訴我呢？」教師對著其中一位學生説：「小智（小玉……）啊，請問你最近有沒有聽金妮提到什麼事讓

流程與習式	內容與重點
	她很困擾呢？」學生立即扮演小智（小玉……），根據場外之音聽到的消息，告訴金妮媽媽。最後，金妮媽媽根據聽到的消息，刪除可能的答案，最後結論是：金妮可能要和男朋友分手。金妮媽媽：「謝謝大家的幫忙，如果金妮可以回來，我一定不會再罵她了。」教師出戲。
教師結語	7. 請學生猜測金妮為什麼要與男朋友分手，下一次再討論。

第三階段：即興創作（一節課）

流程與習式	內容與重點
說明分手的原因	1. 請學生針對上次發表內容進行回憶，討論出分手的原因，是絕交呢？還是繼續當好朋友？ ＊教學小祕方：教師上課前先用手機設定十分鐘響鈴。
電話交談	2. 教師接到金妮的電話，了解她為什麼功課退步，並且詢問她遇到什麼問題？最後，教師說出：「什麼？妳想要分手？喂？」假裝是電話斷線，表現出一臉疑惑的表情。 ＊教學小祕方：讓學生相信教師真的接到金妮打來的電話。
關鍵事件	3. 請學生小組討論金妮和男朋友分手的原因，呈現情侶會因為什麼而決定分手，最糟糕的情形是什麼？小組學生以靜像方式呈現，教師輕碰組員的肩膀，組員以扮演的角色身分說一句話。 ＊教學小祕方：因畫面元素可能較少，組員不宜太多，六人為上限。 4. 請學生小組討論，呈現情侶決定分手時可以採取的策略，運用哪些健康理性的方式表達。教師輕碰組員的肩膀，組員以扮演的角色身分說出一句話。 ＊教學小祕方：每一組呈現的畫面元素（角色），可以跟剛才的不一樣。
教師入戲 焦點人物 電話交談	5. 教師戴上鴨舌帽入戲為金妮的男友強強，表示自己無法接受金妮提出分手的要求，感到非常憤怒，想要報復。學生們扮演強強的朋友，想辦法阻止他。強強聽了同學們的意見後，決定打消報復的念頭，但接著表示因為心中不舒服，不知道怎麼辦，學生們開始提出建議。最後，強強接到朋友電話說要去打籃球了，謝謝大家的建議，教師出戲。 ＊教學小祕方：教師可事先假設報復的方法：絕食抗議、對金妮惡作劇、散播中傷金妮的謠言、用刀威脅金妮……

第四階段：分享與建議（一節課）

流程與習式	內容與重點
詢問學生意見	1. 教師詢問學生對於好朋友的想法？男女朋友的想法？ 2. 請學生發表意見，什麼是好朋友的相處之道？男女朋友之間的友誼有何不同？如果你是強強，你會怎麼做？可以繼續當朋友嗎？
立場選擇	3. 教師統整學生提出的意見，規劃空間中的區塊，讓同意觀點的人站右邊、不同意的站左邊、不確定的站中間。 ＊教學小祕方：不要強迫好朋友表達不同的意見。
日記書信或便條	4. 教師請學生閉上眼睛專心聽，假裝翻開金妮的聯絡簿，唸出金妮媽媽寫的一封信：黃老師，您好。前陣子跟您提過，金妮心情不好，後來是她自己找我談，說是她想要跟強強結束男女朋友關係，我聽您的建議，建議她可以寫一封誠意的信給強強表達自己的想法。最近，我很高興地看到金妮又恢復了笑容，而且，她也告訴我，她跟強強決定要當很好的普通朋友！請老師不用擔心了。謝謝您的關心！ ＊教學小祕方：時間不足時，亦可以轉換為電話技巧，讓學生明白最後的結果。 5. 播放歌曲〈分手快樂〉，讓學生一邊聆聽，一邊寫一封信給強強。

課程教學實況

第一階段：教師入戲引導情境

見物知人	一開始請學生圍成一個大圓圈，讓大家都能注意接下來要展示的百寶箱，百寶箱裡有許多物件，包括口罩、鑰匙、娃娃、手帕、零錢包、悠遊卡、有鏡子的小梳子、髮圈、唇霜、帽子、筆記本、小紙條、鉛筆袋……等。
未完成的資料	當教師最後拿出紙條時，學生相當好奇的圍過來，而且唸出字條上的字，每個人都相當興奮，好像是看見新大陸一般。

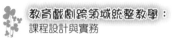
教師入戲	教師先向學生說明，當老師戴上眼鏡和圍巾時就變成妮妮的母親。老師入戲後，請學生拿包包，接著向學生說出對這個包包主人的問題，讓教師很擔心，學生的反應是很專注，但有部分男學生仍然缺乏注意力，這時導師作勢要制止。 學生的反應很直接，因為剛才看過紙條，所以學生就跟金妮媽媽說，她交了男朋友，這時候媽媽仍然要故作鎮定的將戲演完，很驚訝的說，真的嗎？學生紛紛要求媽媽再打開一下紙條，當然依據設定是不用打開紙條，媽媽就相信了這個謠言……
生活圈子	請各小組學生將提袋主人的性格寫下來，這樣老師可以了解學生對於物件解讀的想法，先有一個書面的紀錄，最後再將主角的生活圈子運用想像建構出來。 學生們分成四組，寫出主角的學習情形、交友情形、家庭狀況、個性特質……；每一組的想法都不一樣，加上對於主角的性別不確定的情形下，學生的想像力更豐富了，連娘娘腔的形容詞也出現了。

第二階段：引導探索

定鏡	為了讓學生想像主角在生活中面對的困境，所以請各組將金妮生活中遇到的問題以靜像呈現，這時教師觀察每一組人員，發現人際關係不佳的學生會自動成為一組，導師也發現這一組的組長竟然是較沉默的學生，另外兩位是平日會打架的對象，而這一節課卻讓他們願意合作，演出一段搶劫的畫面，但是同學卻因為平日的印象，都猜答案是霸凌。
場外之音	原本設定是擊鼓一下就換對象，結果發現有學生只是走來走去，沒有交談的跡象，於是教師加入參與，找同學問句型：「妮妮最近心情不好，因為……」，結果有很多答案，接著就請各組將答案記錄下來，成為後續發展線索。
關鍵事件	讓學生將剛才在場外之音中聽到的馬路消息，小組討論出可能的情形再表演出來。
教師入戲	教師第二次入戲成為金妮媽媽時，學生就發出「老師不用再演」的質疑聲，但教師還是堅持演完。金妮媽媽撥電話給同學要詢問有關金妮的情況，希望有人可以接電話，這時候因為教師沒先設定好要找幾號同學，所以最後演變成為多位同學接電話，因「同學回應的聲音干擾太大」，讓入戲的教師差點抓狂。此時，教師立即調整教學策略，隨機指定學生即時反應情況才趨穩定。

第三階段：即興創作

電話交談	教師入戲的金妮媽媽用手機接電話演得頗逼真，有部分學生相信，但是也有一些學生保持懷疑態度。
關鍵事件	請學生分組表演男生女生要談分手的狀態，有學生表演玉石俱焚，兩個一起去自殺殉情；有小組表演男生去跳懸崖，女生和另一個男生在一起；有一組則是表演丟汽油彈，要將女生給燒死；最後有一組表演打電話分手。 從學生激進的表現，教師決定邀請小強出來面對大家。
焦點人物	當教師扮演小強時，學生將剛才的情境重述一次，如何分手的招數，但是小強都表示不敢去做，因為怕死又怕痛，還怕被判刑加坐牢，請大家幫忙再想一想有什麼其他的辦法？結果小強願意打電話，但是也說，如果女生不願意接電話該怎麼辦？最後，學生說可以寫信。
電話交談	小強最後接到同學說要打球的電話，出戲。那些提出強烈手段的學生顯得不太滿意小強懦弱的表現，還說：「怕什麼？」結果，有女生很小聲的說：「你是小強的話，敢去坐牢嗎？」

第四階段：分享與建議

立場選擇	教師請學生思考剛剛的討論過程中小強和金妮的情形，是要分手絕交？還是復合繼續當朋友？請同學表達自己對於金妮與小強要分手的觀點。 結果有一些人本來站在分手的一邊，聽到想復合的同學呼喚就跑過去；設置中立區，讓不確定的人可以有時間考慮，結果，有三分之一的學生認為他們應該復合，三分之二選擇不確定或是認為應該分手。
日記書信或便條	因為小強仍想和金妮在一起，而金妮已經不想和小強在一起了，所以，請同學以金妮的角度寫信給小強。 從信件內容分析，班上有約三分之一的學生可以將自己想像成主角金妮，但是三分之一的學生偏向以自己的角度寫給小強，另外三分之一則是認為小強應該和金妮在一起，或是認為小強不應該這樣做，所以有情緒性字眼出現。

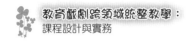

教學反思與建議

生活圈子

教師讓學生在海報上寫出可能的情況，一方面讓學生重溫有關提袋的內容，另外根據學生討論的結果，也調整了原始設計的小組靜像改為關鍵事件。對生活圈子的演出方式，建議調整為教師邀請一組學生即興演出生活中的問題，再邀請另一組學生協助找出解決策略；如此可以節省分組所耗費的時間，也可以讓學生比較聚焦在單一問題的呈現方式。

教師入戲

應讓學生們集中注意力之後再實施會比較容易，電話的習式在操作時，多是傳達重要訊息，如果要和學生通話，建議加註遊戲規則為佳，例如：撥電話給班上的幾號同學，請他接電話……。

學生在完成每個活動的過程中常常會出現「小動作」，建議教師可以觀察，盡量不做反應，以免偏離教學重點，不讓有情緒問題的學生影響教學重心。

學生學習評量

第一階段：教師入戲引導情境

　　1. 投入於角色情境扮演的態度。（教師入戲）

　　2. 小組共同彙整角色生活圈子。（生活圈子）

第二階段：引導探索

　　1. 小組共同討論、想像、演練妮妮的困境。（關鍵事件）

第三階段：即興創作

　　1. 提供個人的經驗，提出解決問題的策略。（焦點人物）

第四階段：分享與建議

　　1. 學生表達自己支持的一方。（立場選擇）

　　2. 學生練習寫一封表達想法的信。（日記書信或便條）

教學感言

　　教師一開始認為這個議題對於情竇初開的高年級學生應該可以引起迴響，但是後來發現，由於城鄉差距很大的關係，這裡的學生對於男女朋友的定義仍然很不清楚，所以將情感的層次變成友情的階段，讓學生進行討論比較有共鳴。學生最後扮演金妮寫信給強強，有些學生認為兩人應該復合繼續當朋友，有些學生則是認為分開了還是好朋友，也有學生使用非常強烈的字眼「分手吧！」，其實經過這樣的教學活動，老師發現有些學生原本很好奇的眼神，漸漸轉變成為似懂非懂的表情，是一個很不容易的過程。甚至原本言語較為激動的孩子，當他們把情緒化為文字之後，發現表情也緩和許多。理性表達情緒真的很重要，如果可以從小做起，希望未來可以營造一個詳和的社會。

教學參考資料

1. 97 年國民中小學九年一貫課程綱要

　　http://teach.eje.edu.tw/9CC2/9cc_97.php

2. 梁靜茹歌曲〈分手快樂〉

　　http://www.youtube.com/watch? v=lBNYpPmjH8M

名稱：瀟灑愛一回

見物知人	海報
以被撿到的一個袋子，讓學生猜這是誰的？	看看主角的生活圈中有什麼樣的困擾？學生將臆測的答案寫在海報空格中。

電話交談	日記書信或便條
老師接到金妮的電話：「喔！沒事了就好……寫一封信嗎？……」教師提供線索讓學生推論接下來的發展。	回到教室寫一封信給強強，學生想像自己就是主角，如何面對問題並透過信件陳述解決之道。

Chapter 8

生活科技學習領域的課程設計 與教學實務

第一單元　非核不可

　　本課程設計以影片「Discovery 頻道：福島核電危機 2011-05-15」引發學生對於核能電廠的關注，透過戲劇情境與習式，讓社會上不同角色的族群發聲，最後自己決定是否要建核四廠。希望學生們將參與過程中發揮的自主思考能力、相互傾聽與尊重的素養帶到生活中，扮演自己在未來社會中的角色。

主題說明

　　擁核、反核，本就是一個複雜而充滿矛盾掙扎的議題，正、反面都有不容忽視的主張與論點。身為教育者，並非社會議題推動者，本課程實施的目的是希望提供一個充分表達、相互尊重的時空，讓學生在參與的過程中，養成對於每一個事件都能有充分聆聽正、反兩面觀點的胸襟，最終再做成自己的抉擇，而非要求學生們明確表明擁核或反核。究竟——真的「非核不可」嗎？

　　日本 311 大地震之後，核災話題再度燃燒，在臺灣這座小島上，有三座運轉中的核電廠，還有一座興建中的核四廠，福爾摩沙美麗的面貌下，潛藏著令人憂心的核災問題，萬一大地震來了，核能電廠真能無

恙？核廢料能安然沉寂於大海中多久呢？真的不會影響海域生態嗎？另一方面，根據2011年臺灣電力公司資料統計顯示，目前核能發電占臺灣電力提供19%，若是停建核電廠，臺灣現有的電力系統足夠供應用電嗎？是否有其他能源可以取代呢？

讓學生離開真實世界的多慮與衝突，在戲劇情境中盡情發聲與誠心傾聽，學習多元思考與包容接納。「非核不可」，是核能外一章，是學生邁入未來世界的啟程。

課程設計架構

1. 採用模組：角色戲劇模組。

2. 各階段運用習式：

(1) 第一階段：一般說明——動作敘述。

(2) 第二階段：界定問題——報導文學、定鏡、思考軌跡、集體圖像、場外之音。

(3) 第三階段：發展問題——教師入戲、會議、設立標題。

(4) 第四階段：解決問題——時間線、定鏡。

(5) 第五階段：複習——誰是誰非。

3. 教學時數：四節。

4. 教學要點：

(1) 關鍵問題：了解核能發電的原理、核電廠爆炸的原因。

(2) 戲劇素材：影片——「Discovery頻道：福島核電危機2011-05-15」。

(3) 焦點問題：如何預防核災的發生。

(4) 主題事件的戲劇建構背景：

· 何人：政府官員、受災民眾、各產業代表、反核團體代表、核能專家。

· 何時：核災發生後。

- 何地：核爆災區、醫院、公聽會。
- 因何：政府為了生產足夠的電力，要增建核電廠。
- 為何：民眾享受用電方便卻恐懼核災。
- 如何：決定核電廠是否繼續興建。

(5) 教學準備：

- 影片「Discovery 頻道：福島核電危機 2011-05-15」pt.1/4。
  http://www.youtube.com/watch? v=u_oe_MiBG1I&feature=related
- 教師口述故事：如附件一。
- 教師入戲為經濟部官員補充資料：如附件二。
- 經濟部官員識別證。

教學設計

第一階段：一般說明（0.5 節課）

流程與習式	內容與重點
課前蒐集「核能」相關資料	1. 什麼是「核災」？ 2. 可能造成核災的原因。 3. 核災發生造成輻射污染，對身體及環境的影響。
動作敘述定鏡	4. 學生在教室空間內走動，根據老師口述故事（參考附件一）的劇情做動作，聽到老師的兩下鈴鼓聲要做出定格靜止姿勢。老師在講述過程中在定鏡時，隨機輕拍幾位學生的肩膀，請他說出當時想說的一句話。 ＊教學小祕方：活動過程中，要隨著劇情確實關掉電扇、冷氣、電子白板等電器用品，體驗沒有電的感受。
學生發表各種發電方式的優缺點	5. 結論引導：電很重要，但發電方式有哪些？各種發電方式有沒有危險？

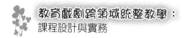

第二階段：界定問題（一節課）

流程與習式	內容與重點
報導文學	1. 觀看「Discovery 頻道：福島核電危機」影片。 ＊教學小祕方：影片很長，挑選片段欣賞即可。教師在課前需先瀏覽，擷取核電廠的構造、地震發生、海嘯來臨、冷卻系統故障等重要片段的大約位置。
學生回想影片內容	2. 教師提出影片中透露的三個關鍵問題：(1)核電廠防海嘯的外牆高度設計有幾層高？(2)核電廠爆炸主因為何？(3)多少人喪生？
定鏡 思考軌跡	3. 分組討論，以定鏡方式呈現影片中印象最深的畫面。呈現過程中，老師輕拍幾個角色肩膀，請角色說出心中的一句話。
設定自己在災區醫院中的角色	4. 老師說明在醫院大廳、急診室、診間……，受核災影響的病患及家屬將醫院擠得水洩不通……。請學生扮演在醫院裡的災民或家屬……等，聽到鈴鼓連續搖動的聲音即開始設定角色。 ＊教學小祕方：提醒學生想像所扮演的角色其年齡、職業、身分（例如：13 歲的國中生），並思考當時的心情。
集體圖像	5. 邀請第一個角色進入教師指定的空間中，其餘角色陸陸續續進入畫面。 ＊教學小祕方：教師指定的空間要夠寬敞，至少足以容納三分之二的學生，共同建構一個畫面如同一張明信片。進入畫面的節奏要快一些，一個接一個。
思考軌跡	6. 畫面完成後，教師輕觸幾個學生肩膀，請學生說出所扮演的角色及他當時的心情。 ＊教學小祕方：提醒學生以「我是……我覺得……」的句型開始。
場外之音	7. 教師請學生分別扮演核災後身體不適的病患，在教室空間自由遊走，聽到連續鼓聲就自由走動，聽到敲打兩下鈴鼓時，就對身旁的同伴訴說自己身體的症狀，至少跟三位同伴訴說。先以「核災發生後，我覺得……」的句子開頭，兩次之後，可再增加「核災發生後，我聽說有人……」的句型。 ＊教學小祕方：學生依據事先蒐集的資料敘述，例如「我頭暈想吐……」、「我胸悶喘不過氣……」。 8. 教師提問：「剛才你聽說的，全是事實嗎？應該有些是，有些不是。至於輻射，到底會造成什麼災害呢？」先讓學生們發表，再告訴學生等一下會帶著大家去參加一場公聽會，聽聽專家、社會各界人士對於核能的看法。

流程與習式	內容與重點
場外之音	＊教學小祕方：將學生分為四組：受災民眾、各產業代表（農、工、商）、反核團體代表、核能專家，分別蒐集資料，最好能在本活動前一天或前幾天就讓學生著手準備。

第三階段：發展問題（1.5 節課）

流程與習式	內容與重點
分組討論續建核電廠的立場	1. 教師根據受災民眾、產業代表、反核代表、核能專家等四個分組規定位置並分區坐定，請學生以各組的角色進行小組討論五分鐘，說明該組角色對於建核能廠的立場。 ＊教學小祕方：討論期間，教師可到各組發放書面補充資料做為討論的參考，或在一旁聆聽後再從其他角度給予思考的方向。 2. 討論時間結束，發下壁報紙和彩色筆，請各組將討論的內容寫下來做為待會兒發表時的輔助資料。同時也利用書寫的時間，選出各組代表發言的組員。
師生準備入戲	3. 老師說明入戲的規則：「待會兒老師會變身為政府官員，請大家跟著一起變身，用各組不同的身分的角度來參與討論，用哪種身分的耳朵聽，就用哪種身分的嘴巴來說話。請大家閉上眼睛，等到老師數完一、二、三、四、五，打開眼睛就完成變身了。」教師利用數數的時間，戴上識別證。
教師入戲會議	4. 官員先問候大家：「我是經濟部的陳組長，謝謝各位專家、民眾來參加今天的公聽會。」接著拿出準備好的發電資料（參考附件二）告訴大家：「在公聽會正式開始之前，我先做一個說明，請看我手上的資料。根據臺灣電力公司提供的資料顯示，目前臺灣發電的方式，以火力和核能發電最多，佔有 96%，其中火力發電包含煤炭、天然氣、重油及其他能源。至於核能廠，目前正在考慮要不要繼續興建第四座。今天的公聽會，請大家多多發言，我會把各位的意見記下來、蒐集起來，帶回經濟部給部裡面的小組討論。待會兒請大家心平氣和的說說意見，千萬不要衝動。」 5. 各界代表輪流上臺發言。 ＊教學小祕方：發言者站在前面，拿海報的站在後面。

流程與習式	內容與重點
設立標題	6. 官員簡單結論：「最近的社會的確不斷在爭議是否建核四廠，將來有可能會以公投方式決定興建與否。假使未來要公投了，請大家以自己的身分及專業來表達意見，討論後以簡單的標語表示。」
教師出戲	7. 請各組將創意標題寫在壁報紙上，輪流發表，發表後讓政府官員帶回去呈報上級。 ＊教學小祕方：發表後，請學生閉上眼請，倒數十秒就變回學生了。

第四階段：解決問題（0.5 節課）

流程與習式	內容與重點
時間線 定鏡	1. 請學生坐時光機往前走，體驗核四公投結果的可能發展，第一種是如果現在決定要蓋核電廠，十年後可能會發生什麼問題？請小組討論，以靜像方式呈現。 2. 第二種狀況是公投結果不建核電廠，十年後核一和核二廠也老舊了，到時候會發生什麼問題？

第五階段：複習（0.5 節課）

流程與習式	內容與重點
誰是誰非	1. 教師面前有一條線，學生的右邊是絕不建，往左一點是不太贊成興建，中間是還在考慮，最左邊就是絕對要興建，請學生根據自己的想法決定要不要續建，站在線上適當比例的位置。 ＊教學小祕方：提醒學生最好能明確表示意見，避免站在中間。
學生發表看法	2. 學生分享贊成與反對的理由。
誰是誰非	3. 再進行一次立場選擇。 ＊教學小祕方：選擇的位置可以跟第一次不一樣。

課程教學實況

第一階段：一般說明

動作敘述定鏡	請學生在空間中自由走動，邊走邊做老師講述的故事內容，聽到兩下鈴鼓聲要以當時的動作、姿態、水平高度定格。口述故事開始（完整故事內容請參考附件一），為了讓學生有身歷其境的感受，在口述故事過程中的定鏡，真的請學生把現場的電燈關掉，學生們立刻一臉訝異的說：「真的嗎？」隨著劇情發展，一一關掉電風扇、冷氣、電子白板，讓學生體驗停電時可能造成的生活不便。再度打開電源時，學生們紛紛表現出鬆了一口氣的樣子。 教室重新恢復電力後，詢問學生哪些可以發電？學生的回答相當完整：「綠能發電（水力發電、風力發電、太陽能發電）」、「核能發電」、「體力發電如踩腳踏車」……。 進一步討論各種發電方式的缺點。教師先舉例，如體能發電無法大量產生電力，接著同學們很踴躍的發言：「風力發電沒有風時無法發電」、「火力發電沒有煤無法發電、污染」（教師補充煤礦有開採完的時候）、「核能發電很危險，會造成幅射、農作物不能吃、生小孩會畸型……」。

第二階段：界定問題

報導文學	介紹兩年前的日本 311 核災事件，Discovery 有福島核電危機影片，全片時間很長，所以教師僅挑選幾個片段，呈現核災發生始末、主要原因等給學生觀賞。 看完影片後，教師提出影片中透露的三個關鍵問題：(1)核電廠防海嘯的外牆高度設計有幾層高？(2)核電廠爆炸主因為何？(3)多少人喪生？聽完這三個問題，學生都能立刻舉手，準確地回答出：「防海嘯的外牆高度設計有三層樓高，但當天的海嘯卻是四層樓，因此可以沖進核電廠」、「冷卻系統壞掉，造成燃料棒溫度過高，核電廠因而爆炸，共一萬三千多人瞬間喪生」。

定鏡 思考軌跡	將學生按號碼分成五組討論，回想剛才觀賞的福島核災影片，選擇其中一個印象深刻的畫面演出來，呈現時讓其他人猜猜在演什麼。各組有三分鐘時間討論再排演。 學生討論期間，教師到各組巡視與指導，一方面了解討論的進度，同時，提醒結束時間。 討論時間結束，隨即開始分組呈現。學生們都非常投入與開心，五組中有四組表現海嘯的強大力量，肢體動作很開放，充分表現出海嘯的力量。在觀眾猜測畫面之前，教師先碰觸幾個角色，學生要以扮演的角色身分說一句話。結果因為學生多扮演房子、海嘯、傷亡者，所以無法說話，只好由觀賞學生猜測，教師負責詢問角色是否正確。 各組呈現如下：第一組扮房子、海嘯、傷亡者；第二組扮房子、海嘯、被害者；第三組呈現的是海嘯、房子、核電廠倒塌，優點是畫面有高中低層次；第四組終於出現可以說話的角色：「我的阿嬤被大水沖走了！」另一個人扮演躺在地上的人，是看到這個景象後昏倒的阿公；第五組有兩人扮演被壓垮的桌子，一個扮演掉下來的天花板，有一個角色則說：「發生得太突然了！」 其中，第四組畫面的元素較豐富，有高低層次，也有情節，因此請這一組重播精采畫面，並以連續動作呈現戲劇過程。
集體圖像	請學生將時空調回兩年前，想像自己就是核災事件中的一分子，正在醫院裡，先想像自己要當的角色為爺爺、小女孩、媽媽……，邀請第一個學生進入教師指定的空間中，其餘角色陸陸續續進入醫院混亂的畫面中。
思考軌跡	學生開始在空間中走動，做自己的角色，不要跟別人一樣，聽到鈴鼓兩聲便停止，被老師輕拍肩膀的，請以「我是……，我覺得……」說出自己當時想說的一句話。學生反應如下：「我是醫生，我覺得這次災害會死去很多人」、「（躺在地上）我是小孩，我覺得很傷心，因為我的爸爸媽媽去世了」、「（抱著腰）我是老人，我覺得我的腰閃到了」、「（帶著傷心的表情）我是一個十一歲女孩，我失去我的父母了，很傷心」。
場外之音	接著學生繼續在空間中走動，聽到兩聲鼓聲後要停止走動，跟旁邊的人描述自己的生理症狀，首先是：「核災發生後，我覺得……」，進行兩次後，除了描述自己的感覺外，再增加聽聞的說法：「核災發生後，我聽說有人……」。

場外之音	老師提問學生：「剛才你聽說的，全是事實嗎？應該有些是，有些不是。至於輻射，到底會造成什麼災害呢？」學生回答：「魚死光光」、「短期不能住人」、「植物中毒」……。教師繼續問：「對皮膚的影響呢？」學生答：「皮膚癌」。看到學生一時之間沒有更多答案，教師根據蒐集到的資料，說明輻射還可能造成疲倦、噁心、紅斑、掉頭髮……。 最後，將學生重新分成四組，分別是受災民眾、產業代表、反核代表、核能專家，請學生根據分配到的角色蒐集資料，下次上課用。

第三階段：發展問題

教師入戲會議	依照受災民眾、產業代表、反核代表、核能專家等四個分組，教師一邊告訴學生規定位置，學生一邊移動，很快地，各組已經坐好待命了。 請學生以各組的角色，進行小組討論五分鐘，說明該組角色對於建核能廠的立場。討論期間，因為事先考慮到受災民眾及核能專家組所蒐集到的資訊可能較狹窄，教師便發給這兩組「海洋核污染的危害」及「各種發電方式優缺點」等兩項書面補充資料做為討論的參考。至於其他兩組，教師則先在一旁聆聽後再從其他角度給予思考的方向。 有的學生討論熱絡，有的在閱讀相關資料非常投入，大家都很專心。遇到不會寫的字，也會主動問老師。老師發現反核代表那組13號只會大喊「抗議！抗議！」，以為他沒有理智隨便嗆聲，詢問之後才知那是小組分配給他的角色，但還是建議他要全程參與討論，不要只負責表演。 討論時間結束，發下壁報紙和彩色筆，請各組把討論的內容寫下，做為待會兒發表時的輔助資料。同時，也要利用書寫的時間，選出各組代表發言的組員。過程中，教師隨時注意時間並確實掌握活動結束時間。學生為了完成行動加快速度，討論聲此起彼落。 等到確定各組都把彩色筆收好後，向學生說明，待會兒老師會變身為政府官員，請大家跟著一起變身，用各組不同的身分角度來參與討論，用哪種身分的耳朵聽，就用哪種身分的嘴巴來說話。請學生們閉上眼睛，教師開始數數，同時戴上識別證，「一、二、三、四、五，請大家打開眼睛！」就完成變身了。

教師入戲 會議	學生打開眼睛後，教師先問候大家。「我是經濟部的陳組長，謝謝各位專家、民眾來參加今天的公聽會。」接著拿出準備好的發電資料（參考附件二）和大家分享，分享後請學生發表意見。 學生們依組別發言，發言者站在前面，拿海報的或扮演角色的站在後面。發言如下：（第一組）「我們是受災民眾，輻射線外洩造成我們的皮膚受到傷害，得到皮膚癌，有可能死亡，生出來的孩子會畸形，所以我們不想再蓋核電廠」；（第二組產業代表）「（商）許多農作物和魚蝦污染導致食物的原料有毒，無法製造食品，經濟不好只能停業，生活不好過」、「（農）農作物被污染，吃了這些作物後對健康有不好的影響」、「（漁）核能會讓魚塭、河川與大海受到污染，會使魚死亡，會讓珊瑚白化，所以我們不要興建核電廠」；（第三組反核人士，以記者訪問的形式表達意見）「記者：『大家好，我們現在來問現場兩位民眾的意見。』民眾：『我反對興建核電廠！』（另有民眾在一旁高舉手臂）『抗議！抗議！』」；（第四組核能專家）「先簡單介紹燃媒及天然氣發電、太陽能發電的優缺點，例如：火力發電使用媒會造成污染，再說明核能發電的優點是不會加重地球溫室效應的二氧化碳，缺點是較易發生政治歧見紛爭」。 發表完畢後，發現除了核能專家外，其他多偏向不興建，認為核災危險性太大。
設立標題	教師做結論：最近的社會的確不斷在爭議是否建核四廠，將來有可能會以公投方式決定興建與否。假使未來要公投了，請大家以自己的身分來表達意見，討論後以簡單的標語表示。 （第一組受災民眾）「我要生命，不要生病」；（第二組產業代表）「我要食物，不要核電」；（第三組反核人士）「反核反污染，健康沒煩惱」；（第四組核能專家）「核能有優缺，人人來公投」。 發表後，「陳組長」向各界代表們表示，謝謝大家平和地參與、表達，會把大家的意見帶回部裡開會研究。說完後，請大家閉上眼請，倒數十秒後就變回學生了。

第四階段：解決問題

時間線 定鏡	既然公投成了一種可能性，接著便邀請大家坐時光機往前走，想像、體驗核四公投結果。可能的發展有兩種狀況，第一種是如果現在決定要蓋核電廠，十年後可能會發生什麼問題？請小組討論，兩分鐘後各組以靜像方式呈現。呈現時，請觀眾一起喊「三、二、一，定格！」，呈現的小組就靜止不動。 第一組受災民眾呈現畫面是：帶著畸型兒來抗議興建核電廠；第二組產業代表是：海嘯又來了，核能廠又爆炸了；第三組反核人士是：蓋核能電廠生出畸型兒，旁邊是哀傷的媽媽；第四組核能專家呈現：民眾在核能發電廠外集結抗議。 接下來第二種狀況是公投結果不續建核電廠，十年後核一和核二廠也老舊了，到時候會發生什麼問題？ 第一組畫面：好熱，在房屋裡睡不著，太暗了看不到東西；第二組：太陽高照，沒冷氣，太熱；第三組：太無聊了，不知道要做什麼？因為不能打電腦看電視；第四組：熱到昏倒了、熱到要脫衣服了。 看到學生們想像的未來，還是以小孩的角度觀看，因此教師補充一個成人可能需要面對的狀況告訴學生：「其實，除了生活很不方便，各產業沒有電，爸媽也可能因為這樣而失業。」

第五階段：複習

誰是誰非	因討論、呈現多是小組決議，接著要請學生自己決定要不要續建。教師在面前畫出一條橫線，學生的右邊是絕不建，往左一點是不太贊成興建，中間是還在考慮，最左邊就是絕對要興建，請大家根據自己的看法，站在線上適當比例的位置，最好能明確表示意見，避免站在中間。 結果，比較想建及絕對要建的共有十二人，未決定的有八位，絕不建及不想建的有七位！看來，學生們還是無法忍受沒有電扇、冷氣及電腦的生活。

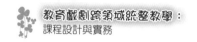
教學反思與建議

影片觀賞後要緊接「定鏡」及「思考軌跡」

　　觀賞完幅島核災影片後直接進入扮演及「場外之音」，教師感覺學生無法很快融入情境做深刻的體驗，因此插入「定鏡」及「思考軌跡」，強化對影片的討論與感受。

教師應主動提供分組討論參考資料

　　師生入戲前的小組討論，看到學生們的課前準備很用心，一開始討論便十分熱絡，還有小組立刻拿出事先整理好的資料。教師除了鼓勵大家繼續深入討論外，也發書面資料給「受災民眾」及「核能專家」組做參考，希望能豐富他們的討論內容。當初覺得這兩組可蒐集到的資訊可能較狹窄才決定補充，不過，在參與小組討論的過程中則發現，若能全面補充資料，其實會讓每一組的討論與視野更加寬廣。

學生學習評量

第一階段：一般說明

　　1. 能在老師口述的故事情境中隨著故事情節做出對應的動作。
　　（動作敘述）

第二階段：界定問題

　　1. 能扮演影片中的角色人物，描述核災後心中的感受。（場外之音）

第三階段：發展問題

　　1. 能以戲劇中的角色身分表達自己的意見並聆聽他人的觀點。
　　（會議）

　　2. 能以精簡的文字表達想法。（設立標題）

第四階段：解決問題

　　　1. 能想像十年後可能面臨的困境。（時間線、定鏡）

第五階段：複習

　　　1. 能做出自己的決定。（誰是誰非）

教學感言

　　根據「誰是誰非」的發展結果，比較想建及絕對要建的共有十二人，絕不建及不想建的有七位！看來，學生們還是無法忍受沒有電扇、冷氣、電腦的生活啊！對於議題的思考，本課程僅是一個起點。希望學生們繼續發揮批判思考的精神與能力，理性面對未來的矛盾衝突。因此，結論告訴學生們不管目前的決定如何，核電廠會是未來社會中一直存在的問題，請大家繼續關心此議題，多聽聽其他人的聲音，多蒐集資料，建立自己的判斷力，做出對社會最具正面意義的決定。

教學參考資料

1. 莫讓家園變福島

　　http://www.tepu.org.tw/wp-content/uploads/2011/06/20110611_color_a3.pdf

2. 行政院原子能委員會——我們的鄰居——輻寶

　　http://vm.nthu.edu.tw/nu_comic/comic/ch3/ch312.comic.html

3. Discovery 頻道——福島核電危機 2011-05-15 pt.1/4

　　http://www.youtube.com/watch? v=u_oe_MiBG1I&feature=related

4. 行政院原子能委員會核能研究所

　　http://www.iner.gov.tw/siteiner/wSite/ct? xItem=5717&ctNode=394&mp=
　　INER

5. 教育部全球資訊網——輻射與核能教育

　　http://www.edu.tw/FileUpload/1123-15133% 5CDocuments/ % E3% 80% 8E %

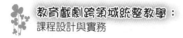
E8%BC%BB%E5%B0%84%E8%88%87%E6%A0%B8%E8%83%BD%E3%
80%8F%E6%95%99%E8%82%B2.pdf

6. 天下雜誌 517 期——核四公投前你非懂不可的事！

http://topic.cw.com.tw/nuclear/

名稱：非核不可

動作敘述／定鏡

根據老師講述的故事劇情做動作，聽到兩下鈴鼓聲要定格。隨著故事發展，想像停電時可能造成的生活不便。

場外之音

扮演核災後身體不適的病患，在教室空間自由游走，聽到兩下鈴鼓時暫停，對身旁的同伴訴說自己身體不適的症狀。

設立標題

小組根據代表的角色身分：產業代表、反核人士⋯⋯，以簡單的標語表達對於興建核四廠的意見。

定鏡

以靜像畫面呈現，如果蓋了核電廠，十年後可能有的問題：抗議不斷、孕婦生出畸型兒。

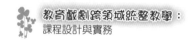

附件一　教師口述故事

　　小強起床後看手錶，「糟了！」（驚訝表情），已經九點半了，手機沒響，也不知道為什麼昨晚手機沒電正在充電中卻沒響。大聲叫：「爸爸！」沒回答，再叫：「媽媽！」到處找呀找，媽媽不在廚房，也不在客廳，原來媽媽在冰箱裡！為什麼媽媽要在冰箱裡呢？因為昨晚停電，冰箱漏水，食物也壞了，媽媽正在清理啊！咦？爸爸怎麼這個時候還在客廳？原來是因為最近常常停電，公司機器無法正常運轉，老闆決定要關閉公司，爸爸沒有工作了！好，先別管這個，先上學再說。背上書包，跳上家裡的電動機車，但卻發也發不動，「耿～耿！」原來是停電無法充電的關係。沒辦法，只好辛苦的踩著腳踏車，一路上坡、下坡，終於到了學校。奇怪了，為什麼學生們全都在外面玩得很開心？原來是因為停電了，鐘聲無法打，小朋友們不知道上課，就一直在外面玩。原本對學生來說，這是一件令人開心的事，但是，老師接著立刻宣布，既然沒有電分不清下課上課，乾脆就規定學生們只能在教室上課。因為停電，教室裡的電燈、電扇、電子白板無法運轉，只能聽老師一人講課，聽著聽著，學生們都睡著了。老師發現後，立刻把學生們叫醒，為了提振精神，請大家快速走動、定格、原地跳兩個八拍，這個時候大家覺得又累又渴，但飲水機卻因停電無法出水呀！

附件二　教師入戲為經濟部官員補充資料

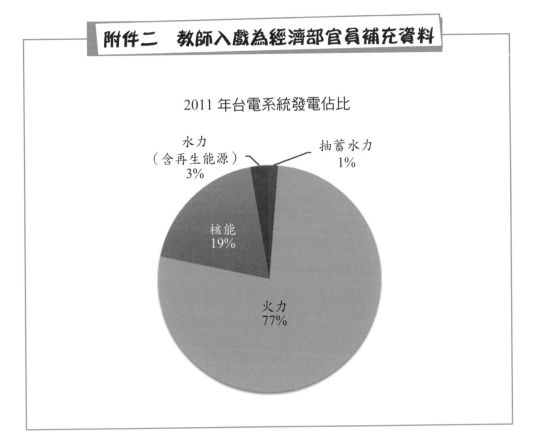

2011 年台電系統發電佔比

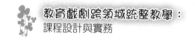
第二單元　移民類地球

　　本單元內容以虛構的故事做為想像未來的開端，在地球資源被人類破壞殆盡，地球極端氣候反撲的現在，希冀學生在參與的過程中得到更多啟發，對於未來的生活可預先規劃，面對現有的生活也會更加珍惜。

主題說明

　　2012 年底，美國的克卜勒望遠鏡發現編號第 22b 號的行星，其質量與重力是地球的 2.4 倍，克卜勒在 22b 上發現水的光反應，所以可能適合地球居民遷徙，現在設定有一小群先驅者完成任務，並在 22b 星球上繁衍後代，卻發現地球上的人類祖先將面臨滅絕的命運。

　　在整個探索的任務過程中，代表們需要了解地球人面臨哪些殘酷的考驗，並且摸索出解決方式。最後，將這些訊息送回地球，發展下一個階段的故事。

課程設計架構

1. 採用模組：程序戲劇模組。
2. 各階段運用習式：
    (1) 第一階段：中段情節——集體角色、教師入戲。
    (2) 第二階段：前段情節——集體角色、電話交談、論壇劇場。
    (3) 第三階段：後段情節——牆上有耳、日記書信或便條。
3. 教學時數：四節。
4. 教學要點：
    (1) 關鍵問題：地球先驅者已經移民至類地球，星際年會上科學家發表信息時光機。

(2) 戲劇素材：信件。

(3) 焦點問題：從各種訊息中分析地球人的生活情形，了解珍惜自然環境資
源，評估是否有機會重新來過。

(4) 主題事件的戲劇建構背景：

　　・何人：來自不同族群的兒童代表。

　　・何時：克卜勒 22b 年會。

　　・何地：太空中水瓶座星系。

　　・因何：類地球上的兒童代表會議，探討以前的地球遭遇哪些難題。

　　・為何：要告訴地球人如何珍惜現有的地球環境。

　　・如何：在面對環境日漸破壞的狀態下，思考對環境的放棄或保護。

(5) 教學準備：

　　類地球圖片（影片亦可，如參考資料）、海報紙十二張、彩色筆四盒、
彩色膠帶（紅色、藍色）、錄音設備、手機或耳掛式麥克風。

教學設計

第一階段：中段情節（一節課）

流程與習式	內容與重點
說明活動流程 集體角色	1. 教師邀請學生進入太空旅行，全班進入集體角色：太空人。教師請學生在位置上綁好安全帶（假裝、模擬），並同時播放太空人在太空梭中的生活影片。
教師入戲	2. 教師向大家說明：「等一會各位會到達太空年會的會場，如果看見一位頭戴麥克風設備的人出現，那個人就是本次太空年會的主持人」。接著教師走出教室，戴上麥克風後再走進教室：「歡迎各位來參加這次的年會，這次由我擔任會議主持人，議題為『地球人』，也就是我們的祖先，他們居住的地球是在銀河系中太陽星系的第三個行星，在古早以前，他們派遣出先驅者號抵達我們的星球克卜勒 22b，所以，也就是各位的爸爸的爸爸的爸爸（距離現在約五十年，約差三代）……」。

流程與習式	內容與重點
教師入戲	＊教學小祕方：教師改變裝扮後語氣、聲調要與平常「教師」說話的語氣不同，說明學生為克卜勒居民時也要放慢說清楚，讓學生知悉目前所處的角色為克卜勒星球人。 3. 教師向學生說明：教師以移民者身分講述太空移民的故事，並讓學生假設自己就是移民者的後代。教師：剛剛你們看到的是我的爸爸的爸爸所留存的傳家寶物（太空人在太空梭中的生活影片）。不曉得你們是否有聽過以前祖先的故事呢？聽說當初移民時有歡樂，也有痛苦的經歷。我們一起來想想，如果是歡樂的，會是因為面臨哪些事情而歡樂？如果是痛苦的，又是因為面臨什麼事？ ＊教學重點：教師可事先安排幾位學生舉例，例如：看見有廣大的土地而感到歡樂、看見有許多的資源感到歡樂。看見類地球土質不太適合植物生長而憂心、開墾時遭遇到許多困難而感到痛苦……等。 4. 教師感謝學生提供的珍貴資訊，並讓學生記錄下討論內容。

第二階段：前段情節（兩節課）

流程與習式	內容與重點
教師播放地球訊息	1. 教師邀請學生再次閉上眼睛，用耳朵認真聽下一則訊息，「最近有一則來自地球的訊息，請各位用心的聽聽看」：播放教師事先錄的音：「來自 2070 的一封信」播放至 4 分 30 秒 2. 請「在這一則訊息中，我們發現地球上的人們遇到什麼難題？」並請學生記錄在全開海報上。
集體角色電話交談	3. 請學生模擬地球人五十年前的生活，分成四組，將剛才錄音帶中得到的訊息進行想像創作，以動作呈現出來。 ＊教學重點：此部分為造成 2070 年結果的「原因」，例如：用強大的水柱洗車、泡澡水使用一次就排放掉……等。學生可以設計簡單的對話。 4. 此時教師的手機響起（教師事先預設時間的手機鬧鐘聲），並說出以下內容：「是，榮耀的星球主席達魯克瓦先生，您好！哦……這樣子是太可惜了，謝謝您告訴我，我會好好處理後續的部分，請您放心……」。 ＊教學小祕方：教師可提高音量引起學生注意，並接著宣布接收到的重要的訊息。

流程與習式	內容與重點
	5. 教師告訴學生，地球的情形（來自 2070 的一封信）比剛才聽到的訊息還要糟糕，有許多地球人正準備移民到克卜勒星，移民的太空梭即將出發，現在星際隕石風暴頻傳，恐怕那些地球人會凶多吉少。 ＊教學小祕方：教師說話聲調及語氣要急迫緊張些，要讓學生感到事態嚴重及必須解決。
論壇劇場	6. 老師請學生針對地球的兒童提出建議，這樣可以讓地球人的小孩試著改變他們現在的情形。接著請各小組進行討論，並將討論的內容以彩色筆寫在海報紙上。教師敘述：「地球科技很落後，都像這樣用最傳統的紙和筆寫字記錄的，我們今天也像他們一樣用紙筆記錄，只要能幫助他們的，請盡量寫下來。」教師提醒學生寫在海報紙上，問題及建議分別用不同的顏色標示。 7. 討論完成後，請學生圍成一圈，各小組針對討論的內容，在圓圈中演繹出地球人 2070 年所面臨的狀況（於討論的內容中，由教師選擇一個項目讓學生即興表演，四組就有四個不同的問題及改善建議），其他學生可以針對演出內容提出意見或取代其中的角色，提出不同看法。 ＊教學重點：教師需視演繹情況，鼓勵他組同學能否演繹不同想法並取代其中之角色。
電話交談	8. 此時，教師手機又響起（預設之電話鈴聲），教師說：「是，達魯克瓦先生，您好！……啥！這真是天大的好消息，我們這裡剛好正在進行中，是，是，如果有最新的發展，我會盡快與您回覆！」關閉通訊後，教師說明剛接收到克卜勒年會，科學家發明一部時空訊息機器，可以將聲音傳遞至地球，讓地球人接收到訊息。老師告訴學生一個好消息，剛才的建議有機會讓地球人提早知道，所以待會大家等錄製音訊發送至地球，希望他們的科學家能夠收到訊息並轉達給所有地球人要好好愛護地球。

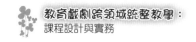
第三階段：後段情節（一節課）

流程與習式	內容與重點
教師帶學生回顧並討論	1. 各小組針對上一節課所討論給地球人的建議，製作一段標題及內容，準備錄製音訊傳達給地球人——「送愛至地球」。
牆上有耳	2. 將四組學生排列成四面牆，教師站在中間，請四組學生將剛才分配唸讀的標題重新覆誦一次。 ＊教學小祕方：教師可先用彩色膠帶在地上標示四組排列之位置，協助學生完成錄音任務。
日記書信或便條	3. 學生完成錄製「送愛至地球」錄音的任務，希望地球人暫時不用移民類地球，好好珍惜現有的資源。 4. 教師請學生完成「寫給地球人的一封信」（附件）。

課程教學實況

第一階段：中段情節

集體角色	孩子們很配合老師演戲，教師請他們扣上安全帶，學生們都煞有其事的扣好，準備欣賞太空人的生活影片。
教師入戲會議	教師走出教室後又進入教室並戴上麥克風，有些學生笑了起來，因為發現會議主持人是老師假裝的。但老師「假」的很「真」，故意忽視那些笑的學生，表情也嚴肅的說明今天會議的主題及目的，所以學生很快就進入狀況開始參與。但說到「不曉得你們是否有聽過以前祖先的故事呢？聽說當初移民時有歡樂，也有痛苦的經歷。我們一起來想想，如果是歡樂的，會是因為面臨哪些事情而歡樂？如果是痛苦的，又是因為面臨什麼事？」這時學生大多陷入沉思，可能課程一開始還不知主題重點為何，也不知「移民」到底為何？所以這裡引導的有些辛苦，教師要不斷的提示並起一個頭讓學生能接續回答。但還是有學生馬上進入狀況並發表：「我阿公說剛開始來到這裡時，並不是那麼順利。這裡是地球的 2.4 倍大，腳根本都抬不起來，因為壓力也是 2.4 倍大。」「他們沒有帶很多東西來，所以一點一滴都是親手開發的。」「土地比較硬，徒手挖土，所以雙手都是傷。」「種子在地球，一個月就發芽了，可是在克卜勒星，卻要半年。」

第二階段：前段情節

集體角色	讓孩子聽「來自 2070 的一封信」，因沒有畫面呈現，採用分段的方式，讓他們逐段將內容重點描述出來。學生在聽完內容後，以模擬地球人的生活的方式，進行想像創作。這部分強調是地球人 2013 年（上這堂課的年度）使用資源的狀況（也就是造成 2070 年結果的「因」）。因為聽信件內容時有逐段的引導，所以學生演繹時能掌握重點將信件內容畫面展現出來。
電話交談	這部分要抓準時間點有些困難，因課程施做時會遇到的狀況不能確知。電話聲響時，學生都以為是真的電話進來了，原本演繹時的聲音也暫停了。聽見老師的電話內容，才恍然大悟的表情，還有人說：「真的嗎？」（教師操作時不是真的接起電話，而是將電話聲按掉後，用原本戴在頭上的麥克風像在講電話似的對話，引起學生好奇）假裝掛斷電話後，還故意跟學生說：「你看，我們星球科技多進步，都直接無線接收。」
論壇劇場	課程的實際狀況上到這個部分已是隔了一週，這堂課一開始，全班圍成一個大圓圈，教師手拿上一堂「來自 2070 的一封信」唸了起來，在一些小細節處停下來由同學來填空回答，喚起第一堂課的舊記憶。接下來各組討論及分組呈現出地球人 2070 年所面臨的狀況。第一組呈現生出畸型兒和女生沒頭髮。第二組呈現地球人搶水及沒水喝渴死的狀態。第三組呈現沒水洗衣服。第四組則以空氣品質變差為問題呈現。最後教師在此為地球人所面臨的狀況做一總結，請同學討論幫助地球人解決問題的建議。
電話交談	這一次學生不像上次以為是假的，很配合也很認真的聆聽教師的「電話」內容。

第三階段：後段情節

牆上有耳	教師提出建議地球人繼續留在地球還是移民的選擇給同學，多數同學贊成留在地球，因為逃避不能解決問題，還可能造成惡性循環，因此教師希望大家一起思考勉勵地球人的話並進行錄音。學生發表：「沒試過怎麼知道地球沒救呢？」「不要再破壞地球，趕快找出方法救地球吧！」「只要習慣不改變，來到克卜勒星還是會遇到問題」等進行現場錄音播放。教師拿出的錄音筆十分聚焦（因為有太空人造型），同學非常踴躍發表，希望有機會可以使用到錄音筆，

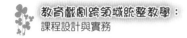
	課程接近尾聲，教師以重播和複習的方式要同學牢記這次的課程收穫。
日記書信或便條	請學生寫一封給地球人的信當作回家作業，大部分的學生能掌握教學的重點寫出信件的內容，並誠懇的給予「地球人」建議，導師更觀察到課程結束後的隔天有一名同學吃的便當沒有筷子，當他跟導師索取免洗筷時，卻被同學提醒下次要自己帶環保餐具，否則會造成垃圾問題影響地球，足見課程對班上同學的影響力。

教學反思與建議

教師入戲前應妥善說明

第一次入戲時，忘了先跟學生說明教師出入戲的原則，以致教師一出現就是會議主持人的角色。結果整堂課程一直「出不去」──無法出戲，只好以主持人的角色一直「演」下去，但有時很想以老師的身分控制一下秩序或做其他說明，但，如此就有些「怪異」，不合邏輯。這部分不能急，一定要充分和學生說明完才進行「入戲」習式。

好久、好久以前的故事

老師說當初自己的阿公移民類地球的故事，說完後問學生：「當初你們爸爸的阿公來到克卜勒星時，一定也有一些故事，有沒有人要說說看？」這部分因為沒有請學生先「做功課」，所以一時學生也無法「想像」。原教案中這裡的安排對他們來說有困難，而且要讓他們說自己「族群」的故事，連教師要蒐集這相關的資訊都有困難，全都用「想像」的也難免不夠真實，所以這部分實施前，應該要讓學生蒐集相關資料，或先「製造」相關事件、故事，才能讓學生融入其中。

學生學習評量

第一階段：中段情節

1. 能融入角色並根據教師提供之資料提出相關資訊。（集體角色）

第二階段：前段情節

    1. 能根據錄音內容發現問題。

    2. 能以戲劇中的角色身分表達自己的意見並聆聽他人的觀點。
（集體角色）

    3. 能提出建議解決之道並以文字記錄。

    4. 能將 2070 年現況及解決之建議以劇場方式呈現。（論壇劇場）

第一階段：後段情節

    1. 能完成錄製「送愛至地球」。（牆上有耳）

    2. 能完成「寫給地球人的一封信」。（日記書信或便條）

教學感言

    人們每天「消費」地球資源大多無感，除非極端氣候造成了災害，人們才停下來思索應珍惜地球。感動的是，課程後學生們不是想著移民到另一個星球來解決問題，他們天真的說：「如果習慣不改，移民到哪裡都一樣阿！」希望這樣的呼聲能讓地球永遠美麗。

教學參考資料

1. 電影：〈宇宙兄弟〉、〈時光寶盒〉、〈ET〉。

2. 20111206 東森新聞「發現類地球」

    https://www.youtube.com/watch? v=vzRyMRKdfL0

3. 新唐人電視「科學家發現類地球」

    https://www.youtube.com/watch? NR=1&v=5_M2t7wTmP4&feature=endsc-reen

4. 人類已觀測到的宇宙

    http://www.youtube.com/watch? v=4QXpAVTxOks

5. 哈伯望遠鏡觀測拍攝宇宙最深處的攝影照片

   http://www.youtube.com/watch? v=fNbsargWVT4

6. 旅行到宇宙邊緣

   http://www.youtube.com/watch? v=yi1e2CiUBqQ

7. 太空船中的生活

   http://www.youtube.com/watch? v=P8_geDdxuts

8. 來自 2070 的一封信

   https://www.youtube.com/watch? v=W2tGE1w-8ds

9. 文章來源：http://cwef.cw.com.tw/2012/article/article43.aspx

10.圖片來源：http://www.epochtimes.com/b5/10/10/25/n3064949.htm

名稱：移民類地球

集體角色 各組根據「來自2070的一封信」內容，進行小組演繹。	**教師入戲** 教師帶著麥克風入戲成為克卜勒星球太空年會的主持人。

論壇劇場 論壇劇場前先分組討論給地球人的建議內容，教師巡視指導。	**日記書信或便條** 在寫作「寫給地球人的一封信」前，教師將所有上課內容複習整理。

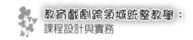

附件 「寫給地球人的一封信」學習單

　　各位「克卜勒 22b 星球」的小朋友們，經過星球會議的討論，我們知道地球人現在如果不改變生活習慣、態度，將會面臨非常大的危機。那些地球人是我們的親戚，對於地球危機我們不能坐視不管，請你完成「寫給地球人的一封信」，告訴他們該如何解決面臨的現況及問題，或者誠懇的提醒、呼籲他們，應該如何珍惜地球的資源或環境。完成後星球主席將會把所有「克卜勒 22b 星球」的信件以時光機傳送給地球。

　　　　　　　　　　　　　　　　　　　　　　　　　　　　　　　　

　　　　　　　　　　　　　　　　　　　　　　　　　　　　　　　　

　　　　　　　　　　　　　　　　　　　　　　　　　　　　　　　　

　　　　　　　　　　　　　　　　　　　　　　　　　　　　　　　　

　　　　　　　　　　　　　　　　　　　　　　　　　　　　　　　　

　　　　　　　　　　　　　　　　　　　　　　　　　　　　　　　　

　　　　　　　　　　　　　　　　　　　　　　　　　　　　　　　　

　　　　　　　　　　　　　　　　　　　　　　　　　　　　　　　　

　　　　　　　　　　　　　　　　　　　　　　　　　　　　　　　　

　　　　　　　　　　　　　　　　　　　　　　　　　　　　　　　　

　　　　　　　　　　　　　　　　　　　　　　　　　　　　　　　　

　　　　　　　　　　　　　　　　　　　　　　—請好好珍惜地球—

Chapter 9

健康與體育學習領域的課程設計與教學實務

第一單元　泥土餅的滋味

　　本單元藉由各式泥土餅的照片，引發學生對「食物」的討論。藉由一封求助信件引導，並透過戰爭、爭奪食物、飲水的情境模擬，體會「稀少」的感受，並在「設法解決」的思緒中，深入探討比較自己生活環境中的食物與泥土餅的差異，從感同身受到提出解決的方法。

主題說明

　　現在，因為飲食文化已逐漸面臨全球速食化的影響，為了讓學生了解飲食健康的重要性，除了減少油炸、肉類的攝取之外，提倡蔬菜、水果的健康五蔬果，都是目前營養教育的重點。「泥土餅」在中美洲的國家海地，是平常人常食用的食物，以黃泥土加上食鹽、植物油或人造黃油混合製成，海地人稱之為「特雷」，價格一個五美分；但是，當地的孩童也因為經常以泥餅果腹，造成腹瀉、夭折的情形相當普遍。而非洲地區人民則是深信，泥土中有部分醫療成分可以治療霍亂……等疾病。

　　期盼藉由不同國家、不同食物以及不同社會背景的體驗，從資料的分析及角色的扮演，讓學生體認不同地區對於飲食的不同定義，並提出解決問題的不同觀點，藉以加強學生對於日常生活飲食的認知，養成惜福的觀念。

課程設計架構

1. 採用模組：戲劇理解模組。

2. 各階段運用習式：

   (1) 第一階段：決定行動——定鏡、見物知人、場外之音、集體圖像。

   (2) 第二階段：展開行動——日記書信或便條、集體朗讀、遊戲、定義空間。

   (3) 第三階段：結束行動——會議、教師入戲、設立標題、集體朗讀、如果我是你。

3. 教學時數：四節。

4. 教學要點：

   (1) 關鍵問題：如何面對社會戰亂所導致飲水不足、飲食營養不良的情形；讓學生體驗在不同國家的生活情形，並且透過角色扮演體驗事件，並讓學生發展同理心並提升對於日常生活中攝取食物營養的認知。

   (2) 戲劇素材：圖片故事——泥土餅的製作過程。

   (3) 焦點問題：如何幫助村莊解決遭遇的困擾。

   (4) 主題事件的戲劇建構背景：

      ·何人：阿布，是一個海地十歲的兒童。

      ·何時：炎熱的夏日午後。

      ·何地：乾燥、燠熱，物資缺乏的村莊交界處。

      ·因何：為了製作更多泥土餅，兩個村落為了一口井大動干戈，游擊隊駐防在水井口，沒有隊長的同意，誰都不可以越雷池一步。

      ·為何：村民沒有東西可以吃，將泥土揉成餅的水也不夠了，阿布自告奮勇去取水。

      ·如何：透過一封求助信，引起對於物資缺乏的討論、激發感受、與嘗試提出解決方法與因應之道。

(5) 教學準備：泥土餅圖片、游擊隊隊長角色名牌、聯合國官員、信件、航空信封。

教學設計

第一階段：決定行動（一節課）

流程與習式	內容與重點
說明以肢體表現感受定鏡	1. 教師提示學生今天要來探討有關「食物」的事情。請學生分享「肚子餓的動作」、「最想吃的食物」的定格動作各兩個。
見物知人	2. 教師秀出關於「泥土餅」的照片檔案，並提醒這是「食物」，重複播放，讓學生自由聯想。
場外之音	3. 看完照片後，請學生以「聽說那是……」的句子開頭，與同學交換關於照片的資訊。 4. 集合小朋友，教師加入場外之音，散佈「聽說那是吃的東西，一塊一塊的叫『泥土餅』」的消息，進行第二次的場外之音。
集體圖像	5. 請學生四至五人一組做出關於泥土餅的靜像，準備一句臺詞，分組呈現。 ＊教學小祕方：有人吃、有人做、有人看……都可以。 6. 學生分組呈現，當被教師碰觸到時，要說出屬於自己角色的一句臺詞。

第二階段：展開行動（一節課）

流程與習式	內容與重點
討論 日記書信或便條	1. 網路上流傳著一封「阿布的求救信」，教師請學生幫忙唸出。
集體朗讀	2. 根據剛才的信件，學生分組建構出： (1) 關於泥土餅……。 (2) 關於阿布的身世遭遇……。 (3) 關於阿布的居住環境……。 (4) 阿布心裡的感覺、願望……等。

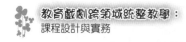

流程與習式	內容與重點
集體朗讀	＊教學小祕方：教師提示可以用文字加上畫圖，每一個人都要在壁報紙四格中寫出或畫出自己的想法。 3. 完成後集體朗讀。
遊戲	4.「獵殺遊戲」：當老師說「隊長」，學生要立正敬禮；「飛彈」，學生要俯伏前進；「挖地面」，學生用鏟子挖地；「攻擊」，學生用拳頭握緊，出拳、擋拳。 ＊教學小祕方：學生體會每天閃躲砲彈攻擊的生活經驗。

第三階段：結束行動（兩節課）

流程與習式	內容與重點
會議 教師入戲	1. 聯合國官員也開始重視這樣的戰亂情形，準備要召集開會的通知，希望舉辦村長會議，請各村村長談談為什麼會有那麼多人像阿布一樣的遭遇，該如何改善目前的生活狀況，以及有什麼是聯合國組織可以幫得上忙的？請學生討論因為天災人禍導致缺水的問題，任何人都可以是村長角色，說說解決之道。 ＊教學小祕方：可引導學生說出如何解決缺水及維持村民健康的可行方案。
設立標題 集體朗讀	2. 將學生分為四個小組，研究如何發展和平之道、解決糧食及飲用水危機，並將新聞標題寫出之後集體朗讀。 ＊學生將訪問的結果以海報方式寫出，並寫下新聞標題。
如果我是你	3. 請學生面對面分成兩列，講出對泥土餅、阿布、上課的最後一句話，或任何想要跟老師說的話、想對同學說的話皆可。

課程教學實況

第一階段：決定行動

定鏡	提示學生今天要來探討關於「食物」。請學生分享「肚子餓的動作」及「最想吃的食物」的定格動作各兩個。學生有的抱肚縮成一團，有的攤開四肢平躺在地上，說是餓到昏倒了；有的反向做出吃美食的動作及享受的表情，說是「餓到精神錯亂隔空幻想」……。

見物知人	教師秀出關於「泥土餅」的照片檔，並提醒學生這是「食物」，重複播放，讓學生自由聯想。有一個學生看到照片就已經知道那是泥土餅了，還說得出海地這個國家。這時教師依然保持緘默，因為要留給其他小朋友思索的空間。展示泥土餅照片時，教師沒有一開始就告訴學生這種東西叫做「泥土餅」，讓學生觀察看看，自由串起整個故事。 這一堂課以類似百寶箱的情境開始，雖然沒有實物，但是秀出照片讓學生串連起整個思路情境。有些孩子知道照片理的情境是海地，而有一個孩子細心的發現：「照片中的小朋友偷拿在曬的泥土餅」。他們覺得這樣的東西也有人要偷？我們不敢碰的，他們覺得是珍寶？一連串的問號在孩子的心中產生。
場外之音	看完照片後，請學生以「聽說那是……」的句子開頭，與同學交換關於照片的資訊。這時可以聽到幾聲「泥土餅」，不過也有聽到「飛盤」，教師集合小朋友並加入各種不同的說法，散布「聽說那是吃的東西，一塊一塊的叫『泥土餅』」的消息，進行第二次的八卦意見。 但是在這時已經有一些小朋友知道這是泥土餅了，甚至有一個小朋友清楚的知道這國國家就是海地。為了顧及多數人，教師採用忽略的方法不去回應他，讓課程繼續進行。 教師問學生：如果泥土餅是正餐，結果大部分的學生有著負面的評價：「吃了一口泥土餅，我一定會馬上吐出來或是拉肚子」；「為什麼餐餐都要吃泥土餅，害我的舌頭都變黃了」；「很噁心、會吃膩，一直吐，會非常痛苦」；「可能會生病」；「裡面可能有蟲」；「會有細菌」。
集體圖像	請學生四至五人一組做出關於泥土餅的靜像，準備一句臺詞，分組呈現。提醒小朋友注意整個畫面，有人吃、有人做、有人看……都可以。被教師碰觸到時，要講出屬於自己角色的一句臺詞。

第二階段：展開行動

日記書信或便條	網路上流傳著一封「阿布的求救信」。教師請學生幫忙唸出信件內容： 　救救我們吧！ 　為了水源和食物，兩個村落發生戰爭， 　我的爸爸媽媽都在戰爭中死去，留下哥哥和我相依為命。 　永遠記得那一天……

日記書信或 便條	我們已經整整兩天沒吃東西了。 哥哥和我很捨不得的拿出家中僅存的、最後一個泥土餅， 一人剝一半放在口袋裡，當作一天的糧食。 沒想到哥哥吃了沒多久，就吐了一地，躺在床上痛苦的呻吟著。 我覺得他的頭很燙，可是又不知道該怎麼辦…… 隔天，就發現哥哥躺在床上，一動也不動…… 我該怎麼辦？ <div align="right">阿布</div>
集體朗讀	教師根據剛才的信件，將學生分組建構出： ‧關於泥土餅……。 ‧關於阿布的身世遭遇……。 ‧關於阿布的居住環境……。 ‧阿布心裡的感覺、願望……等。 教師提示可以用文字加上畫圖，每一個人都要在壁報紙四格中寫出或畫出自己的想法。完成後集體朗讀。

第三階段：結束行動

會議 教師入戲	故事引入：聯合國官員也開始重視這樣的戰亂，準備要召集開會的通知，希望舉辦村長會議，請各村村長談談為什麼會有那麼多人像阿布一樣的遭遇，該如何改善目前的生活狀況，有什麼是聯合國組織可以幫得上忙的？請學生以村長角色討論因為天災人禍導致缺水問題的解決之道。學生可以說出如何解決缺水及維持村民健康的可行方案。 在解決海地問題時，剛開始大部分的孩子都圍繞在如何改變現狀，例如公平分配水源、資源共享。接著有學生開始發表：「跟別的村長溝通，把所有的村落合成一個大國家」。這樣的分享成功的引出一連串的「未來創意點子」：「研發喝海水的農作物」、「海地人挖到岩漿可以發展溫泉」、「在海地興建海水淡化場」。
設立標題 集體朗讀	學生每小組自行寫在海報上，各組在海報紙上字上標題。
如果我是你	讓孩子面對面分成兩列，講出對泥土餅、阿布、上課的最後一句話，或任何想要跟老師說的話、想對同學說的話皆可。 天真可愛的孩子經過一連串的戲劇歷程，他們真的相信自己是海地的孩子、爭奪水井的村民、阿布的同胞、絞盡腦汁的村長。再問他

如果我是你	們「你每一天都吃泥土餅，感覺……」答案變得很妙： 「很噁心，可是如果真的沒東西吃的話，我會先吃一口看看好不好吃」； 「感覺很噁心，但還是要吃」； 「很好吃，因為只有泥土餅可以吃」； 「餐餐都吃泥土餅……我得面對現實」。 有些學生甚至連心理層面都內化的很徹底： 「可以想著跟家人在一起的畫面」； 「好痛苦，不自由，但是凡是要往好處想」； 「面臨沒有親人的生活，跟自己說『要克服困難』」。 最後，老師聽到許多感動： 「我長大以後有錢了，要幫助貧苦的居民」； 「未來我要捐資金給海地人」； 「我想幫助海地」； 「我發現我也有一點表演的才能，上臺表演或發表並不可怕」； 「上課好好玩」。 整個珍惜食物的教學流程到最後，透過良心巷來做一個總結。所幸學生都有看到環境問題，也有體悟到糧食危機的嚴重，甚至更加內省自己應該珍惜擁有。教學就是這麼奇妙的一件事，老師努力想傳達給孩子自己的感動，最後卻從孩子身上獲得更多的感動回饋。

教學反思與建議

直接用照片引起學習動機

雖然大部分的孩子沒看過泥土餅，對於這黃黃、灰灰又扁扁的東西，正如預期的，引發了不少討論與奇怪的答案。不過教師一直忽略到電腦資料夾上歸類這些照片時就寫著泥土餅，所以一個眼尖的孩子就直接唸出來了。

讓學生的聲音，帶領學生的心靈

不過教師在操作「如果我是你」習式時，偶爾會面對到的問題是，講到後面學生很多回應會重複，或是前面同學講的後面聽不到，後面同學講的前面聽不到。雖然老師每次都大聲的重複一次孩子說的話，期望引起全班的注意，但是還是希望學生聽到的是同學的聲音，而不是老師的重述。

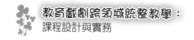

學生學習評量

第一階段：決定行動

    1. 學生能發揮想像表現出肚子餓的動作以及最想吃的食物。（定鏡）

    2. 學生能藉由照片百寶箱的聯想，進行自由聯想及討論。（場外之音）

    3. 學生能呈現照片中的內容。（集體圖像）

第二階段：展開行動

    1. 學生能根據信件內容建構出阿布的生活環境及身世背景。（日記書信或便條、集體朗讀）

    2. 學生能夠透過攻佔水源遊戲體驗阿布的生活環境。（定義空間）

第三階段：結束行動

    1. 學生能針對糧食、水源缺乏的情形提出建議。（教師入戲、會議）

    2. 學生能針對發展和平之道、解決糧食問題、飲水危機做出新聞標題。（設立標題、集體朗讀）

    3. 學生能說出對於課程之心得及感想。（如果我是你）

教學感言

最後「如果」我是你的習式，老師聽到許多感動：「我長大以後有錢了，要幫助貧苦的居民」、「未來我要捐資金給海地人」、「我想幫助海地」、「我發現我也有一點表演的才能，上臺表演或發表並不可怕」。

教學就是這麼奇妙的一件事，教師努力想傳達給孩子自己的感動，最後卻從孩子身上獲得更多的感動回饋。

　　教學者用心的，往往在課程的設計、課前的準備。但……現在才知道，這些都微不足道，真正的價值，在學生的心中。老師想丟掉分組標籤貼紙，可是在他們眼中的驕傲～勝利的徽章！

教學參考資料

1. 泥餅的滋味

　　http://okiewang.pixnet.net/blog/post/23988495%E6%B3%A5%E9%A4%85%E7%9A%84%E6%BB%8B%E5%91%B3

2. 破紀錄　三萬五千人體驗飢餓三十

　　http://news.chinatimes.com/reading/110513/112012021000328.html

3. 人道關懷、飢餓三十

　　http://www.popo.tw/notes/5434125

4. 吃泥不是因為窮　美研究：土可在胃壁上形成保護膜

　　http://www.nownews.com/2011/06/07/11623-2718360.htm

名稱：泥土餅的滋味

集體圖像

學生看完一系列泥土餅的照片後，小組靜像呈現對照片的理解。成員被教師點到時，必須說出自己角色的一句臺詞。

定鏡

肚子餓到沒力氣倒在地上，手摸著扁扁的肚子，嘴巴卻開開的幻想在吃東西。

日記書信或便條

朗讀故事主角阿布的求救信，學生急切的想知道信件內容。

遊戲

模擬閃躲炮彈攻擊的情形，稍不留神就會被流彈掃射到。

第二單元　誰是身體的主人

　　本課程以未完成的資料——繪本《家族相簿》的六張圖片開啟學生的好奇心與參與的興趣，藉由「時間線」、「巡迴戲劇」等教育戲劇習式探索故事，進而將「性騷擾」的概念導入真實生活，最後以分組扮演模擬生活中可能面臨的情境與可採取的因應之道。希望學生們在參與課程的過程中，培養保護自己、化解危機的潛在能力。

主題說明

　　根據內政部 2011 年度性騷擾事件申訴調查統計表顯示，2011 年申訴成立性騷擾事件共有 386 人，未滿 18 歲有 96 人，其中，國小有 20 人，幾乎是遭受性騷擾未成年者的五分之一。為了讓孩子了解自身環境中存在的威脅與危機，以社會事件為教材是最為真實的，但又擔憂過於寫實而造成恐慌。基此，本單元從繪本《家族相簿》的圖片探索開始，讓孩子在安全與想像的教育環境中，透過模擬的戲劇活動，了解性騷擾的議題。

　　課程最後導引回真實生活中的議題探討，讓學生走出模擬的情境回到自己的生活，培養應變能力保護自我、快樂成長。

課程設計架構

1. 採用模組：故事戲劇模組。
2. 各階段運用習式：
   (1) 第一階段：學生了解故事——定鏡、集體圖像、未完成的資料、思考軌跡、時間線、講故事、巡迴戲劇。
   (2) 第二階段：從故事中創作戲劇——牆上的角色、面具、對剪片斷、定鏡、思考軌跡。
   (3) 第三階段：分組扮演——生活圈子、定鏡。

3. 教學時數：三節。

4. 教學要點：

(1) 關鍵問題：愛護自己、做自己身體的主人。

(2) 戲劇素材：繪本《家族相簿》。

(3) 焦點問題：如果自己遇到性騷擾時該如何解決。

(4) 主題事件的戲劇建構背景：

- 何人：小老鼠小妮絲、叔叔瓦提亞。

- 何時：小老鼠小妮絲與叔叔獨處時。

- 何地：小老鼠小妮絲的家。

- 因何：小老鼠小妮絲請叔叔修理玩具。

- 為何：叔叔瓦提亞的碰觸與要求讓小妮絲覺得不舒服。

- 如何：他人以言語或行動造成自己身體與心理不舒服時採取適當行動。

(5) 教學準備

- 繪本《家族相簿》。

- 繪本中六個主要情節頁面影印（教學時請自行放大為一個頁面一張 A4 大小，並根據學生人數決定圖片張數）。

- 林書豪面具或扇子、林書豪全身海報（或布偶一隻）。

- 角色卡、鈴鼓、人形五至六張（約 20 公分長，參考附件）、壁報紙半開五至六張、彩色筆五至六盒。

教學設計

第一階段：學生了解故事（一節課）

流程與習式	內容與重點
定鏡	1. 全班分為五組，請每一組模擬一個家族照相，設定角色及動作，輪流呈現。 ＊教學小祕方：照相時，教師能拿著相機或攝影機對著呈現的小組，學生更能體會定鏡的意義，對第一次體驗本策略的學生尤其重要。
集體圖像	2. 假設全班是一個大家族，一起照家族照，隨機讓學生一個一個加入照片中，加入時要說出自己的身分或輩分名稱。 ＊教學小祕方：定格動作要有該角色的特色，例如：被媽媽抱著的嬰兒、坐在中間的威嚴的爺爺、水平位置較低的小狗……等。
未完成的資料	3. 分組同上，每組拿到一張繪本中擷取的圖片，請小組討論圖片中的人物、物品、人物動作。
定鏡 思考軌跡 學生觀察 發表	4. 分組呈現，教師輕觸幾位學生肩膀，請他說出當下可能的對話。各組相互觀摩，並發表對他組靜像的觀察（包含發生的事、空間、層次的運用……等）。 ＊教學小祕方：若是擔任物件的，可以說出自己扮演的物件名稱。
時間線	5. 利用各組呈現的畫面，按照先後順序，組合成一個故事。先討論再分組呈現，請學生將一個個畫面串成一個故事並發表。
講故事	6. 教師講述真正的故事內容。 ＊教學小祕方：講述時，可請各組拿圖片的代表，按照故事順序站成一排。
巡迴戲劇	7. 聽完故事，各組修正小組定鏡的內容與畫面，再次配合老師的講述內容呈現一次。 ＊教學小祕方：教師可藉著不斷重複精彩句子，加重語氣，提醒表演者注意生動的表情。

流程與習式	內容與重點
教師歸納名詞的定義	8. 教師問學生什麼叫做性騷擾，並明確告知性騷擾與性侵害的定義。
	＊教學要點：性騷擾的廣義解釋，是指一切足以讓人產生不舒服性聯想的故意行為，且是違背個人意願的，可能透過強迫、威脅或不預期等言詞、非言詞和身體接觸的方式發生在任何人身上。凡是違反個人意願的性交行為及利用個人從事色情表演、拍A片或裸照，即為個人性侵害。性侵害已侵害到個人的生命權、自由權及性自主權。

第二階段：從故事中創作戲劇（一節課）

流程與習式	內容與重點
牆上的角色	1. 教師拿出籃球明星林書豪海報對學生說明：你身體有的部分，是可以讓別人碰的，但有些地方特別隱密，除非你願意，不然沒有人可以碰觸你私密的地方。例如有人接近心中的偶像時，會去摸他的身體、偷親他的臉，這些都可能造成對方不舒服的感覺。
	＊教學小祕方：若找不到林書豪海報，可以用一般的玩具布偶替代。
面具	2. 現在，林書豪要搭機到臺灣來，好多粉絲爭先恐後的在機場等他，經過一整天的等待終於等到心中的偶像出現，大家搶著去看看大明星的真正面目。請一位學生戴上林書豪面具（或以林書豪造型物品遮住臉）扮演林書豪的角色，即興和臺下觀眾對話、互動。要互動的同學需取得教師同意才能上前，如果有碰觸行為，其他同學要大喊：「卡！」
	＊教學小祕方：提醒學生不可真正碰觸扮演林書豪者的身體。
對剪片斷	3. 全班分為四組，呈現面對偶像時合宜的互動模式與可能涉及性騷擾的方式，正反各兩組，輪流對照。
	＊教學小祕方：定格時，各小組間要相互對照、觀摩。
定鏡	4. 分組討論曾遇到過或看過、聽過的性騷擾事件，以靜像方式呈現，其他觀眾猜測發生的事件。
	＊教學小祕方：約五人一組，除了騷擾者與被騷擾者之外，其他組員擔任物件，建構事件發生的場景。

流程與習式	內容與重點
定鏡 思考軌跡	5. 再次討論、呈現可能的解決策略與因應之道。 6. 老師再提供可能發生性騷擾的其他地點：公園、公車上、路上、教室、工作地點、家中、麥當勞……，書寫於字卡上，讓各組抽籤，各組根據抽到的場景呈現畫面。呈現時，教師輕拍幾個角色肩膀，請他說出當下角色可能說的話。 ＊教學小祕方：字卡要多準備，發生場景不與流程4重複。

第三階段：分組扮演（一節課）

流程與習式	內容與重點
生活圈子	1. 將海報分為四格，一格貼著一個人形（參考附件），其餘三格請學生寫出騷擾者可能出現的地點、舉動、說的話。寫好後，一組一組分享。 ＊教學小祕方：繪畫能力夠好、夠快的班級，人形可由學生自行繪製。
定鏡	2. 教師準備一些情境題海報，請學生以靜像方式呈現，在可能發生性騷擾事件的情境中，應採取的因應之道。呈現時，先以靜像呈現，再配合海報說出「……，我會……」。小組靜像情境如下： ・「一個陌生人要請我喝飲料」 ・「鄰居黃伯伯平常一個人住，今天請我去他家玩」 ・「陌生人問我車站怎麼走，並要求我上車帶他去」 ・「天色暗了，有條無人的近路可以很快到家」 ・「同學在我旁邊說黃色笑話」 ・「男同學取笑我的胸部大」 ・「我喜歡的異性朋友約我出去玩」 ・「半夜十二點了，父母叫我去商店幫他們買東西」 ・「公司老闆常利用跟我說話的機會碰觸我的手和臉」 ＊教學小祕方：教師事先將戲劇情境寫在海報紙上，請各組帶回討論，能節省說明的時間。同時，因情境多，若學生小組靜像操作能力純熟，可增加分組組別，約三人一組即可。

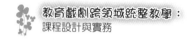
課程教學實況

第一階段：學生了解故事

定鏡	教師按照號碼點名，邊點邊分組，每組各有二至三個男生、女生，共五至六人，點完名，也分好五組了。分組完規定小組定位點後，以小組為單位，假設同一組的成員就是一個家庭，請組員一起討論、呈現該組的家庭照，計時一分鐘。為了體驗「定鏡」（定格）的意義，呈現時就請學生面對教室內架設好的攝影機，定格擺出拍照姿勢。由此，學生們較能感受「定鏡」（定格）就如同展示一張照片。
集體圖像	接著，假設全班是一個大家族，要拍攝一張大家族照，成員會有很多，有輩分大的爺爺、奶奶、叔公……等，也會有輩分小的弟弟、妹妹或嬰兒，甚至是家裡的寵物也會一起來拍照。提醒學生一個一個加入畫面中，聽到鈴鼓沙沙聲時，才可以走進畫面，並且要說出自己的輩分或稱呼，同時，定格動作要有該角色的特色，例如：嬰兒要被媽媽抱在懷裡、坐在中間的威嚴的爺爺可能是雙手放在膝上、小狗一定比人矮，需蹲著……等。因為角色不可同時出現，有競爭或玩遊戲的意味，所以學生們都爭著出來，到最後，有幾個學生一副躊躇、畏縮的樣子，教師不想強迫這些看起來容易受到驚嚇的參與者，便跟所有人說：「沒有出來的這些人，就是鄰居啊！在看我們家族拍照。」原本覺得這些同學不合作的人不再有「不公平」的表情，而尚未參與的學生則鬆了一口氣。
未完成的資料	回到分組位置，將事先影印的繪本圖片分給各組，每一組拿到的都不一樣，請小組組員一起討論圖片中的人物、物品、人物動作。
定鏡 思考軌跡	討論完後，接著要排練一張靜像，呈現圖片讓觀眾觀看、猜測圖片中的角色傳遞的訊息。呈現時，教師和觀眾們一起分析每一組的圖畫畫面，包括畫面的訊息以及畫面的元素安排，如：前後景、高低水平等。有的小組不需特別指導，呈現時已是一個層次與訊息都相當清楚的畫面，有的小組則經過觀摩後，呈現時還能隨機應變，換個角度、調低位置。 小組呈現時，請小組把該組圖片蓋起來，所以大家都不知道對方表演什麼，增強觀看的吸引力。同時，請學生聽到教師口令：「請欣賞～」的時候，就要一起大聲鼓掌，表示對表演者的尊重，也拉回

定鏡 思考軌跡	所有觀眾的注意力。 若發現學生的表情太過含蓄，動作太小，傳達給觀眾的訊息不清或角色所在的位置無法讓全班看清楚時，教師會將他的動作表情放大表演給全班看，一來希望帶動表演者更大膽地使用肢體，再者，也希望有助於刺激觀眾的想像。同時，因觀眾看不清楚畫面中每一個角色，猜測畫面離主題愈來愈遠，教師接著便輕觸幾位學生肩膀，請他說出當下可能的對話。若是擔任物件角色的，因為無法說話，就請他說出自己扮演的物件名稱。 其實，學生對於一張沒有文字的圖片解讀能力很有想像，例如在一組三人的畫面中，有一學生表示他看到的是：有兩個對稱站立的人，是窗外灑入的陽光，另有一個伸長了手，是陽光的光芒。 呈現完畢後，請小組再做一次靜像，並揭示圖片，此時，全班都了解彼此的畫面。
時間線	接著，請各小組代表拿著圖片站到臺前，請臺下學生試著將所有小組的圖片串成一個故事。有學生分享：小老鼠把大老鼠的照片剪破了，大老鼠很生氣，就用尾巴搔癢他，小老鼠跑走之後，還被捕鼠器夾到。
講故事	教師利用各組的圖片，把繪本內容大致講述一次，再請拿著圖片的小組代表按照順序站成一排，讓同學們重新調整思緒與邏輯。
巡迴戲劇	根據對於故事的理解，小組重新洗牌，重新分配角色及設計角色表情、動作，準備再次以靜像呈現圖片的含意。經過短暫排練後，教師再次講述故事，讓輪到的小組負責表演。呈現過程中，教師不斷重複精彩句子，加重語氣，提醒表演者注意生動的表情。果然，經過提點，委屈的小妮絲、不安好心的瓦提亞叔叔便出現在這個三年級的教室中。 此時，順勢導入性騷擾主題，教師說明什麼是性騷擾、性侵害。簡單的說，性騷擾是指故意的言語或肢體的碰觸，讓人產生不舒服的感覺，性侵害則是違反個人意願的性行為及利用個人從事色情表演、拍 A 片或裸照，會構成犯罪行為。教師問學生瓦提雅叔叔是性騷擾還是性侵害？學生回答都有！教師告訴學生，目前只算是性騷擾。其實，繪本中隱藏的情節是有這種可能性的。教師又問學生如果遇到這種事情，該不該說？學生都回答應該要說。

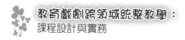

第二階段：從故事中創作戲劇

牆上的角色	教師拿出林書豪海報，一邊指著海報上林書豪的身體各部位，一邊說明身體的自主權與隱私權，應該要受到尊重。即使是和自己喜歡的偶像在一起，互動時也要保持應有的尊重。為了增加趣味性與立體感，再拿出一隻可愛的布偶，拉拉它的身體各部位做說明，學生們的臉上寫滿了興味盎然。
面具	請各組選定一個人當林書豪，其他人是粉絲，站在兩邊。扮演林書豪的人，需拿著一支印有林書豪相片的扇子遮住臉。當他出現時，粉絲輪流走出來與他互動，可以做對的動作，也可以做不對的，但如果粉絲的動作快要不妥的時候，旁邊的觀眾要馬上喊：「卡！」。 大部分含蓄的學生，紛紛上前握手，有較大膽的，則真的做出不良的互動。有學生上前和偶像抓背搖晃，同學們看到了，趕緊喊：「卡！」另一個學生說：「請在我的內褲上簽名～」，大家都笑了，但不容否認，這是有可能發生的事。
對剪片斷	接著，希望大家像觀看兩組對照的圖片一般，確實感受正確與人的互動及不良的互動。請兩組呈現與偶像相處時的良好互動情形，另兩組呈現與偶像相處時的不良互動情形，以靜像呈現，定格時相互對照、觀摩好與不好的互動。最後，再次跟學生們界定：性騷擾就是讓人家不舒服的動作或言語。
定鏡	經過理論的探討，接著要回到生活，請小組討論：在你的身邊，或是電視上，是否發生過性騷擾事件？以靜像呈現，如一張照片，讓別人猜你們在演什麼。問題產生後，再一次討論、呈現可能的解決策略與因應之道。讓小組討論前，先確定學生對於靜像的概念，教師問學生：「一個演被騷擾的人、一個演騷擾別人的人，但是一組有五個人，其他的人演什麼？」學生們表示：「演旁邊的物品或是景物、記者、路人、動物、石頭……」。由此確定學生們都具有畫面元素的概念後，教師開始在組間巡視，了解各組討論的進度，也隨機提供建議。 以下是學生們以他們的眼睛觀看的性騷擾事件，以及他們想到的應變方法：「有人叫他的小狗咬我們的褲子，讓我們的褲子掉下來，這時要趕快逃走」、「主播在報導一個老人想要性騷擾別人所以要大叫」、「小朋友在社區玩，有人要親別人這時要大叫警衛」。

定鏡 思考軌跡	學生畢竟還小，經驗有限，但性騷擾事件可是身邊潛伏的危機，因此繼續發給各組一張字卡，字卡上提供可能發生性騷擾的其他地點：公園、公車上、路上、麥當勞……，讓各組抽籤，各組根據抽到的場景呈現畫面。呈現時，教師輕拍幾個角色肩膀，請他說出當下角色可能說的話。 第一組在「路上（逛夜市時）」：有人意圖捉走逛夜市的女生；第二組在「家中」，家裡來了客人，主人的女兒要倒茶給他喝，客人卻想要觸摸她；第三組在「車上」，車上有人要亂摸其他乘客，有人下車後連忙指著車上發生的事件；第四組在「工作地點」，男同事趁著女同事上廁所時跟著她，想要對她毛手毛腳。

第三階段：分組扮演

生活圈子	全班分為四組，每組一張壁報紙，將海報分為四格，一格貼人形，一格寫性騷擾事件可能發生的地點，一格寫性騷擾別人的人可能會做的事，一格寫性騷擾別人的人可能會說的話。完成後，請各組代表配合海報，報告討論結果。 綜合各組報告，可能發生性騷擾的地點：公共場所、公園、小巷子黑暗的地方、沒人的地方；性騷擾別人的人可能會做的事：把男生或女生性侵害、摸別人的重要部位；性騷擾別人的人可能會說的話：如果你不跟我走，我會把你抱走。 提醒學生：暴露狂也是一種性騷擾，因為也會讓別人不舒服。這時候可以逃走，也可以大叫。另外，出外服裝不要太暴露，不要走在陰暗的地方。以上這些，都是「保護自己」的方法。
定鏡	把一組再分為兩組，每小組抽取教師事先準備好的情境題海報，以靜像方式呈現在可能發生性騷擾事件的情境中，應採取的因應之道。呈現時，先以靜像呈現，再配合情境海報說出「……，我會……」。 各組呈現如下：「一個陌生人要請我喝飲料，我會拒絕，並遠離他」、「鄰居黃伯伯平常一個人住，今天請我去他家玩，我會找很多朋友一起去」、「陌生人問我車站怎麼走，並要求我上車帶他去，我會拒絕，請他再問別人」、「天色暗了，有條無人的近路可以很快到家，我會用跑的，邊跑邊吹哨子」、「同學在我旁邊說黃

定鏡	色笑話，我會離開他」、「男同學取笑我的胸部大，我會告訴他這樣算是性騷擾」、「我喜歡的異性朋友約我出去玩，我會告訴爸爸媽媽，也找同學一起去」、「半夜十二點了，父母叫我去商店幫他們買東西，我會跟父母表示自己很害怕」、「公司老闆常利用跟我說話的機會碰觸我的手和臉，我會回家跟家人商量解決的辦法」。

教學反思與建議

上課先建立課堂契約

　　分組呈現時，經常發生的是表演者投入，但觀賞者容易分心或繼續與自己的組員討論，因而無法專心觀摩他人演出。在呈現時透過一個契約，或是一種儀式，當老師說：「請欣賞～」時，學生們要一起鼓掌，如此便能安靜下來欣賞他組的呈現。

對過動學生不可過度干預與硬性要求

　　因為班上一個行為疑似過動的孩子，上課過程中會自行發言、發出怪聲、隨意走動，干擾其他同學的專注。因此，上課中花了一些時間請學生「做自己身體的主人」，思考此時此刻什麼才是應該注意的事。對於這位學生，則是一方面漠視他的不適當行為，另一方面當他能配合活動時給予表現的機會。雖然課程數度被中斷，但到了課程後半段，這位學生已能自在地在教室行動而不影響同學，其他同學則能投入課程、活動而不被干擾。

指派任務成了教室管理良方

　　第三階段生活圈子需發給各組彩色筆、海報紙，教師捨棄請組長或派代表領取的固定作法，改為請專注的孩子幫忙：「4 號，幫我對折再對折，打開變四格。7、23 號……」、「更乖的，可以幫我再做另一件事」、「拿到小人的，請幫我貼在海報紙左上角」、「還有人可以幫我服務，發彩色筆」，連續指令下去，學生不需思考，反射式配合。如此，不僅目的達到了，效率也提高了，同時，也是控制教室常規的一種技巧。

學生學習評量

第一階段：學生了解故事

1. 能以對各組不同畫面的觀察，組合成一個有情節的故事。（時間線）

2. 能發表對他組靜像的觀察。（定鏡）

第二階段：從故事中創作戲劇

1. 能在面對偶像時採取合宜的互動模式與避免可能涉及性騷擾的方式。（對剪片斷）

2. 能討論曾遇到過或看過、聽過的性騷擾事件，並呈現可能的解決策略與因應。（定鏡、思考軌跡）

第三階段：分組扮演

1. 能寫出性騷擾者可能出現的地點、舉動、說的話。（生活圈子）

2. 能在可能發生性騷擾事件的虛擬情境中，採取適當的因應之道。（定鏡）

教學感言

　　學生們在戲劇情境中接觸「性騷擾」議題，很能敞開心胸地討論、扮演，也因教師的課前提醒，參與過程中少有嬉鬧行為。最後一個步驟，要學生在預擬的生活情境中思考行動方案，如「一個陌生人要請我喝飲料」、「同學在我旁邊說黃色笑話」、「我喜歡的異性朋友約我出去玩」……等，是孩子在未來的成長過程中甚或是進入職場後不可忽略的危機，期盼能為孩子的人生預作準備，減少不必要的誤會與傷害。

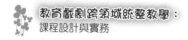
教學參考資料

1. 席薇亞‧戴娜（Sylvia Deinert）、提娜‧克莉格（Tine Krieg）（2001）。家族相簿。新竹市：和英。

2. 兒童性侵害防治國民小學教師在職進修網
   http://childsafe.isu.edu.tw/

3. 內政部家庭暴力及性侵害防治委員會
   http://dspc.moi.gov.tw/mp.asp？mp=1

4. 100 年度性騷擾事件申訴調查統計表
   http://dspc.moi.gov.tw/lp.asp？ctNode=657&CtUnit=79&BaseDSD=7&mp=3

名稱：誰是身體的主人

定鏡	對剪片斷
學生做出定格的畫面，顯示出一個家庭的狀況。	面對偶像時合宜的互動模式與可能涉及性騷擾的方式，輪流對照。

思考軌跡	生活圈子
教師輕拍幾個角色肩膀，請他說出當下角色可能說的話，聽到的同學也反應出同意的表情。	將海報分為四格，一格貼著人形，其餘三格寫出騷擾者可能出現的地點、舉動與所說的話。

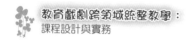

附件　貼好人形的生活圈子壁報紙

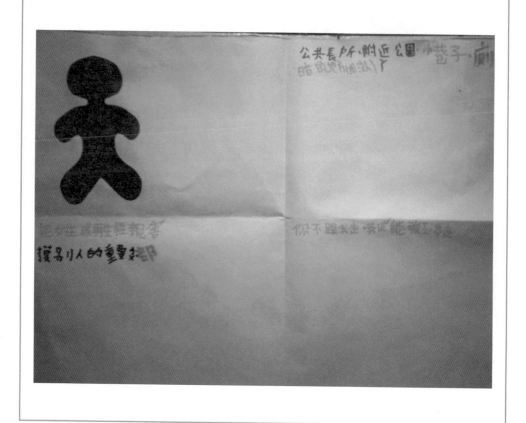

第三單元　失落的一角

　　本單元透過一張無字圖片，引發學生的好奇心，讓學生主動找出實驗室可能進行的陰謀。學生會發現原來耗費紙張、使用燃料、動物實驗、各種污染等，都是危害地球的殺手，開始思考自身做起能夠盡到的愛護地球方法，以及反思如何在生活中透過個人及集體的力量，解除或延緩地球遭遇的生存威脅。

主題說明

　　環境保護成為近幾年來全球關注的議題，為了挽救全球環境，國際上先後訂定華盛頓公約及蒙特婁公約，期望全球公民能夠一致保護環境，共同珍惜唯一的地球。

　　在經過政府一再的宣導，學生們對「節能減碳」、「資源回收」、「搶救北極熊」等口號耳熟能詳，校園裡也開始重視環境保護、環境健康與個人健康的議題，學生開始思考可以採取哪些行動降低危機帶來的傷害。

課程設計架構

1. 採用模組：戲劇理解模組。
2. 各階段運用習式：
   (1) 第一階段：決定行動——未完成的資料、集體圖像。
   (2) 第二階段：展開行動——定鏡、思考軌跡、集體圖像、場外之音、教師入戲、會議、設立標題。
   (3) 第三階段：結束行動——定鏡、對剪片斷、儀式。
3. 教學時數：四節。

4. 教學要點：

(1) 關鍵問題：如何面對地球生存受到威脅的危機。

(2) 戲劇素材：一張圖片、一封投書。

(3) 焦點問題：實驗室的秘密計畫，動物成為可憐的實驗品。

(4) 主題事件的戲劇建構背景：

　　・何人：實驗室研究人員。

　　・何時：2010 年。

　　・何地：研究室。

　　・因何：一個生化計畫和一隻被五花大綁的雞。

　　・為何：不合理的正方形和三角形的蛋，竟然在實驗室中出現。

　　・如何：找出實驗室的秘密計畫，阻止殘害動物和環境的行動。

(5) 教學準備：

　　・郝廣才（2009）。一秒鐘的改變。臺北市：格林。

　　・摘自《一秒鐘的改變》動物實驗跨頁，將文字遮住，彩色影印六張。

　　・入戲為總編的識別證、入戲為實習記者的原子筆。

　　・寫標題用的長條海報紙六張、粗字簽字筆六枝。

　　・一封投書信件、一顆皮球。

教學設計

第一階段：決定行動（0.5 節課）

流程與習式	內容與重點
小組以圖片進行內容討論 未完成的資料	1. 教師先將學生分組，一組四至六人，全班分為六組，每組拿到一張圖片，開始看圖說故事，討論圖片中事件的時間、地點、人物、事物、可能的情節，討論完畢後由教師收回圖片。 ＊為了順利銜接本單元第三階段的「對剪片段」活動進行，最好將學生分為偶數組。

流程與習式	內容與重點
集體圖像	2. 請學生坐到後方，教室前方做為呈現區，教師收回圖片，請學生依照剛才圖片畫面，自由出列走到呈現區以定格動作表現出當中的角色或是景物，並說出「我是……」讓觀眾更清楚他扮演的角色，站定位置完成口述角色後，下一人再接續出列呈現。

第二階段：展開行動（2.5 節課）

流程與習式	內容與重點
模仿呈現圖片內容 定鏡	1. 以小組為單位，每人擔任一個角色（人或物），盡可能重現圖片中的景象。
思考軌跡	2. 各組輪流將前所呈現的畫面再做整理呈現極佳的組合畫面後，教師輕觸定格學生的肩膀，學生用一句話說出當下該角色內心的想法。全班相互觀摩，並發表對他組靜像的觀察（包含發生的事、戲劇元素的呈現技巧——空間、低中高層次的運用等）。 ＊輪流呈現時，負責呈現的小組定格，其他的小組則坐著觀察。
定鏡	3. 以其中一組的靜像為主，該組原地不動，請其他學生回觀眾席，發揮想像，加入圖片上以外可能出現的人物，再出列加入該靜像畫面，全班皆可參與其中，教師於全部完成後，觸摸學生肩膀，請學生說出自己扮演的角色。 ＊若時間不足，則觀察學生較特別的動作，請該學生發表即可。
集體圖像	4. 請學生觀察其他人的角色，在十秒內找到與自己身分不同的角色，兩人一組，依照各自的角色與身分進行互動（如：研究人員對實驗雞隻說：「我每天都要長時間觀察你，害我都沒辦法回家」。雞隻回應：「我每天被插滿了儀器被觀測，內心好害怕……」）。 ＊教師可以行間巡視，聆聽較為特別的互動對話，請該小組再呈現一次。
場外之音	5. 請學生在場地自由活動，在指定的時間內，至少找三個人交換聽到有關這件事的小道消息，要有足夠的時間製造、傳播八卦。 ＊交換訊息時，請學生以「聽說……，所以……」的句型做開頭交談。

流程與習式	內容與重點
教師入戲說明	6. 教師告知學生這件事情的消息面太多，需要專業人員澄清，等一下會有報社總編進來教室，學生則同時拿起面前的原子筆，成為報社實習記者，共同參與編採會議，希望堅持報社報導嚴謹的原則，針對最近外面謠傳的八卦消息，運用專業的判斷精神，一起討論、探究事件的真實面。當總編宣布「下班」，學生則放下原子筆換回原本身分。教師正式戴上識別證入戲進行上述步驟。 ＊教師可告知實習記者能否被錄用為正式記者，編採會議上表現極為重要，要注意禮貌、專注與踴躍發言。
教師入戲 將意見寫在白板上	7. 實習記者們（學生）一一發表聽到的八卦，由總編寫在黑板上，接著共同討論，綜合過濾極度不可能的情況，找到一種最有可能的事件內幕。 ＊在過濾意見時，可以詢問學生刪去該消息的原因，問其他人是否有人附議。
設立標題	8. 總編請實習記者們分組，為此事件下一個新聞標題，字數限制在二十個字以內。總編會選擇一個最好的標題做為明天頭條。記者們將標題寫在海報紙上，交出標題後，總編宣布「下班」，請學生將原子筆放在身後，學生出戲。
會議 日記書信或便條	9. 學生離開記者的身分後，教師扮演的總編並未出戲，繼續說明：「其實，剛才是對這些實習記者一個小小的測試。事實上，我早就知道這件事的真相了。這封信（拿出口袋中的信件），就是那家生技公司的員工寄來報社的投書，他說：『公司為了研發促進細胞再生的人工蛋白質，幾年來已經殺了數以千計的雞了。另外，為了研發延緩老化的藥品，公司更是使用大量的動物做實驗。每天看著一籠籠老鼠、兔子、蜥蜴、青蛙等著注射藥劑，我真擔心地球上的動物會漸漸滅絕。請貴報社報導這個議題，引起大家的注意——熱愛地球的地球公民』。」原來這才是真相，總編再看一看海報上的標題，喃喃自語「我想……就採用這個標題吧！」謝謝大家的參與，告知自己要回報社去處理後續的步驟，走到後方脫下識別證，教師出戲。 ＊選擇標題時，要假裝深思，難以抉擇，引發學生想要代為選擇的好奇心。 ＊萬一沒有適合的標題，總編便表示：「嗯，這些實習記者的新聞靈敏度與判斷能力還是不足，還需要好好訓練一段時間才能讓他們撰稿。這個標題，還是我來好了。」

第三階段：結束行動（一節課）

流程與習式	內容與重點
小組討論定鏡	1. 請小組討論、呈現目前地球遭遇的生存威脅與問題，以擴散思考的方式，小組寫在海報紙上，並找到一個問題，以定格畫面呈現。
對剪片斷	2. 選擇三個不同主題的小組，保留呈現的畫面，另外三組則根據這三組的問題提供解決的方案，並以靜像動作呈現。一組畫面是遭遇的問題（如：垃圾太多），另一組是解決的策略（如：資源回收或資源再生）。
儀式	3. 教師放一顆球在場地中間，當作地球，由學生自由一一走到地球面前，以「我可以……讓你……」的句型，說出自己上課的收穫。 ＊教師可以先示範，如「我可以多用環保杯，少用塑膠杯，讓你的垃圾變少一點」。
分享	4. 展示原始繪本《一秒鐘的改變》，先介紹各組拿到的留有一處空白的那一個跨頁，再逐頁共同閱讀。

課程教學實況

第一階段：決定行動

未完成的資料	一開始讓學生以地球為主題，做出各種靜像，不過大部分學生想到的都差不多，不是樹就是草等植物，不然就是石頭，只有一個學生低下身子做出旋轉狀，他說那是地心引力，頗有創意。
集體圖像	發下的圖片內容引起學生興趣，討論熱烈，學生自由出列，用動作呈現出圖片的重要內容，不出所料，「雞」果然一開始就被點出來，其他角色也一一就到達了定位。有些學生則是一出列就到處晃，可能對圖片還不是很有感覺，有個學生反應特別，他站在雞旁邊，做出夾東西的樣子，說「我是鉗子，正要鉗住那隻雞」，有別於其他學生扮演的角色，具有畫龍點睛的效果。

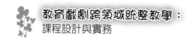

第二階段：展開行動

定鏡	在小組建構靜像的時候，教師要求學生盡量模仿重現，在分配角色時也開始出現雜音，有個學生被指定當雞（因為他最慢發言），他滿臉不願意，但全組都覺得雞很重要，不能沒有這角色，他卻說：「我是公雞，圖片中那隻是母雞，公雞不會生蛋」，本來以為這理由很有說服力，沒想到另一個學生說：「這是一間未來實驗室耶，搞不好公雞也變得會生蛋啊」，該學生只好乖乖上臺扮演雞。
思考軌跡	操作這個習式時，學生往往都會反應不及，直接說出動作狀態，而非反映內心的感覺或角色想法，其中一個扮演雞的學生說「為什麼是我？」教師覺得很有趣，這句話不僅是反應雞的角色狀態，似乎也反應這名學生剛才被小組強迫扮演雞的心情。
集體圖像	以剛才一組的靜像為主，其他學生發揮創意加入或延伸出不同的角色或是景物，於是一些天馬行空的想法紛紛出現，像是「一隻實驗雞的同伴，身上綁滿炸彈，準備衝進來救他」、「要抓非法研究人員的警察，實際上為間諜的科學家」，還有學生扮演監視器，令人讚嘆學生豐富的想像力。接著在這情境內，要讓學生互相對話，教師希望不要破壞剛才的情境與角色，所以讓學生們先互相觀察，自行去找有興趣對話的角色，剛開始學生不太了解要怎麼用角色對話，教師親自找學生示範後，學生也打開創意話閘子：「監視器對研究人員說『你是間諜嗎？』」「警察對著監視器問說：『你有沒有錄到他們進行一些邪惡非法的行為⋯⋯』」「研究人員對警察說：『我不是壞人，你看，連公雞都能生蛋了，地球糧食就更多了，我貢獻可大咧』」。學生的對話非常精彩，每個學生角色上身，教師很享受當下的氛圍。
場外之音	學生有人分享那些奇怪型狀的雞蛋其實有毒，會致命、很危險，也有學生說那隻雞實際上是外星球來的雞，才會生下奇怪型狀的雞蛋，每個人分享的時候表情十分詭異，彷彿真的在分享一件不可思議的事件。

教師入戲 會議	教師把指令說得很清楚，也與學生再三確認，原本設計學生也戴上識別證，但教師覺得太麻煩，改成拿起原子筆較為簡單，也避免學生拿識別證亂玩。「實習記者」的身分，學生還不是很懂，所以教師故意指出剛才有點分心的五號學生，告訴他實習記者在總編面前的表現很重要，關係到能不能在這報社待下去，像他昨天吃了三個便當，但是交來的報告才三行，效率不好，等一下是他將功贖過的好機會，得好好把握，一來藉機說明實習記者的處境，二來也點名他，讓他專心一點。 學生將剛才到現在的所有訊息分享出來，教師沒有評論，只是單純記錄下來，再來讓大家過濾不可能的訊息。剩下「神秘研究單位，實驗雞，荷爾蒙，改變性別基因」，之後原本要讓學生設計標題，但是教師忘記卻直接宣布下班讓學生出戲。於是教師把學生當成能力較好的顧問團，對他們訴說剛才那批實習記者能力不好、體力差、沒有創意等等。有學生說「別對他們太嚴格啦」還有人說「真的有這麼差嗎？」 關於實習記者，也需要先說明，有學生說實習記者要讓總編放心，要有效率，要馬上去行動，還要會拍馬屁，其中五號學生不專注聽，教師只好指著他說「尤其是你，你昨天吃掉三個便當，你等一下最好要好好表現」趁機會吸引他的注意。
設立標題	商請有校長特別推薦的學生，幫教師想幾個新聞標題，怕有人聽不清楚，要學生先指出一些關鍵語詞，請他們根據投書幫教師想出適合的標題。標題有「生技公司大量殺害動物，員工憂心」和「神祕單位殺害動物陰謀」。一個比較寫實，一個比較有想像力，但的確都不離開投書的情境，教師表明都很好，要回去想一想再決定。 學生分享的訊息過濾後剩下「神秘研究單位，實驗雞，荷爾蒙，改變性別基因」，接著要讓學生訂出標題，提示標題要醒目，要簡短有力，不超過二十字，完成後宣布下班讓學生出戲，連續強調了三次下班，所有學生才放下原子筆出戲。

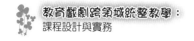

第三階段：結束行動

定鏡	學生大多能反映出當前地球遭遇的危機，如垃圾、空氣、食物等等污染問題，食物污染組的學生，有人做出在雞隻上打針，以及在飲料中加色素的動作，其他學生則做出吃完後腸胃不適的樣子，空氣污染組則做出空氣污染嚴重，人們必須躲在家中還要戴上口罩，老人則一直咳嗽不止，胸腔科門診大排長龍的景象，學生似乎平日接受新聞報導的洗禮有成，對地球的污染問題頗有心得。
對剪片斷	小組在討論時有點諜對諜感覺，必須先等問題組確認問題，另一組才能開始討論因應對策，也許有時間上的壓力，討論時比較專注有效率，有一組學生用廢氣做定格畫面，對應組則以車子定期保養檢驗的畫面呼應，相對照之下很有趣
儀式	讓學生一一出列，對著一顆想像的地球（教師拿一顆皮球代替）説話，同時做出對應的動作，也是在檢驗上課的回饋，有學生説要去海邊撿垃圾，讓海岸線更美麗；要多騎腳踏車，讓空氣更好；不吸菸，讓空氣污染變少，還會叫朋友也不要抽菸；最後有學生説「我要多吃菜少吃肉，讓更多動物可以存活」，大家同聲拍手，教師直點頭稱許，實在太棒了，這位學生是唯一將圖片內涵做出呼應想法的人。

教學反思與建議

學生不易懂用角色說話的意涵，可用換句話引導

　　思考軌跡技巧著重學生的感覺，但學生比較偏重說出自己在做的事情，教師這時候可以改問：「你有什麼感覺？」讓學生有所依循。

出入戲的說明要清楚，讓學生有所依循

　　教師入戲和出戲的說明要清楚，確認學生都清楚，都了解，再開始進行，使用的入戲素材不要太麻煩，以免花費過多時間，學生和教師最好同時出入戲，較不會造成身分混淆。

活動回饋很重要，可看見學生的收穫

　　最後一個回饋的活動效果不錯，有足夠的時間讓學生互相看到大家的想法，激盪更多有創意的想法，以及對主題的體認與實踐行動的承諾。

學生學習評量

第一階段：決定行動

　　　　1. 學生能根據提供的素材進行討論與分享。（未完成的資料）

　　　　2. 學生能以肢體呈現圖片的內容。（集體圖像）

第二階段：展開行動

　　　　1. 學生能以扮演的角色身分說出符合情境的話語。（思考軌跡）

　　　　2. 小組能針對蒐集的訊息與資料進行新聞標題的撰寫。（設立標題）

第三階段：結束行動

　　　　1. 小組能呈現地球遭遇問題與解決之道的對比畫面。（對剪片斷）

　　　　2. 學生能以指定句型呈現綜合課堂學習的心得。（儀式）

教學感言

　　以圖片來引起學生的好奇心是很有效的，討論的同時也是在投入情境，愈討論愈開始發現諸多圖片中沒看到的小祕密，想像力如同水龍頭般的湧出，整個課堂讓學生活動的非常盡興，而最後的活動也讓教師很感動，連班上比較弱勢的孩子都能勇敢表達自己的看法，再一次證明，在安全的氛圍下，戲劇教學是成就感的教學。

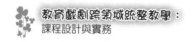
教學參考資料

1. 地球的危機

   http://library.taiwanschoolnet.org/cyberfair2006/hhhs01/b/b-1.htm

2. 全球環境變遷導論

   http://gis.geo.ncu.edu.tw/gis/globalc/index.htm

3. 電影〈明天過後〉、〈天狗〉、〈看見臺灣〉。

4. 影片〈正負 2 度 C〉。

5. 動畫〈動物環境會議〉。

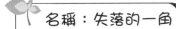
名稱：失落的一角

未完成的資料	設立標題
學生所完成的靜像，多是樹、草等植物，或石頭。	標題是依據學生的討論所建構出來的，必須是能綜合大家在圖上所表達的想法。

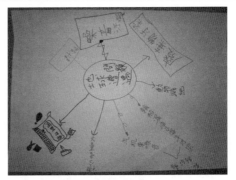

集體圖像	集體圖像
將靜像延伸，發揮創意，發展出不同的景物與不同的角色，令人讚嘆學生豐富的想像力。	不拘形式，發揮創意聯想，圖畫與文字皆可，自然可凝聚成完整的更同概念。

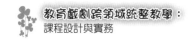

第四單元　誰偷走我的……

本方案從學生經常面臨的友情問題出發，當中的主角正如一般的好朋友，習慣彼此的存在，當一旦出現了外力的介入，兩人的友情也漸漸變質，面臨考驗。學生從情境的體驗，投入角色的困境，感受人物遭受的難題，重新思考人與人之間的問題與看待的角度。期盼學生能夠從中學習面對問題出現時，較為適當的態度與解決的方法。

主題說明

有一句話：「萬物，不是被允諾存在的」。生活瞬息萬變，但也有許多的不變。對於我們認為不會變的，例如：「媽媽為我準備的晚餐與關心」、「好朋友的協助與友情」、「老師的關懷與叮嚀」……卻逐漸習以為常，不覺察可能正在悄悄變質。

我們往往太習慣他人的關心與付出，而忽視他們也需要我們關心。朋友間以為只要我對他好，他也必須全數以報。殊不知，無形的情誼，若是不加以珍惜或是感恩，也會如同有形的乳酪而日漸減少或是變質，一旦減少或是面臨外在挑戰時，我們必須以何種恰當的態度面對，以何種不傷害彼此的方法處理，才能穩固情誼，讓雙方不受傷害，並重新找回人與人之間的信任。

課程設計架構

1. 採用模組：戲劇理解模組。
2. 各階段運用習式：
   (1) 第一階段：決定行動——定鏡、畫圖、電話交談、小組演繹、思考軌跡。
   (2) 第二階段：展開行動——教師入戲、集體角色、日記書信或便條、巡迴

戲劇、思考軌跡。

(3) 第三階段：結束行動——思考軌跡。

3. 教學時數：五節。

4. 教學要點：

(1) 關鍵問題：讓學生正視情感問題的發生，培養解決問題的正確態度。

(2) 戲劇素材：一封信。

(3) 焦點問題：心情不好時，用多元方法來解決，別一味沉溺在負面情緒中。

(4) 主題事件的戲劇建構場景：

- 何人：兩位要好的朋友阿倫與阿華。
- 何時：高中時期。
- 何地：校園。
- 因何：一位轉學生轉進班上後，兩人漸漸疏遠。
- 為何：阿倫和轉學生親近，阿華以為阿倫不理會他。
- 如何：雙向溝通想法，了解對方心意，三人也可以成為好朋友。

(5) 教學準備：

- 一封「目擊證人」的書函（附件）。
- 每人一張便條紙、每組一張海報紙、每組一盒彩色筆、小石頭若干顆、每人一枝鉛筆、每人一張空白紙張、每大組一式四張情境提示卡。

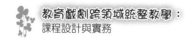
教學設計

第一階段：決定行動（2.5 節課）

流程與習式	內容與重點
定鏡	1. 教師請學生在教室自由走動，教師做靜像呈現（指令動作為日常經常性的、常態性的景物或事件），例如：太陽、雲、一棵樹、沖水馬桶、洗手臺、水龍頭、電燈、好朋友、媽媽煮晚餐、鬧鐘等等。 ＊教學小祕方：可選擇這幾種物品串成一個情境故事，教師敘述時方便記憶。
畫圖	2. 活動結束後，老師詢問學生當這些日常生活中常見的事或物消失了，可能的原因為何？會有哪些狀況發生？又該怎麼處理？然後進行學生分組，就各種狀況題目進行抽籤，並以放射性思考模式，小組腦力激盪，包含原因、可能情形和處理方法，書寫在海報紙上。 ＊教學小祕方：原因、可能發生的情形和處理的方法，這三種可以讓學生以不同線段畫線放射書寫，如原因用虛線、情形用波浪線、處理方式用星星線條來做出區別。例如： (1) 如果有一天起床，發現四周黑暗，太陽不見了！可能是什麼原因？會如何？該怎麼辦？ (2) 今天上學，發現老師都消失了！可能是什麼原因？會如何？該怎麼辦？ (3) 打開水龍頭，卻沒水！可能是什麼原因？會如何？該怎麼辦？ (4) 樹都被砍光了！可能是什麼原因？會如何？該怎麼辦？ (5) 電腦全部當機了！可能是什麼原因？會如何？該怎麼辦？
定鏡	3. 請各組做出好朋友會一起做事情的定格動作。
說明事件主角的狀況 日記書信或便條	4. 教師說明有一對好朋友分別叫做阿華與阿倫，他們非常要好，也常一起做剛才大家分享的事情，但是最近阿華發現情形有點不對勁，他原本與阿倫是很要好的朋友，但最近兩人的關係似乎漸漸疏遠了，有一封信透漏了這樣的訊息，教師唸讀信件內容（附件）。 ＊教學小祕方：教師唸出信件時可加強語氣，增加可信度與戲劇張力。

流程與習式	內容與重點
幕後新聞	5. 全班學生分成內外兩圈，在內外圈站相對應位置的兩人為一組，一人扮演阿華，一人扮演阿倫，先讓兩人小組討論事件發生前，兩人是好朋友的定格畫面，接下來再呈現轉學生阿方轉入班上後，兩人情感疏遠的定格畫面。
思考軌跡	6. 先請一半的小組進行呈現，另一半學生先觀看，依照教師口述，先後做出兩人關係從融洽到疏遠的兩個靜像畫面，教師碰觸學生肩膀時，角色說出當下心中的想法，完成後兩邊交換角色。

第二階段：展開行動（1.5 節課）

流程與習式	內容與重點
教師說明入戲前的規則 教師入戲	1. 教師告訴學生，阿華等一下會到現場，他有一些疑惑跟心情想和大家聊一聊。教師走出教室，戴上籃球帽，入戲變成阿華，走進教室跟學生打招呼：「唉！怎麼辦？我覺得阿倫好像都不太理我，像今天我去找他一起打球，沒想到，他竟然已經跟阿方約好要去圖書館看書找資料，你們說，我們的友情是不是被阿方破壞了（語氣有些生氣）！我最近心情糟透了，你們可以幫助我嗎？」確認學生願意給予協助後，請學生給予意見或建議，但是不要急著採用或是回覆，只說明會考慮或是再想想即可，完成之後，謝謝大家的建議，走出教室外，脫下帽子出戲。 ＊教學小祕方：過程中，將學生引導到「解決問題」上，在學生說出不同意見時，反問：「那我應該怎麼辦？」適時詢問學生是否有同樣的經驗，他們又是如何因應的，心情如何？
集體角色	2. 教師轉述阿華覺得上次大家建議去請教老師是不錯的方式，所以等一下老師會分別請阿華與阿倫過來聊一聊，讓學生依序報數（1、2），接著說明報數 1 的人是阿華，報數 2 的人是阿倫，報 1 的人站在一邊，報 2 的人站另一邊，兩邊站在自己的立場，輪流說明現在的心情或是想法。 ＊教學小祕方：教師鼓勵學生發表，飾演相同的人所表達的內容要盡量不與前面說過的相同（引導學生提出不同的觀點，有正、有反），教師只需傾聽，不要馬上回應。
日記書信或便條	3. 教師告知學生上次阿方聽到了阿倫與阿華的想法，他也有些想法想要跟他們兩人分享，但是不好意思當面說，請學生設想自己就是阿方，分別將想說的話，寫在兩張便條紙給阿倫及阿華。

流程與習式	內容與重點
張貼便條作品供大家觀看	4. 將便條紙內容，貼在海報紙上，讓學生自由出列觀看。
教師在場地中間放置石頭，每發表一個想法就移走一個石頭	5. 學生圍成大圈，教師在中間放幾顆石頭，請學生自由出列，說出他們三人之間，以前的情形如何，如今什麼東西被「搬走」了？（如：信任、體諒、關心……），每說完一個答案，就拿走一顆石頭放到旁邊。 ＊教學小祕方：教師可先示範，如「以前我們都會一起相約去打球，現在快樂的時光被搬走了」，說完便搬走一顆石頭。
巡迴戲劇思考軌跡	6. 將學生分成兩大組，兩組分別從「阿方轉入班上」→「情誼產生危機」→「面對危機處理」（一組是適當的處理方式，一組是不恰當的處理方式）→「結果」（一組情誼破裂、一組和好如初），呈現如四格漫畫般的靜像畫面，在靜像畫面呈現時，老師碰觸學生肩膀，畫面中的人物則說出符合當下情境的話。 ＊教學小祕方：教師可事先製作一式四張的卡片（卡片內容如上述四種情境提示），讓小組根據卡片再進行分工，以免因組別人數過多，反而容易討論失焦或效率不佳。

第三階段：結束行動（一節課）

流程與習式	內容與重點
思考軌跡	1. 學生自由行走，以「我覺得……」的句型，分享這過程中的感想或收穫。
日記書信或便條	2. 教師詢問學生，生活中與同學相處，是否有類似的情況發生，當時的心情與反應如何？發下兩種紙條，一為「我曾經……我想對……說……」（曾有類似經驗），一為「我以後遇到類似的事情，我會……」（沒有類似經驗），寫完後各自投入箱子。

課程教學實況

第一階段：決定行動

定鏡	教師以生活情境式的故事敘述方式讓學生做定鏡，如「今天的天空上面飄著幾朵不同形狀的雲朵……」說到關鍵語詞時，教師就拍手兩下，學生做出靜止的物件，如：雲朵、樹木、水龍頭、電燈、媽媽煮晚餐、鬧鐘等等，學生有期待感，覺得很有趣，想投入其中，就不會有吵雜的聲音出現，做出來的造型也的確很有創意。
定鏡	二人一組分組時，有學生落單，教師把落單的學生帶在身邊與學生一組，到下次再重新分組時，再把落單的孩子安插進去，一來打散固定的組合，二來減輕落單孩子的焦慮，教師採用半圓隊的隊形，方便觀看到全體學生的表現，也好讓學生互相觀摩。學生所呈現的大多不離看書、散步、玩遊戲等，有一組的兩個男生喜歡一起捏黏土，讓大家很意外。
電話交談	教師引出主角阿倫和阿華也是一對好朋友，但是最近遇到一些問題，教師拿出信封唸出內容，且在重要的句子上加重語氣與放慢速度，教師唸完要學生說出重點時，學生有點沉默，後來教師針對內容一一詢問學生，並反問學生：「難道你們都沒有類似的經驗嗎？」學生的反應才較明顯熱烈。
小組演繹思考軌跡	教師將學生分成內外兩圈，花了些時間，內外圈的學生分別扮演阿倫與阿華的角色，先稍做討論，再讓學生以靜像畫面呈現轉學生小方尚未轉來班上與轉來班上後，兩人前後關係的轉變。教師在旁輔以口述「阿倫和阿華是一對非常要好的朋友，他們常常一起……」、「沒想到小方轉來班上後，常找阿華一起玩，阿倫被冷落……」。學生演出阿倫與阿華剛開始開心一起遊戲、討論功課、手牽手散步，到後來背對背態度冷淡、各自玩、神情落寞，連教師自己都不自覺感傷了起來，似乎真的置身友情失落的氛圍。

第二階段：展開行動

教師入戲	教師告知學生，待會阿華要來現場聽聽大家的意見，學生開始躁動，直問：「真的嗎？他人在哪裡？」，教師又好笑又有點擔心，當時下課鐘響，便叫學生先原地休息，教師去看看阿華來了沒，學生紛紛伸長脖子，感到好奇，教師在外面戴上棒球帽，走進教室，神情煩惱狀，學生哄堂大笑不止，教師力保鎮定，表情嚴肅，過了約一分鐘，笑聲漸漸小了下來，教師用責怪的語氣對學生說：「聽說你們是要幫我解決問題的，不是嗎？我心情已經夠差了，你們還一直笑」學生才收起臉上的笑容。教師要學生幫忙想出十個解決目前困擾的方法： 「你可以去找阿倫談談啊」 「那不然寫信也可以」 「不然請阿倫媽媽幫忙一下」 「你要不要去跟小方說說看」 「去請教老師」 「這種事情時間久了就會好了……」 學生認真幫忙想方法，教師不反對，但也沒立即做出肯定的回應，教師注意有個學生不太專注，便指著他說：「你，我看到你就生氣，你和那個小方長得超像」。那學生馬上專注看著教師，其他學生見狀偷笑，這種在情境內的警告方式有效又不傷人，一舉兩得。最後教師謝謝大家的意見，表示會回去思考一下，心情感覺好多了，走出外面脫下帽子，再度走回教室恢復教師身分。
集體角色	延續剛才的建議，教師希望聽聽阿倫與阿華的意見，於是讓學生分兩邊分別集體扮演阿倫與阿華的角色，闡述自己在事件中的心聲，教師則是中立的傾聽者。剛開始有點冷場，學生還沒進入狀況，教師耐心等待並引導學生：「阿華，你有什麼話想說？」終於，有學生打破僵局說：「我討厭他，有了小方就不理我」。這樣的拋磚引玉之後，其他的「阿華」也紛紛挺「聲」而出，說出自己的想法： 「我想跟阿倫一起玩」 「阿倫，你為什麼不理我呢」 「我好孤單，你知道嗎」 「為什麼小方一轉來就搶走我的好朋友」…… 學生的意見有控訴、辛酸、無奈和請求，彷彿是一個集合多重心理的阿華在說話，接著說話的「阿倫」也道出自己的心聲，希望三個人可以當好朋友，還解釋因為小方是以前的鄰居，所以要照顧他。

日記書信或便條	教師叫學生閉上眼睛轉個身，聽指示再睜開眼睛變成小方，因為小方剛才在老師的房間聽到了所有的想法，有些話想跟阿華及阿倫說。教師發給每個學生兩張便條紙，寫出小方想對兩位說的話，書寫完自行分開張貼在前方的海報紙上。學生輪流觀看張貼在牆上的便條紙，觀看的時候，大家安靜專注，若有所思，想必更了解阿倫、阿華和小方三個人內心的想法。
巡迴戲劇思考軌跡	為了讓學生體驗不同的解決方式會導致不同後果，教師將學生分兩大組，以四格漫畫的舊經驗，向學生說明等一下四個靜像的呈現方式，教師四人一式四張，共二式的任務卡，分別是「小方尚未轉來前」、「小方轉來班上後」、「危機處理」、「結果」，任務卡給學生後，放手讓學生自己找小組成員並選擇呈現哪一張任務卡的畫面，確認後再找教師拿走任務卡。學生十分忙碌，忙著找人、分組、討論，而教師只要關心還有沒有任務卡沒被領走這件小事。所以不要低估學生的能力，他們遠比你我想得厲害多了。 在呈現畫面的時候，教師請學生「用角色說話」，剛開始有學生說「我和阿倫在一起打球很快樂」，教師覺得這比較像在敘述自己的動作狀態，但要怎麼跟學生說明呢？教師腦筋一轉，馬上代替該學生的位置並模仿其動作，叫學生拍教師肩膀，教師說：「阿倫，明天同一時間我們再一起來打球，今天超好玩的」。教師看到有學生在點頭，似乎了解兩者的不同。其中有學生指著扮演小方的人說：「你為什麼搶走我的好朋友，我討厭你」，但教師覺得力量太薄弱，沒說服力，請他加重語氣連續說了三次，到最後用咆嘯嘶吼的語氣，很震撼，連學生自己也被嚇到。

第三階段：結束行動

思考軌跡	請學生以「我覺得……」和他人分享本單元想法，教師要求學生其中一次要與不同性別的人分，有個男生平常很少跟女生互動，太緊張，把「我覺得學到很多解決問題的方法」說成「解決方法的問題」，自己也莞爾一笑。學生的回應非常多元： ・我覺得好朋友不一定永遠都會是好朋友 ・要珍惜在一起的時光 ・好朋友能在一起很不容易 ・遇到事情要先冷靜再來處理 ・要找多一點的方法來處理事情 ・解決事情不是只有一種方法，可以找人幫忙 ・蒐集一些方法，挑選適當方法解決問題

教學反思與建議

以角色控制常規，效果更佳

教師入戲時，若學生過於哄鬧，影響上課，教師不需馬上喝止，可以以角色內的身分告知學生要注意秩序，這樣不僅不會讓學生混淆教師的身分，學生也會覺得有趣。

角色轉換時的銜接要注意

若過程前後的習式裡頭，學生扮演的角色是不同的，教師這時候需多做一個角色銜接或是區別的動作，好讓學生明確了解自己當下是扮演什麼角色。

適時示範更清楚

在思考軌跡操作部分，學生往往不太了解什麼叫做以戲劇角色在情境內說話的意思，教師可適時示範讓學生更清楚。

學生學習評量

第一階段：決定行動

　　　　1. 能根據指定任務進行小組腦力激盪。（畫圖）

　　　　2. 能投入戲劇情境，完成戲劇任務。（小組演繹）

　　　　3. 能依照自己的戲劇角色進行意見發表。（思考軌跡）

第二階段：展開行動

　　　　1. 能依據戲劇角色完成書寫內容。（日記書信或便條）

　　　　2. 小組能進行討論，做出四格漫畫靜像的呈現。（巡迴戲劇）

第三階段：結束行動

　　　　1. 能發表自己在過程中的收穫與感想。（思考軌跡）

教學感言

　　情感問題看似小事，但是卻是學生心中的大事，明明可以簡單解決的問題，卻因為鑽牛角尖或是固執己見，而造成雙方的困擾，這個方案就像是一面鏡子，看見主角，也是在窺見自己，學生開始用不一樣的角度來看待事情，發現了不一樣的人生風景。希望他們在往後的生命道路上，也能謹記此刻的收穫。

教學參考資料

1. 史賓賽‧強森（2005）。誰搬走了我的乳酪。臺北市：奧林。
2. 方素珍（2007）。我有友情要出租。臺北市：國語日報。
3. 珍‧葉格（2003）。若遇友情傷人時。新北市：正中書局。

名稱：誰偷走我的……

定鏡
學生依照指令做出景物的靜像。

教師入戲
教師扮演事件主角，帶領學生進入戲劇
情境。

日記書信或便條
學生利用便條紙書寫給兩位主角。

小組演繹
小組共同激盪創意進行討論，才能有好
的演出內容。

附件　「目擊證人」的書函

阿華：

　　最近，我發現阿倫好像與你漸漸疏遠了，你們好像沒有以前那麼要好了！那一天，我還看見班上最近才來的轉學生小方和阿倫一起從圖書館出來，在回家的路上，一路上有說有笑的，還一起相約去便利商店買東西，買完東西後，還站在路邊聊了快要半個小時才各自回家。阿華，你和阿倫之間是不是出了什麼問題？以前下課你們都會相約一起去打球運動，還一起去吃冰，整天黏在一起，大家都說你們比兄弟還親，現在不但很少一起打球，我還常常看到阿華和小方很要好的樣子！是不是上次你忘了幫阿倫請假，他還耿耿於懷啊？

關心你的人

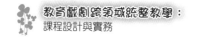

第五單元　沒有馬的馬戲團

　　本單元以影片引導學生思考，馬戲團裡的動物為什麼會攻擊馴獸師？讓學生透過角色扮演，想像自己若為馬戲團中的動物，會有榮耀時刻但也卻有可能面臨到一些困境。讓學生透過經歷戲劇情境，激發創意及想像提出解決問題的方式。

主題說明

　　動物是人類最好的朋友，造物主創造所有的生命，每種生命個體都有生存的權利，因此每個物種都應該彼此尊重、互相珍惜。南美洲玻利維亞是第一個立法禁止馬戲團使用動物的國家，而全球知名的太陽劇團，表演形式雖保留馬戲團風格，但也不再以動物進行表演，而是以人類挑戰身體極限的演出為主。

　　教師運用新聞事件引導學生融入社會真實案件，以世界宏觀的角度進行分析馬戲團的存廢或表演形式的轉變，最後討論未來文化的表演形式。

課程設計架構

1. 採用模組：戲劇理解模組。

2. 各階段運用習式：

    (1) 第一階段：決定行動——建構空間、定鏡、對剪片段。

    (2) 第二階段：展開行動——立場選擇、訪問、電話交談。

    (3) 第三階段：結束行動——立場選擇、設立標題、集體朗讀。

3. 教學時數：四節。

4. 教學要點：

    (1) 關鍵問題：馬戲團的動物接連死亡，團長視而不見，獅子咬傷訓獸師。

(2) 戲劇素材：一則馬戲團動物咬傷馴獸師的報導。

(3) 焦點問題：國家立法禁止馬戲團使用動物進行表演，轉型人類挑戰身體體能或極限之演出。

(4) 主題事件的戲劇建構背景：

- 何人：馬戲團團長、國會議員、動物保護團體。
- 何時：法案通過前夕。
- 何地：馬戲團表演場。
- 因何：玻利維亞是立法禁止馬戲團使用動物的國家。
- 為何：馬戲團團長向國會議員施壓，動物保護團體聲援。
- 如何：以人挑戰體能來呈現馬戲團的表演形式。

(5) 教學準備：

- 電腦投影設備、音響、一張白色壁報紙、兩張全開不同顏色的壁報紙、兩張四開壁報紙、彩色筆兩盒。

教學設計

第一階段：決定行動（一節課）

流程與習式	內容與重點
建構空間	1. 教師請學生協助建構馬戲團的表演空間，包括動物等待區、表演區、貴賓席……等位置。教師不直接指示學生該如何擺放或放置什麼物品，讓學生就該場地現有的桌椅或物品來建構整個馬戲團場景。 2. 教師播放馬戲團演出的精采畫面，片段中會出現虐待動物、動物反撲的情景。看完輔以動物在訓練過程中被虐待的圖片，讓學生加深關於動物被虐的印象。如果沒有影片，也可直接以圖片替代。

流程與習式	內容與重點
定鏡 小組演繹	3. 請學生分組扮演動物在馬戲團中的表演（例如：猴子騎單車、大象滾輪圈、獅子跳火圈……等，讓學生分組討論發想，教師不用事先給予提示），表演先以定格畫面呈現，然後各組輪流給予五秒的時間根據定格畫面延續其表演動作（動態呈現），完成後讓其他組別發表該組在表演什麼。
對剪片段	4. 將學生分兩組，一組在建構的馬戲表演空間中呈現馬戲團表演的畫面；另一組學生則在場邊呈現動物被虐待、動物反撲的畫面。 ＊教學小祕方：教師可適時融入成「馴獸師」的角色，控制場邊呈現的畫面。 5. 接著，請學生圍成一圈放鬆休息；詢問學生看到這些畫面有什麼樣的感受？請學生針對剛才的畫面發表感想。

第二階段：展開行動（兩節課）

流程與習式	內容與重點
立場選擇	1. 教師請贊成馬戲團表演的學生站教室右邊，不贊成的站左邊。 ＊教學小祕方：學生若有遲疑或是一邊倒時，可進一步問他喜歡動物嗎？會不會感到好奇？
訪問	2. 請學生將贊成及反對意見記錄在不同顏色的兩張海報紙上。 ＊教學重點：教師看情形訪問學生為什麼選擇這一邊的理由，以質疑但維持中立的態度提出問題。 　例1：針對不喜歡的同學提問： 　「馬戲很好看，請問為什麼你要反對？反對的理由是……」 　「動物會一直生病，換新的上場就好，為什麼要保護？」 　「馬戲團團員需要收入，沒有動物，他們就失去工作了。」 　例2：針對喜歡的同學提問 　「你們不知道動物會受傷嗎？」 　「如果牠們生病或是受傷，你又付不出醫藥費，你會如何對待這些動物？」 　「如果動物們不聽話，傷害到人，你又會怎麼做？」

流程與習式	內容與重點
電話交談	3. 教師說明：「要廢除馬戲團沒有這麼簡單，因為我剛聽到議員和馬戲團團長在說悄悄話，我現在帶你們去聽聽看。」指示學生面向教室後面並閉上眼睛仔細聆聽，教師先事先安排兩位學生分別飾演議員與團長，唸出以下對話。 團長：「雷斯大議員，如果廢掉馬戲團，我們這麼多工作人員怎麼生活？讓我們繼續生存下去吧！」 議員：「可是有動物保護團體不斷在抗議！今天要出席的議會就要討論這個問題。」 團長：「而且馬戲團廢了，那些動物沒有人會要的！」 議員：「這個我可不管，我只管要不要讓立法通過，廢了動物馬戲團。」 團長：「真的沒辦法了嗎？只要你不出席會議就好啦！這些錢應該足夠讓你和你的家人安全離開這個國家！」 議員：「我……你在威脅我？」 4. 教師走到學生前面，請學生睜開眼睛，詢問學生： 「請問你剛剛聽到什麼？」 「你認為團長有錯嗎？」 「如果真的立法通過，這些動物何去何從？」 「真的沒辦法了嗎？（鼓勵學生提出辦法）」

第三階段：結束行動（一節課）

流程與習式	內容與重點
帶領學生選擇與解決立場選擇	1. 教師請學生排成一列，並詢問： 「根據上節課偷聽到且討論的內容，你認為法案應該通過的（廢除動物馬戲團）請往前兩步」、「為什麼？誰要說說看？」 「你認為應該為團員生活及動物著想，繼續動物馬戲團的請退後兩步」、「為什麼？誰要說說看？」 ＊教學重點：可能會有些學生不表示意見而站在原地，是可被允許的，鼓勵不同意見的學生盡量發表自己的想法。
設立標題	2. 教師說明因為動物保護團體的奔走，法案通過了。馬戲團經過大家討論，採納了同學想出的一些辦法，即將要轉型，請大家為新的馬戲團命名。

流程與習式	內容與重點
集體朗讀	3. 將學生分成兩組，設計新馬戲團成立要刊登在報紙上的標題。請學生先決定內容是什麼？八卦消息？預測結果？再將小組決定的標題內容寫在壁報紙上。 4. 請小組將標題一起讀出來，説説看報導的內容。 ＊教學小祕方：教師結語時可說明現在真的有不用動物表演的馬戲團了（太陽劇團），而且經濟效益及觀眾的反應都超越以動物表演的馬戲團，如有時間，可播放片段讓學生體會。

課程教學實況

第一階段：決定行動

建構空間	這節課的「建構場景」效果出乎意料的好，因為韻律教室中有許多的「道具」，像是呼拉圈、平衡木、泡棉磚、軟墊、彈跳床……等。由於物品之豐富，加上學生的創作想像，建構出來的場景真的就像為馬戲表演而準備的。在建構場景中，教師唯一的指示就是點選某些學生搬某樣東西放到場子中，而且每次點的學生不同，就是希望讓每個人都有機會。東西放置的位子、角度由學生自行決定，可以感受的出來，學生對於這個活動樂在其中也有成就感。
定鏡	讓學生入戲成為動物，先跟學生説明清楚入戲的過程，以及入戲後轉化成的角色，接著讓學生跟著教師唸一段咒語：「嗶哩趴啦～碰」、「嗶哩趴啦～碰」變成一隻猴子，只見一群猴子動來動去。教師心想：「這群三年級的學生，可能還不知道什麼是定格，方才也沒説明清楚。」於是花了一些時間説明才又繼續，但還是有人忍不住在定格時就是要動一下。於是教師選擇幾位動作較特別的學生，到「場景」中選一個位置，然後給五秒鐘的時間讓他們動作後再定格。這樣的效果還不錯，滿足了他們想動的慾望，也讓場景中呈現出動物表演的片段，感覺更加真實。

對剪片段	教師找了幾段馬戲團表演的影片，也找了許多的圖片，決定上課時只看圖片而不播影片。一來是播影片需要有設備，二來是認為過多的影片會阻礙學生的想像空間。蒐集圖片時，教師盡量呈現不同的動物所做的表演，但因圖片呈現無法放到很大，且網路搜尋的照片有些角度也不很清楚。於是以圖片為引子，請現場有看過馬戲表演的學生（現場或電視媒體看過均可）稍做補充，這個過程學生提供很多資訊，也有人說是從「故事書」中得知的（所以有點不合現實），不過教師沒有給予否定。接著讓學生看動物受虐的情形並做說明，然後實施對剪片段。現場教師轉化成馴獸師的角色，面對教學現場有些不受控制的學生，教師（馴獸師）見機以呼拉圈當成「牢籠」，將他趕進牢籠並加以訓斥，這讓學生更能感受到動物所面臨的「困境」，因為自己身歷其境。但因不能真的對學生施虐，教師輔以說明：「動物園不是這樣訓斥動物而已，還會被鞭打、禁食等」，讓學生對照臺前臺後動物的處境。

第二階段：展開行動

立場選擇	上一個階段，可以看出學生大部分已經站在同情動物這一邊，教師心想，接下來的「立場選擇」如果大家都選同一邊該怎麼辦？還好，有少數幾個學生選擇贊成動物馬戲團。但因之前的擔心，所以當下決定從反對那邊選一些人到贊成這邊「平衡一下」人數。事後想想這樣不太妥當，因為選擇「反對」而被我點到「贊成」那邊的人，被迫要「違背」自己的想法。結果之後進行的「訪問」有立場錯亂的情形。
訪問	贊成理由：因為馬戲團很精采，吊單槓及騎單輪車很好看；有猴子在跳舞，有小丑拿著棍子走鋼索很好看。 反對理由： ‧動物如果沒有做好就會被傷害。 ‧自然課上到要愛護動物。 ‧不只動物可以表演，人也可以表演。 ‧我們也是動物所以要平等的對待其他的動物。 ‧人都不想做，怎麼可以讓動物做呢？ ‧動物是被逼的，但有人是有理由才去做的（為了賺錢、為了生活）。 ‧人生病可以請假，動物不能請假。

電話交談	教師先安排兩位學生分別飾演馬戲團團長及議員，並要求其他學生圍成一圈且閉上眼睛仔細聽團長及議員的對話。第一次實施時，場內兩人照著劇本對話的很小聲，場外學生開始躁動，說：「聽不清楚在說什麼」，更有許多人想偷瞄是誰在對話。所以這部分操作了兩次，在教師強調要「仔細聽對話的內容」，而不是「偷看是誰在講話」後，才達到「偷聽」的目的。

第三階段：結束行動

立場選擇	除了飾演團長及議員的兩人，教師提問：「你認為議員會把錢收下來的人請往前一步。」請學生按照指示移動位置。全班 23 人，有 4 人往前一步，教師進一步詢問選擇的理由，學生回答：「拿錢去解救他的家人。」 教師接著問：「你認為議員不會收錢，會幫動物爭取權利的請退後一步」。有 17 人退後一步，教師進一步詢問學生理由，有學生說：「議員也認為要平等對待動物。」「他不會收錢，因為外面有動物保護團體的人在抗議。」全班有兩位學生未移動位置，教師未要求他們一定要做出選擇。教師接著提問：「沒有動物的馬戲團怎麼表演？」學生紛紛提出意見，表示可以像太陽劇團一樣，由人來進行表演。也有學生說可以加進很多的特效，用電腦就可以達到。
設立標題	創作「沒有動物的馬戲團」標題時，學生的創意很不錯，有一組寫「想像馬戲團」，要用人去假裝動物表演；另一組寫「人物馬戲團」，用人代替動物進行表演，甚至在教學現場排起隊型來。
集體朗讀	因時間關係，學生設計了海報標題，未能及時設計新聞稿內容。改以整組一起唸出馬戲團名稱，及大致說明「想像」與「人物」馬戲團的內容，以檢視是否達成教學目標。

教學反思與建議

善用教室物品建構場景

　　第一次使用「建構場景」，效果在我的預期之上。這要歸功於韻律教室中，原先就有活動使用的許多道具，不需太多的引導，學生就能創意的一步步布置出「馬戲團」場景，而且對於要在這樣的場景中表演躍躍欲試。

尊重學生選擇

　　學生還是都很有愛心的，在「立場選擇」中，只有兩個人選擇贊成繼續馬戲團表演，其餘都是反對的。但因人數懸殊，怕接下來「訪問」活動，持贊成的兩人想法較少，於是從反對方選擇幾位我認為善於表現的幾位學生到贊成這一方，但因是被我「選」過去的學生，接下來無法「口是心非」，所以表現力頓時減縮。這部分建議老師不管「立場選擇」兩邊人數多寡，都要尊重學生的選擇。

學生學習評量

第一階段：決定行動

　　　　1. 能運用教室現有物品建構出馬戲團場景。（建構空間）

　　　　2. 能以飾演的動物角色呈現指定表演動作，了解馬戲團表演的情形。（定鏡、對剪片段）

第二階段：展開行動

　　　　1. 能參與討論並針對馬戲團動物表演議題發表意見。（立場選擇、訪問）

　　　　2. 能針對角色提出問題。（訪問）

　　　　3. 能對聽到的內容發表想法。（電話交談）

第三階段：結束行動

　　　　1. 能根據提問選擇是非。（立場選擇）

　　　　2. 能完成「無動物馬戲團」之標題及新聞稿內容創作。（設立標題、集體朗讀）

教學感言

　　學生真是創意十足，原本想說「沒有馬的馬戲團」，學生能想像用「人」表演的內容有限，但有學生說：「可以結合燈光秀」、「可以加水

舞」、「加上電腦特效」……所想的真的比老師還多。想像力真的是「超能力」，或許人的體能有限，但想像力無極限。

教學參考資料

1. 「太陽劇團」表演片段

    https://www.youtube.com/watch? v=0ifR3300zXk（1'39"）

2. 「大象的眼淚」電影片段

    https://www.youtube.com/watch? v=4eyFz0APH-c（1'07"）

3. 動物攻擊訓獸師影片

    https://www.youtube.com/watch? v=yeL-n7ThDSk（1'03"）

4. 清海無上師新聞雜誌第 207 期，第 37 頁，玻利維亞——世上第一個禁止馬戲團使用任何動物的國家。

5. 巡迴演出馬戲團 玻利維亞下令禁止家養和野生動物表演，摘譯自 2009 年 7 月 14 日 ENS 玻利維亞，拉巴斯報導

    http://e-info.org.tw/node/45061

6. 馬戲團動物表演　美擬禁止

    http://www.mdnkids.com/nie/nie_indicate/unit7/W-1001121-15/W-1001121-15.htm

7. 印象派畫家——秀拉的「馬戲團一角」圖片。

名稱：沒有馬的馬戲團

定鏡

教師先讓學生以定格的方式在場景中找位置進行定格動作，後給予五秒鐘時間進行動作或移動。

建構空間

由學生以教室內的現成物品建構出馬戲團的場景。

電話交談

對於第一次接觸的學生來說，一開始都很想偷瞄老師的反應，教師需適時引導及糾正。

立場選擇

大部分學生都選擇不贊成以動物做為馬戲團表演。

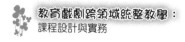

Chapter 10

教育戲劇的課程實踐與展望

課程實踐的省思

不 DIE，就 DIE

言重了！不過，本書作者在參與教育戲劇課程設計與實務之行動研究後，對於在情境中看到了學生學習的潛力與深度都感到驚訝。雖說學科都有自己的教材教法，但教師們也感受到，若能運用戲劇教學將有相得益彰之效。另學校也有教學有進度的迫切性，若能適切地以戲劇模組與習式巧妙地安排於教學中，真正的學習認知效果，將比形式上的趕進度重要多了。

課程實踐的學生學習成效

整體而言，從應該用戲劇，到具體的實務教學，教師自規劃到實踐依計畫順利完成了跨領域統整教學。就所規劃與執行的研究教學中，可看到學生有下列具體的學習效果：

戲劇表演的實作教學，讓知識學習的內涵更完整

教育戲劇的獨特之處就是「演」出來的教學，所有參與者，包括老師與學生都運用表演去歷經一個學習的過程。這種在情境中實作的教學，師生將想法與情感融入於教學歷程中，大家都扮演了過程中的某些

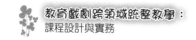
角色。透過不同的角色，有主觀的融入，也有客觀的觀察。多元的角色，多樣的立場、思考與觀點，學生們對知識的內涵不論在主題、主旨、議題或內容的學習，都更趨於明確與完整了。

師生互動，讓教與學的關係更融洽

另就班級經營的角度觀之教育戲劇的實施成功率很高，學生在學習中多能認真的投入教學所設計的情境中，學生在扮演角色、發展情境、事件或故事時都明顯地十分快樂。教學活動中，學生樂於表達自己的意見，看到他人的表現，也樂於聽到他人的說法。在愉快學習知識的同時，不自覺地增進了同儕之間與師生之間的融洽、和諧與親近關係，也使學生很期待未來的學習。

開放式的教學形式，讓學習更具深度與廣度

教育戲劇的教學模組，學生不自覺地就會融入到老師安排的教學程序中，從暖身活動到習式的展開，扮演活動中的表現都是在教師所提供的基本資料或與同學的互動中，由學生針對主題去主動探索的。在相互激勵的表現中，許多的創意與想法不斷產生，不但增加了思考性、趣味性，更提高了創造力。學生在教師所建構的環境中延伸與發展，無形中使學習者增加了學習的深度與廣度。因此，教師在省思中對學生的知識認知程度，非常有感。

學習表達自我概念，讓學科語彙運用與溝通能力提升

在一般教學中，學生多處於被動的接受者，而戲劇教學卻是以習式來激勵學生做自發性的表達。不論在任何跨領域統整的教學模組的過程中，任何一個習式都需要表示自己的意見或想法。因此，學生不但要有獨立思考的判斷能力，還須能夠明確地表達出自己的意見，而其中所用的相關學科語彙自然就需正確。如此，不同學科的教學內容，提供了學生運用合宜語言表達的

練習，讓學生能將自己的想法以正確的詞彙做表達，無形之中增進了學生在學科內容上的表達溝通能力。

互動的戲劇環境，建立了積極的學習態度

戲劇結構內的情節發展能推動學生主動地學習。教師多以議題內的危機、衝突、問題、困難、阻礙來建立戲劇的張力，能讓學生在戲劇的結構內，先了解事件與問題顯現的開端，在情節發展問題提升時，認知發展的嚴重性或處理的必要性。在情節下降階段，再以最適宜的共同發展解決問題的具體作法。學生在活動中各自思考、小組討論、凝聚共識，合作表現，一步一步了解問題，解決問題，主動積極的學習態度常令教師感動。

教師教學的省思

教學模組與習式，是由授課教師是依教學內容所規劃的，其中「以戲劇來理解的教學」模組與「定鏡」習式的運用為最多，也表示是比較容易被教師們所運用，因此，如何善用其他的模組與更多習式，仍須在日後的教學中能多樣化的開發與應用。鑑於教育戲劇是以戲劇做為主動探索的學習過程，如何讓此教學更易於執行、進行順暢、學習有重點，要點如下：

學習的目標要明確

單元設計主題在課程計畫中均有說明。這個部分是在課程活動實施之前，就要向學生先做說明或介紹，如此可讓學生對學習主題有方向感與預期的心理準備。有些課程是需要學生於課前準備資料或材料，也要向學生先說明課程的目的與主要內容，並檢視是否準備妥當，否則會使教學的信度與深度受到影響。

教學重心在建立學生的價值觀

每一單元教學實施完畢，均宜安排分享活動，以利學生建立該學習單元的整體概念，建立正確的價值觀。雖然本書許多教學模組並未列出分享與回饋的部分，但透過課程最後學生的感言與教師總結，可以連結教師與學生的價值觀，讓學生對學習的內容有正確或更適宜的見解。

協議遵守習式的「遊戲規則」要清楚明確

課程契約（Contract）在課程前或習式展開前宜先建立起來，使學生能清楚地遵循，例如「教師入戲」、「建構空間」是常用的習式，在實施前一定要先做說明與約定，確定學生完全了解，再開始進行。如此，將會使活動秩序更有條理，增加表演的明確性與可看性，大幅提高學生「信以為真」（make believe）的學習情境。

活動模組宜有策略性的規劃

在任何學習領域中，只要有主題，就能找到適當的模組。在策略上以事件安排的順序為主，時間延展型的模組以「戲劇理解」、「角色戲劇」與「故事戲劇」為主。時間壓縮型的模組則以「專家的外衣」、「程序戲劇」與「百寶箱」為佳。教師採用的教學模組要視戲劇的張力來鋪陳，就會有更精彩的教學歷程，讓學生回味無窮。

習式的選用要使議題能聚焦

戲劇是從何人（who）、何時（when）、何地（where）、因何（what）、為何（why）與如何（how）的五個「W」與一個「H」所建構性完成的。教師要很清楚地在建構戲劇發展的歷程中，適當地在「建立情境」、「敘事性活動」、「詩化活動」與「反思活動」中，安排符合學習重

點的習式，使每個習式都有其議題性的焦點。同時，教師還要能夠靈活地將習式與習式之間做合理、合邏輯的相互連結與交互應用，讓教學程序能隨著建構情節的發展，一項一項的順利推展，才不致落成天馬行空，只是在帶著學生做一場遊戲而已。

反思記錄是改進教學的依據

每次課堂結束前的結束活動是重要的思考學習。學生反思與教師反思都可做為下次教學的參考與調整，以利後續發展更佳的課程教學。因此，適當安排情境中的「反思活動」習式之外，教師還可以透過學習單的設計，了解學生在習式進行中的理解程度與感受。

教學資源宜結合生活經驗多元蒐集

為使教學內容豐富，教師雖然教學常以教科書為依據，但教科書並不是唯一依據，因為要給學生適性、適所的學習，所以自編更豐富的教學內容，讓學生更有趣、更關心、更熱情的學習便非常重要。教育戲劇從以「人」為核心的立場出發，從對自己、他人與環境的同理心出發。因此，本書提到的素材，不止於教科書，更廣泛地蒐集自新聞、網路、影片、繪本（漫畫）、書籍、報紙、故事、藝術品、詩歌等資源。讓教師的教學充分地結合學生的生活經驗，讓學習的內容不是刻板的知識，而是活化的、有生命的知識。

學生學習成就，宜著重於質性評量

教學評量的重點在本書中所列出的評量要項多與習式有對應的關係，主要是因為學生在習式中的表現，更能了解學生在知識與情意上深度與廣度。評量重點不在背誦與技巧方面，而是在認知情感上的歸屬。期望課程的實施能給學生「帶得走」的具有心理意向的感性認知記憶，真正地建立起正確的價值觀，以奠定未來正向思考的學習基礎。

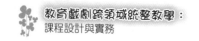
課程實踐的展望

　　教育戲劇就是用於教育的戲劇。因戲劇與人生有緊密的關係，所以運用戲劇來學習人生的技能也最為適切。本書在各個領域的運用中，從省思中也獲得對教師教學的建議：

各領域的課程設計尚須再加強拓展

　　本書在不設前提與限制下，徵詢教師在各領域的教學規劃後，發現語文、社會、自然領域的教案數量明顯較多，而藝術、數學與科技則較少。我們相信，本書提供案例較少的領域課程，一定還有許多豐富有趣的單元亟待開發。因此，如何讓教案較少的領域，能有更多的課程規劃設計與教學案例的提供是未來要努力的方向。

習式的運用可再做更多的運用

　　教師在教學習式的運用，較集中在「定鏡」、「生活圈子」、「邊說邊演」與「思考軌跡」等活動，而且多有很好的效果。但其他仍有許多少用或未用的習式可也可以做嘗試，例如：「觀光導遊」、「心底話」、「蒙太奇」等，或教師也可以在教學中新創自己的習式。

教育戲劇的跨領域教學可拓展讓其他學科教師或活動領導者應用

　　本書中的單元雖以國小學生為施教對象，但從運用於各領域的議題中，也可發現這些議題其實也是各年齡層的人都會關切的問題。由於教育戲劇是運用戲劇與劇場的方法，其程序結構與習式也適用於各學習階段，因此建議學前教育、國、高中、大學乃至社會團體，教師或活動領導者都可運用這種活動方法來創造出更好、更愉快的教學。

教育戲劇的習式可多方面的應用

　　教育戲劇的習式本身就具有深入探究、發展與展演的性質。在創作性戲劇教學時，可用於建構戲劇的發展；教育劇場可用於與觀眾或參與者的互動活動；兒童劇場可用於劇情的發展；劇場的戲劇演出也可用於演員的訓練與發展可能的情節。本書的實作經驗，應可提供相關戲劇教學與劇場活動或訓練的參考運用。

建議

　　本書主要目的在提供教育戲劇在各領域的統整教學設計與執行的成果，甚少以檔案評量檢視實施學生學習成效。因此，作者若能再做問卷調查、訪談及前、中、後的測驗或再以後後測來檢視學生的學習成效，將更能取得本書的信度。此外，若各學科教學以單一領域做多個單元進行個案研究，或許可以發現教育戲劇適用於不同學科的優勢或差異。

　　本書作者們將所執行的經驗與分析提供給大家參考。期盼具有拋磚引玉之功效，也期望更多的領域教師或戲劇工作者能嘗試、運用與發展教育戲劇的課程，並能產出更佳的教學與活動。

國家圖書館出版品預行編目（CIP）資料

教育戲劇跨領域統整教學：課程設計與實務／
張曉華等著.-- 初版.--臺北市：心理, 2014.12
面； 公分.--（戲劇教育系列；41512）

ISBN 978-986-191-633-0（平裝）

1. 教學活動設計　2. 戲劇　3. 統整性課程

521.6　　　　　　　　　　　　　　103023320

戲劇教育系列 41512

教育戲劇跨領域統整教學：課程設計與實務

總 校 閱：張曉華
策　　　劃：郭香妹
作　　　者：張曉華、郭香妹、郭碧蘭、陳惠芬、蔡淑菁、陳春利、陳鳳桂、
　　　　　　蔡佳琪、陳彥貝、許怡婷、王念湘
執行編輯：高碧嶸
總 編 輯：林敬堯
發 行 人：洪有義
出 版 者：心理出版社股份有限公司
地　　　址：231 新北市新店區光明街 288 號 7 樓
電　　　話：(02) 29150566
傳　　　真：(02) 29152928
郵撥帳號：19293172　心理出版社股份有限公司
網　　　址：http://www.psy.com.tw
電子信箱：psychoco@ms15.hinet.net
駐美代表：Lisa Wu（lisawu99@optonline.net）
排 版 者：辰皓國際出版製作有限公司
印 刷 者：辰皓國際出版製作有限公司
初版一刷：2014 年 12 月
初版二刷：2018 年 8 月
I S B N：978-986-191-633-0
定　　　價：新台幣 420 元